IFRS를 알아야
회계가 보인다

IFRS를 알아야 회계가 보인다

초판 1쇄 발행 2010년 12월 20일
초판 3쇄 발행 2011년 6월 15일

지은이 | 신방수
펴낸이 | 홍경숙
펴낸곳 | 위너스북

편집주간 | 김형석
마케팅이사 | 안경찬

출판등록 | 2008년 5월 2일 제313-2008-221호
주　　　소 | 서울 마포구 합정동 370-9 벤처빌딩 207호
주문전화 | 02-325-8901
팩　　　스 | 02-325-8902

본문디자인 | 정현옥
표지디자인 | 김윤남
종이 | 한솔 PNS
인쇄 | 영신문화사
출력 | 미성 D&C

값 19,800원

ISBN 978-89-94747-00-2 13320

위너스북에서는 출판을 원하시는 분, 좋은 출판 아이디어를 갖고 계신 분들의 문의를 기다리고 있습니다.
winnersbook2@naver.com / 02)325-8901

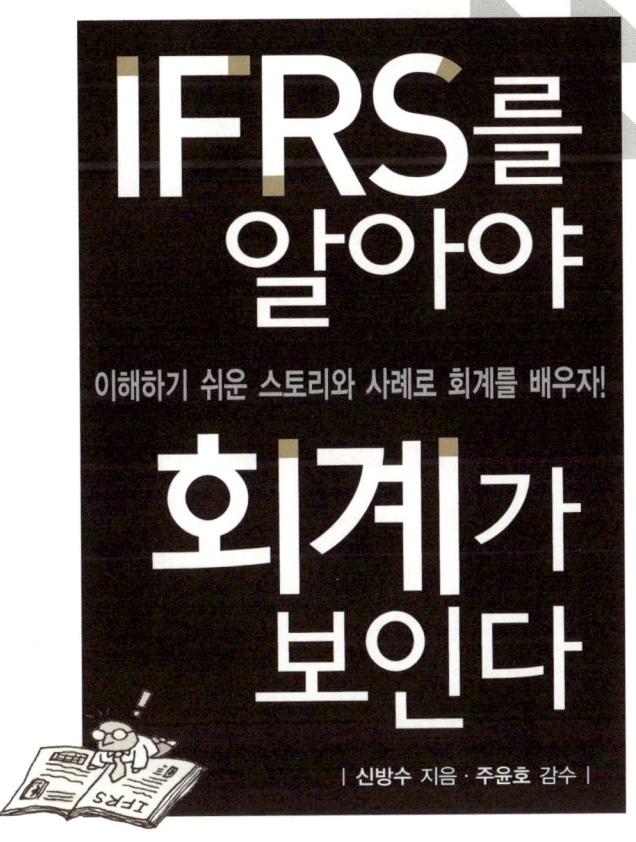

IFRS를 알아야

이해하기 쉬운 스토리와 사례로 회계를 배우자!

회계가 보인다

| 신방수 지음 · 주윤호 감수 |

Winner's Secret Library · 위너스북
WINNER'S BOOK

들어가는 말 골치 아픈 국제회계기준(IFRS)을 정복하라!

'회계(會計)!'

이 말을 듣는 순간 손사래부터 치는 사람들이 많을 줄로 안다. 그런데 반갑지 않은 손님, 국제회계기준이란 녀석이 소리 소문도 없이 우리나라를 찾아왔다. 손님을 맞이할 준비도 덜 된 상태에서 손님들이 마구 들어닥치니 주인 입장에서는 어찌할 바 몰라 허둥대고 있는 꼴이다. 더더욱 이런 상황이 힘겨운 것은 국내회계기준마저도 아직 섭렵하지 못한 사람들이 부지기수인데 여기저기서 이 문제와 관련하여 스트레스를 주는 일들이 끊임없이 발생하고 있다는 점이다.

'앞으로는 국제회계기준이 대세니까, 이것을 모르면 아예 승진은 꿈도 꾸지 마라!'고 하지를 않나, '아예 직장생활도 못하게 될 수도 있다!'는 등 유쾌하지 않은 이야기들이 심심치 않게 들려온다. 내가 개인적으로 아는 모 기업의 임원은 이런 환경이 익숙하지 않았는지 아예 회사를 관두겠다고 말하기도 한다. 또 어떤 투자분석가는 아예 국제회계기준을 사용하지 않는 업종으로 전직한 경우도 있다. 이 정도면 단순 해프닝을 넘어 과히 '회계대란의 시대'가 되었다고 볼 수 있다. 아니, 도대체 국제회계기준이 뭔데 이렇게 우리의 숨을 막히게 하는가? 그냥 무시하면 안 되는가?

이론과 실무, 두 마리 토끼를 잡자!

'누군가가 나서서 이에 대한 답을 시원하게 들려주면 좋으련만…'

그렇다. 바로 누군가가 속 시원하게 답을 들려주어야 하는데 그 답을 제대로 알려주는 사람들이 우리나라에는 별로 없다. 그동안 국내회계기준에만 푸욱 젖어 있던 우리에게 국제회계기준은 많이 낯설기 때문이다. 시중에 나와 있는 국제회계기준 책들의 경우, 딱 두 가지 종류로 구분된다. 하나는 그 내용이 너무 전문적이라 회계사나 세무사 또는 기업의 회계담당자들조차 뜻을 이해하기가 쉽지 않다. 다른 하나는 국제회계기준에 대한 내용이 빈약한 수박겉핥기 정도의 개론에 그치고 있어 정작 실무자들이 현장에서 써먹을 수 없다는 한계가 있었다. 아마 많은 사람들이 바로 이런 부분에서 벽을 느꼈을 것 같다. 필자 또한 그와 같은 생각을 갖게 되었고, 결국 이 책을 집필하게 된 동기가 되기도 했다. 하지만 '위기는 곧 기회인 법' 지금부터 이 책이 독자 여러분에게 그 답을 생생히 제시할 것이다.

자, 그런데 그동안에는 '우리 것이 좋은 것이여'라고 주장하다가 왜 갑자기 태도가 돌변하여 외국의 것인 국제회계기준을 도입했을까? 이 문제부터 정리해보자. 뭐 거창한 이유가 있다기보다는 일단 세계 대부분의 나라들이 이 기준을 쓰다 보니 우리나라도 따라갈 수밖에 없는 처지가 된 이유가 크다. 어찌 보면 이유 같지도 않은 이유로 이 골치 아픈 녀석이 도입되었다는 사실이 믿기지 않는다. 하지만 내용을 자세히 파고들면 '어, 이

거 장난이 아니네!' 하는 탄식이 나올 법도 하다. 국내의 기준과 달라진 내용들이 도처에 깔려 있어서다.

이해하기 쉬운 스토리로 회계를 배우자!

그렇다면 앞으로 해결사 노릇을 할 이 책은 어떤 특징을 가지고 있는지 살짝 맛만 보자. 이 책을 펴는 순간 독자 여러분은 국제은행에서 근무하고 있는 신고수 팀장과 회계에 박식한 김회계 대리, 그리고 매사 통통 튀는 석민혜 같은 주인공들을 만나게 된다. 이들은 회계 분야에서 유명한 한 인물 강사로부터 교육을 받으면서 국제회계기준이 뭔지 하나씩 이해하게 된다. 이런 설정이 책에 도입된 배경은 '복잡하고 머리 아픈 회계' 라는 우리의 고정관념을 조금이라도 무너뜨리기 위해서다. 물론 공부하는 내용 전체가 스토리로 구성되어 있는 건 아니지만, 본문 중간중간 등장하는 인물들의 이야기들이 회계와 친숙해지는 느낌을 갖도록 하는 데 도움이 되었으면 좋겠다. 전반적으로 실무에 꼭 필요한 것들, 아주 기초적인 내용들을 훑고 있으니 회계지식을 조금이라도 갖고 있다면 초보자라도 '아, 이게 국제회계기준이구나' 라는 생각이 들 것이다. 이 책의 마지막 페이지를 넘기면서 책에 나오는 팀원들처럼 독자 여러분도 국제회계기준에 대한 이해가 높아지기를 기대한다.

이 책에 실린 내용들!

책의 첫 부분에는 우리나라가 채택한 국제회계기준이 도대체 무엇이고 구체적으로 어떤 것들이 바뀌었는지를 체계적으로 설명했다. 기본기를 익히는 단계에서는 확 달라진 재무상태표와 포괄손익계산서 등의 주요 요소와 재무적인 영향 등을 다각도로 살펴보고 있다. 특히 포괄손익계산서는 형식과 내용이 상당히 많이 바뀌었기 때문에 이 부분에 초점을 맞춰 이 책한 권만 이해하면 관련된 내용들을 모두 알 수 있도록 집필했다. 책의 본론에서는 K-IFRS(한국채택-국제회계기준)의 핵심인 공정가치제도와 주식보유에 따른 지분법, 연결재무제표 작성 등을 중점적으로 살펴본다. 공정가치의 평가와 관련된 회계처리는 물론이고 그로 인한 재무적 영향 등은 실무에 당장 사용해도 손색이 없을 것이다. 그리고 주식보유에 따른 주식평가방법과 지분법, 그리고 연결재무제표에 대한 내용을 최선을 다해 분석했다. 마지막 부분에서는 국제회계기준 도입에 따라 달라지는 계정과목을 위주로 회계처리방법과 개별기업에 미치는 재무적인 영향 등을 분석하고, 나아가 관련 신문기사의 내용들을 참고자료로 실었다. 이러한 계정과목별 회계내용은 다른 책에서 찾아볼 수 없는 고급정보들이다.

그 밖에 회계초보자들의 압박감을 줄여주고자 책의 앞부분에 회계의 기초내용을 마련해두었다. 또 중급 수준 이상의 회계지식을 원하는 독자들을 위해 책 속에 책(Book-In-Book) 코너를 별도로 준비했다. 마지막으로 부록에서는 국제회계기준 도입에 따른 법인세 대책과 세제개편안을 추가함으로써 국제회계기준에 대한 이해를 최대한 도모하고자 노력했다. 무엇보다 이 책은 대한민국 땅에서 회계를 소중하게 생각하는 사람들을 위해 만들어졌다. 다른 책들처럼 국제회계기준을 수박겉핥기식으로 다루는 것에서 벗어나 실무적으로 꼭 알아야 할 주제들을 가장 쉽고 정확하게 전달하겠다는 생각에 변함이 없다. 그래서 감히 독자 여러분의 회계실력을 팡팡 올려줄 스터디셀러이자 길잡이가 될 거라고 확신한다.

피할 수 없는 선택 IFRS와 친해지자!

이 책은 회계에 대해 조금이라도 관심 있는 분들이라면 일독을 권한다. 학생이든 전업투자자이든, 대기업 사장이든 가릴 것이 없다. 만약 내가 기업이나 정부에서 관리자의 위치에 있다면 남보다 한 발 앞서기 위해서라도 이 책이 필요할 것이다. 상장기업은 물론 비상장기업의 임직원들은 더더욱 이 책을 책꽂이에 두고 필요할 때마다 꺼내보시기를 권한다. 그렇게 하면 국제회계기준이 어느 사이엔가 아주 친숙한 모습으로 여러분 곁에 다가가 있음을 알게 될 것이다.

IFRS! 이제 선택이 아닌 필수가 되었다

부디 독자들 모두가 이 책을 통해 회계박사가 되었으면 한다. 끝으로 이 책이 태어나기까지 편집과 조언을 아껴준 주위의 동료 회계사·세무사 분들에게 감사의 말씀을 드린다. 또한 책의 출간을 허락해주신 위너스북 출판사에도 깊은 감사의 말씀을 전한다. 공을 들여 출간하는 열정에 경외심이 들 정도다. 그리고 언제나 필자를 응원하는 소중한 아내와 초등학교에 다니는 두 딸, 하영이와 주영이에게도 늘 고맙다는 말을 전하고 싶다.

2010년 12월

신방수

Preview
독자 여러분이 IFRS를 쉽게 이해하고
실무에 적용하는 데 도움이 되도록 구성했습니다.

| 요약문 | ●--┐
본문에 들어가기에 앞서 각 LESSON의 핵심이 되는 내
용들을 간단하게 정리했습니다. 본문을 읽기 전 어떤 내
용이 실려 있는지 한눈에 파악할 수 있습니다.

LESSON

01 이제 회계도 국제화 시대

우리나라가 도입한 국제회계기준은 1973년 영국의 주도하에 프랑스와 독일 등 9개 나라가 런던에 모여
국제회계기준위원회(IASC)를 설립한 후 국제회계기준(IAS)을 제정한 것이 모태다. 이후 IASC는 IASB
(International Accounting Standards Board, 국제회계기준위원회)로 조직이 개편되기에 이르렀고 이곳
에서 국제회계기준을 제정하고 있다.

International Financial Reporting Standards

 "김대리님~"
신입사원 석민혜가 이제 막 사원 딱지를 뗀 김회계 대리를 허둥지둥 찾는
다. 두 사람은 국제은행에서 함께 일하고 있다.

"민혜씨, 무슨 일이죠?"

"대리님, 공문이 하나 내려왔는데요. 내용을 보니까 모든 직원이 국제
회계기준(IFRS)을 반드시 알고 있어야 한다네요. 자 이것 좀 보세요."

"아, 정말 그렇군요!"

공문을 받아본 김회계는 담담한 표정을 짓는다. 그때 석민혜는 뭔가 생
각난 듯한 얼굴로 질문을 하기 시작했다.

"대리님, 국제회계기준이 우리 같은 은행권에서 특히 업무와 많은 관련
이 있을 것 같은데, 어떻게 대비해야 좋을까요?"

순간 김회계는 머리가 빙빙 돌았다. 그리고 잠시 동안 생각한 끝에 말끝

| 이야기식 전개 |
전체적인 내용이 스토리식으로
전개되어 복잡하고 어려운 회계
이야기가 쉽게 전달되도록 구성
했습니다.

한강사는 한국채택-국제회계기준에 따라 달라진 재무제표를 자세히 설명하기 시작했다. 마음 한 편으로는 '우리나라 굴지의 은행에서 근무하는 직원들의 회계지식 수준이 얼마나 될까?' 라는 생각을 하면서 말이다.

달라진 재무제표의 종류

국내기준에 의한 재무제표의 종류에는 대차대조표, 손익계산서, 자본변동표, 현금흐름표, 이익잉여금처분계산서, 주석 등이 있다. 반면 IFRS에서는 대차대조표가 재무상태표로 손익계산서는 포괄손익계산서로 그 이름이 바뀐다. 그리고 이익잉여금처분계산서가 재무제표에서 제외된다. 다만, 이익잉여금처분계산서는 상법 등에서 작성을 요구하므로 이를 주석에 기재해야 한다.

IFRS상 재무상태표의 경우, 종전 대차 개념에 입각해 균형에 초점을 맞춘 것에서 일정 시점의 실질 재무상태가 어떠한가를 표시하게 된다. 그러나 이런 개념은 실무상 큰 의미가 없어 재무상태표가 아닌 대차대조표로 불러도 어디 가서 무식하다는 소리를 듣지는 않는다. 손익계산서는 어딘가 모르게 낯설어 보이거나 다소 어렵다고 생각되는 개념인 기타포괄손익*이 포함된 형태로 작성된다. 당기손익에 포함되면 굳이 포괄손익계산서란 용어를 사용하지 않는데 기타포괄손익을 손익계산서에 반영시키려고 하다 보니 명칭이 변경된 것이다. 예컨대 단기매매차익을 목적으로 보유한 주식의 평가손익은 당기손익에 반영해야 되지만, 매도 가능한 주식(1년 이상 보유한 주식

| 보조설명 |

본문의 내용 가운데 추가적인 설명이 필요한 부분들은 보조설명으로 처리하여 이해를 높이도록 하였습니다.

★ 기타포괄손익
기타포괄손익이란 녀석은 자본계로 아닌 곳에서 발생한 순자산의 변동액으로서 당기손익에 포함되지 않는 미실현손익을 말한다.

IFRS상 재무제표의 종류는 재무상태표, 포괄손익계산서, 현금흐름표, 자본변동표, 주석 정도가 된다.

| 용어설명 |

조금은 낯선 용어들이 등장할 때마다 그 뜻을 간단히 정리하여 책의 여백에 풀이했습니다.

| 생생회계 TIP |

IFRS와 회계를 이해하는 데 도움이 될 만한 TIP들을 중간중간에 배치했습니다.

TIPS 생생회계

한국채택-국제회계기준(K-IFRS)과 현행 기업회계기준(K-GAAP) 비교

	구분	한국채택-국제회계기준	현행 기업회계기준
① 공시범위와 재무제표 구성	주 재무제표 명칭	연결재무제표	개별재무제표
	재무제표의 구성 (제1001호)	① 재무상태표 ② 포괄손익계산서 ③ 현금흐름표 ④ 자본변동표 ⑤ 주석 ※ 이익잉여금처분계산서는 주석으로 표시	① 재무상태표 ② 손익계산서 ③ 이익잉여금처분계산서 ④ 현금흐름표 ⑤ 자본변동표 ⑥ 주석
② 수익인식	생물자산의 수익인식시점 (제1041호)	생물자산의 수확물의 판매 이전1)기에 자연적으로 증가한 가치에 대하여 발생1기간의 당기손익에 반영함	현행 기준에는 명시내용 없음
	수익인식 조건인 '경제적 효익의 유입가능성'에 대한 판단기준(제1018호)	수익인식 조건의 하나인 '경제적효익의 유입 가능성'의 판단기준으로 '높은 가능성'을 제시함	'매우 높은 가능성'을 제시함
	건설계약(제1011호)	아파트 예약매출은 인도기준을 사용하여 수익인식	아파트 예약매출은 진행기준으로 수익인식
③ 금융상품	보유자의 내재파생상품 (제1039호)	전환권과 신주인수권이 분리요건을 충족하면 그 권리를 전환사채나 신주인수권부사채에서 분리하여 인식	전환사채 또는 비분리형 신주인수권부사채 사채는 분리하지 않음
④ 자산의 평가	재고자산(제1002호)	표준원가가 실제원가와 '유사한 경우' 중 원가법을 사용해 측정도 가능함	실제 원가만 인정
	유형자산(제1016호)	원가모형과 재평가모형 중 하나를 회계정책으로 선택하여 평가	원가모형만 인정
	투자부동산(제1040호)	원가모형이나 공정가치모형 중 선택하여 평가	원가모형만 인정
	무형자산(제1038호)	무형자산을 내용연수가 유한한 것과 비한정인 것으로 구분, 내용연수가 비한정인 자산에 대해서는 손상평가를 수행	무형자산의 상각기간은 20년 내
	매각예정 비유동자산 (제105호)	감가상각을 중단하여 순공정가치와 장부금액 중 작은 금액으로 측정	장부가액으로 측정, 감액여부 판단
	퇴직급여채무(제1019호)	예측급여채무의 개념을 채택하여 보험수리적 방법으로 측정	계산기말 전원퇴직하는 것이 정산기적 개념을 채택
⑤ 부채의 평가	상환우선주의 회계처리 (제1032호)	발행자가 의무적으로 상환하여야 하는 상환 의무를 부담하거나 보유자가 상환을 청구할 수 있는 권리를 보유하면, 금융부채로 분류함	자본으로 분류
⑥ 연결재무제표 및 관계기업 투자	연결재무제표 작성자 (제1027호)	모든 지배기업(최상위 지배기업, 중간지배기업)	최상위 지배기업
	연결기준의 '중간재무보고' (제1034호)	1년 단위 재무제표가 연결기준으로 작성되며 중간재무보고도 연결기준으로 작성	현행 기준 없음
	단계적 취득으로 중대한 영향력 획득 시 투자차액 (영업권 산정) (제1028호)	종속기업을 단계적으로 취득할 때 사용한 회계처리 설치의 기본 개념(단계법)을 적용함	일괄법을 사용하여 투자차액 (영업권) 산정

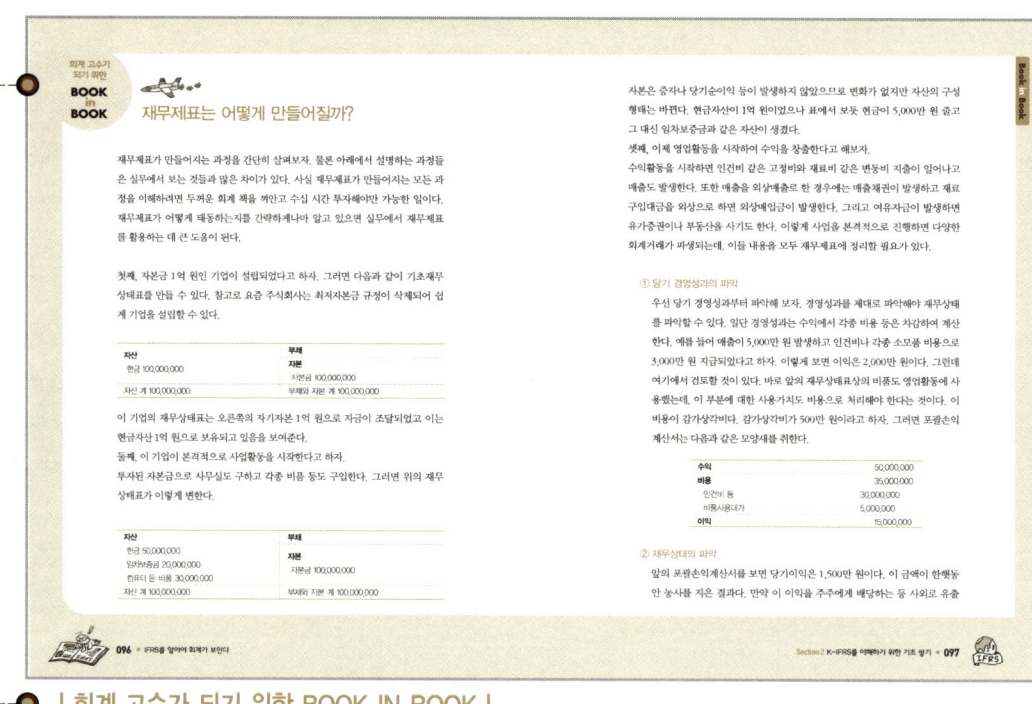

재무제표는 어떻게 만들어질까?

재무제표가 만들어지는 과정을 간단히 살펴보자. 물론 아래에서 설명하는 과정들은 실무에서 보는 것들과 많은 차이가 있다. 사실 재무제표가 만들어지는 모든 과정을 이해하려면 두꺼운 회계 책을 떼안고 수십 시간 투자해야만 가능한 일이다. 재무제표가 어떻게 태동하는지를 간략하게나마 알고 있으면 실무에서 재무제표를 활용하는 데 큰 도움이 된다.

첫째, 자본금 1억 원인 기업이 설립되었다고 하자. 그러면 다음과 같이 기초재무상태표를 만들 수 있다. 참고로 요즘 주식회사는 최저자본금 규정이 삭제되어 쉽게 기업을 설립할 수 있다.

자산	부채
현금 100,000,000	부채
	자본
	자본금 100,000,000
자산 계 100,000,000	부채와 자본 100,000,000

이 기업의 재무상태표는 오른쪽의 자기자본 1억 원으로 자금이 조달되었고 이는 현금자산 1억 원으로 보유되고 있음을 보여준다.

둘째, 이 기업이 본격적으로 사업활동을 시작한다고 하자.
부채된 자본금으로 사무실도 구하고 각종 비품 등도 구입한다. 그러면 위의 재무상태표가 이렇게 변한다.

자산	부채
현금 50,000,000	부채
임차보증금 20,000,000	자본금 100,000,000
컴퓨터 등 비품 30,000,000	
자산 계 100,000,000	부채와 자본 계 100,000,000

자본은 증자나 당기순이익 등이 발생하지 않았으므로 변화가 없지만 자산의 구성형태는 바뀐다. 현금자산 1억 원이었으나 표에서 보듯 현금이 5,000만 원 줄고 그 대신 임차보증금과 같은 자산이 생겼다.

셋째, 이제 영업활동을 시작하여 수익을 창출한다고 해보자.
수익활동을 시작하면 인건비 같은 고정비와 재료비 같은 변동비 지출이 일어나고 매출도 발생한다. 또한 매출을 외상매출로 한 경우에는 매출채권이 발생하고 재료구입대금을 외상으로 하면 외상매입금이 발생한다. 그리고 여유자금이 발생하면 유가증권이나 부동산을 사기도 한다. 이렇게 사업을 본격적으로 진행하면 다양한 회계거래가 파생되는데, 이들 내용을 모두 재무제표에 정리할 필요가 있다.

① 당기 경영성과의 파악

우선 당기 경영성과부터 파악해 보자. 경영성과를 제대로 파악해야 재무상태를 파악할 수 있다. 일단 경영성과는 수익에서 각종 비용 등은 차감하여 계산한다. 예를 들어 매출이 5,000만 원 발생하고 인건비나 각종 소모품 비용으로 3,000만 원 지급되었다고 하자. 이렇게 보면 이익은 2,000만 원이다. 그런데 여기에서 검토할 것이 있다. 바로 앞의 재무상태표상의 비품을 영업활동에 사용했는데, 이 부분에 대한 사용가치도 비용으로 처리해야 한다는 것이다. 이 비용이 감가상각비다. 감가상각비가 500만 원이라고 하자. 그러면 포괄손익계산서는 다음과 같은 모양새를 취한다.

수익	50,000,000
비용	35,000,000
인건비 등	30,000,000
비품사용대가	5,000,000
이익	15,000,000

② 재무상태의 파악

앞의 포괄손익계산서를 보면 당기이익은 1,500만 원이다. 이 금액이 한해동안 농사를 지은 결과다. 만약 이 이익을 주주에게 배당하는 등 사외로 유출

| 회계 고수가 되기 위한 BOOK IN BOOK |

IFRS와 관련하여 좀더 심층적인 내용, 난이도가 있는 내용들을 각 장의 마지막에 따로 모아 정리했습니다.

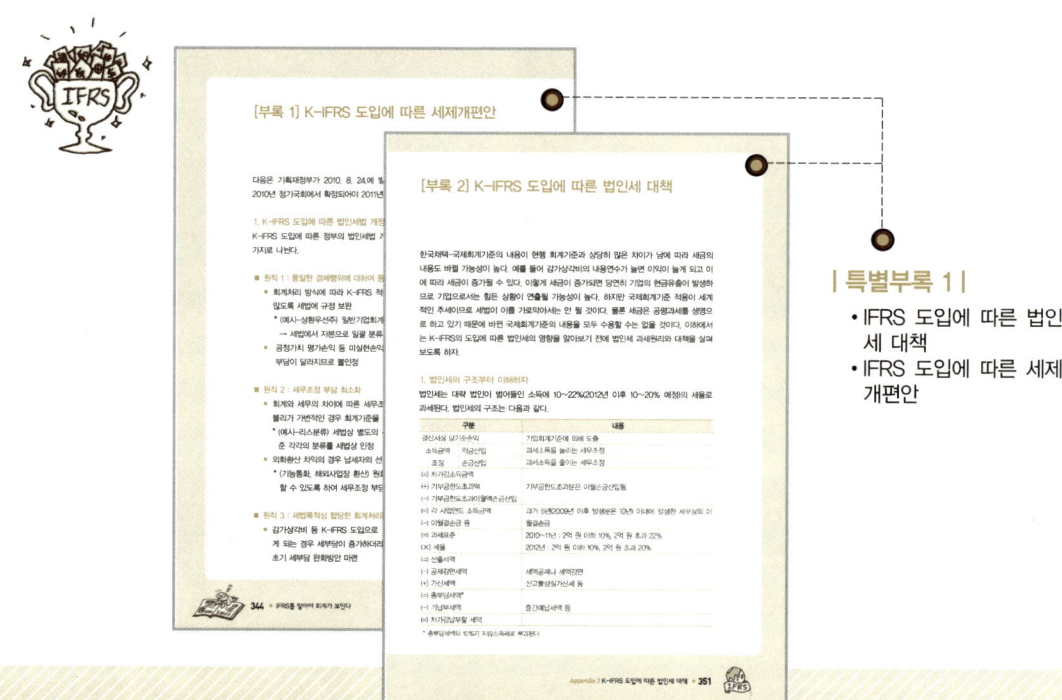

[부록 1] K-IFRS 도입에 따른 세제개편안

다음은 기획재정부가 2010. 8. 24에 발표한
2010년 정기국회에서 확정된다이 2011년

1. K-IFRS 도입에 따른 법인세법 개정
K-IFRS 도입에 따른 정부의 법인세법 개
가지로 나뉜다.

■ **원칙 1 : 통일한 경제행위에 대하여 동일**
• 회계처리 방식에 따라 IFRS 적
일도록 세법에 규정 보완
  * (예시-상환우선주) 일반기업회계
    → 세법에서 자본으로 일괄 분류
  * 공정가치 평가손익 등 미실현손익
    부담이 달라지므로 불입정

■ **원칙 2 : 세무조정 부담 최소화**
• 회계와 세무의 차이에 따른 세무조
볼러그 기본적인 경우 회계기준을
  * (예시-리스분류) 세법상 별도의
    준 자각의 분류를 세법상 인정
• 외화환산 차이의 경우 납세자의 선
  * (기능통화, 해외사업장 환산 원
    할 수 있도록 하여 세무조정 부담

■ **원칙 3 : 세법目的상 합당한 회계처리에**
• 감가상각비 등 K-IFRS 도입으로
계 되는 경우 세무상이 증가되어라
초기 세부담 완화방안 마련

[부록 2] K-IFRS 도입에 따른 법인세 대책

한국채택국제회계기준의 내용이 현행 회계기준과 상당히 많은 차이가 남에 따라 세금의 내용도 바뀔 가능성이 높다. 예를 들어 감가상각의 내용연수가 늘면 이익이 늘게 되고 이에 따라 세금이 증가할 수 있다. 이렇게 세금이 증가되면 당연히 기업의 현금유출이 발생하므로 기업으로서는 힘든 상황이 연출될 가능성이 높다. 하지만 국제회계기준 세계적인 추세이므로 세법이 이를 가로막아서는 안 될 것이다. 물론 세금은 공평과세를 생명으로 하고 있기 때문에 바뀐 국제회계기준의 내용을 모두 수용할 수는 없을 것이다. 이하에서는 K-IFRS의 도입에 따른 법인세의 영향을 알아보기 전에 법인세 과세원리와 대책을 살펴보도록 하자.

1. 법인세의 구조부터 이해하자
법인세는 대체로 법인이 벌어들인 소득에 10~22%(2012년 이후 10~20% 예정)의 세율을 과세한다. 법인세의 구조는 다음과 같다.

결산서상 당기순이익	기업회계기준에 의해 도출
소득금액	익금산입	과세소득을 늘리는 세무조정
조정	손금산입	과세소득을 줄이는 세무조정
(+) 차가감소득금액	
(+) 기부금한도초과액	
(-) 기부금한도초과이월액손금산입	기부금한도초과액은 이월공제금지됨
(+) 각 사업연도 소득금액	과거 보통2009년 이후 발생한 10년 이내에 발생한 세무상의
(-) 이월결손금 등	결손금이다
(x) 과세표준	2010~1년간 : 2억 원 이하, 2억 원 초과 22%
(x) 세율	2012년 : 2억 원 이하 10%, 2억 원 초과 20%
(+) 산출세액	
(-) 공제감면세액	세액공제나 세액감면
(+) 가산세액	신고불성실가산세 등
(-) 총부담세액	
(-) 기납부세액	중간예납세액 등
(+) 차가감납부할 세액	

* 종합소득세의 반면기구 지점스톡의 분산장환 등 부가된다

| 특별부록 1 |

• IFRS 도입에 따른 법인세 대책
• IFRS 도입에 따른 세제개편안

| 특별부록 2 |

단박에 배우는 IFRS 동영상 CD 제공

수록내용
1. IFRS 도입 이유와 실익
2. IFRS의 주요 내용 파악
3. IFRS의 핵심 공정가치평가제도
4. 연결재무제표 이해하기
5. IFRS 회계처리방법 변경에 따른 재무영향 분석

IFRS를 알아야
회계가 보인다
차 례

Section 1 IFRS가 도대체 뭐야?

Section 4　K-IFRS 포괄손익계산서 따라잡기

Section 5　IFRS의 핵심, 공정가치평가

Section 6 보유주식과 연결재무제표

Section 7 달라진 주요 재무상태표 항목

Section 8 달라진 포괄손익계산서 항목 독파하기

회계의 기초 다지기

● 회계는 언제부터 시작되었을까?

회계(會計, accounting)는 인간의 문명과 더불어 발달해온 것이 틀림없다. 사람들은 경제생활을 시작하면서 이와 관련된 여러 가지 정리가 필요했다. 본문을 시작하기에 앞서 잠시 회계의 역사부터 살펴보도록 하자.

인류가 회계기록을 처음 시작한 때는 고대 바빌로니아와 이집트ㆍ그리스 및 로마시대 등에서 찾을 수 있다고 한다. 물론 그 당시에는 현재처럼 복식부기 같은 원리로 회계장부를 작성하는 것이 아니라 돈이나 상품의 들고 나가는 출납사실 정도만 기록하는 수준이었다. 당시 회계기록의 주요 목적은 영주가 보유한 토지와 종민이 영주에게 바치는 공납품이나 지대의 관리 정도였다. 그 후 중세기 후반은 주로 상업이 발달하는 때였는데, 오늘날 현대 회계에서 볼 수 있는 복식부기가 태동한 시기다. 이러한 복식부기는 주로 지중해의 상권을 장악한 이탈리아의 피렌체, 베네치아 같은 도시국가를 중심으로 발달하기 시작했다. 복식부기원리는 1494년에 출판된 《산술ㆍ기하ㆍ비례 및 비율 요론》에서 처음으로 소개되었으며, 이 책은 베네치아의 수도사이자 수학자인 루카 파치올리(Luca Pacioli)가 작성한 것으로 알려져 있다. 이 책은 하루하루의 영업거래를 'who, what, when, where'로 기록하여 그것을 분개장에 기록하고, 분개에 따라 원장의 각 계정계좌에 전기하는 정도였다고 한다. 그러다가 점차 다소 미흡했던 파치올리 부기가 보완되면서 오늘날의 복식부기로 발달하게 된다. 그런데 현대적

인 부기를 획기적으로 발전시킨 계기가 있었다. 그것은 다름 아닌 산업혁명이다. 산업혁명은 19세기 초 이후 상권이 지중해에서 대서양 연안국으로 이전되고 산업발전과 기술혁신을 동반함에 따라 자연스럽게 회계의 발달을 도왔다. 돌이켜보면 산업혁명은 18세기 말부터 19세기 중엽에 걸친 기술혁신에 따른 변혁으로, 영국에서 시발하여 프랑스·독일·미국 등으로 전파되었다. 특히 19세기와 20세기 초에는 영국과 미국에서의 획기적인 공업기술의 발달을 가져왔다. 이로 인해 대량생산이 가능해지고 회계 측면에서는 제품의 정확한 원가계산이 필요해졌다. 그에 따라 회계기법도 상당한 수준으로 발전하게 된다. 대량생산에 의한 대량판매는 판매가격 책정이 중요하며 적정한 이윤을 담보하기 위해서는 정확한 제품원가 계산이 필요했다.

한편, 산업혁명 이후 주식회사의 등장도 회계에 지대한 영향을 미쳤다. 언제든지 주식을 발행하여 대규모 투자가 지속적으로 가능해지자 계속기업의 개념이 생겨나면서 기간손익 측정의 필요성으로 인해 회계기간이라는 개념이 태동되었다. 또한 주주들에 대한 배당금 지급을 위한 손익계산의 정확성과 배당이익의 산출기준, 손익측정상의 발생주의 및 실현주의, 자산평가의 보수주의 및 충당금 내지 적립금 등 일련의 회계이론과 기법의 발달 및 세무와 법률규제 등을 불러일으켰다.

주식회사 형태의 기업발달은 자본의 거대화와 부재소유주로서의 주주 부(富)의 증대를 촉진하였다. 한편 기업은 이들 부재주주를 비롯한 금융기관 같은 채권자, 종업원, 소비대중, 국가공공기관 기타 일반으로 형성되는 이른바 이해자집단에 대한 이해조정책임과 그 밖에 여러 가지 사회적 책임을 무시할 수 없게 되었다. 그리하여 기업은 일정기간의 재무상태와 경영성과를 재무제표라는 수단에 의해 정규적으로 공시할 필요성을 느끼게 되었고, 나아가 국가에서는 이를 법제화하기에 이르렀다. 이와 같은 보고제도는 20세기 초 주식회사의 합병과 지주회사제도가 성행함에 따라 연결재무제표의 작성으로 좀더 상세한 회계정보를 제공하기에 이르렀다.

최근 우리나라가 도입한 국제회계기준은 1973년 영국의 주도하에 프랑스와 독일 등 9개 나라가 런던에서 모여 국제회계기준위원회(IASC)를 설립한 후 국제회계기준(IAS)을 제정한 것이 모태다. 이후 IASC는 IASB(International Accounting Standards Board, 국제회계기준위원회)로 조직이 개편되기에 이르렀고 이곳에서 국제회계기준을 제정하고 있다. 그리고 국제회계기준해석위원회(IFRIC)에서는 국제회계기준에 대한 해석서를 제공한다. 또한 회계기준자문위원회(SAC)는 각국의 재무분석가, 경영자, 감사인 등 다양한 관계자들이 참석한 기구로서 국제회계기준에 대한 광범위한 자문을 수행하고 있다.

● 회계란 녀석, 도대체 넌 누구냐?

회계는 자본주의의 발달과 더불어 성장을 거듭하고 있다. 물론 자본주의의 핵심은 주식회사의 제도에 있으며 이 제도에 따라 운영되는 것이 바로 기업이다. 그런데 개인은 기업과 떼려야 뗄 수 없는 존재다. 결국 기업이든 개인이든 회계와 연관을 맺을 수밖에 없으므로 이를 잘 이해하는 일은 어쩌면 당연한 것인지도 모른다.

1) 회계란?

회계란 원래 '회사의 계산'을 의미한다. 회사의 돈과 관련하여 계산되는 것 모두를 말한다. 예컨대 식당에서 식비의 계산, 직원의 월급지급, 기타 돈의 수입과 지출 등이 모두 회계에 포함된다. 물론 이러한 회계내용은 장부에 기록할 수도 있고 그렇지 않을 수 있다. 대개 회계의 내용이 외부에 보고되어야 할 경우에는 장부에 기록을 하고 있다. 왜냐하면 회사와 이해관계에 있는 거래처나 정부 등이 기업의 경영상태를 알 수 있는 방법은 주로 장부를 근거로 작성된 재무제표이기 때문이다. 그런데 요즘 회계의 개념은 기업뿐 아니라 개인, 심지어 정부에서도 폭넓게 활용하고 있다. 회계가 주는 정리의 기능뿐만 아니라 회계정보의

효과가 상당하기 때문이다.

2) 회계의 필요성

회계는 기업의 거래를 정리하여 각종 정보를 산출하는 작업을 말하기도 한다. 이런 정보를 통해 이해관계자들은 소액의 비용으로도 각 기업에 대한 투자정보 등을 쉽게 활용할 수 있게 된다. 만일 이러한 정보가 적시에 제공되지 않는다면 회계이용자들은 비싼 돈을 내고 정보를 얻거나 잘못된 의사결정을 내릴 가능성이 높다. 이런 현상이 광범위하게 퍼지면 국가적으로도 큰 손실이 발생할 수 있다. 결국 회계는 자원배분의 투명성을 제고하는 데 도움을 주는 것이 사실이다. 한편 기업 내부적으로 경영자들은 재무상태나 경영성과 등을 비롯해 미래 사업의 방향이나 투자계획, 수익계획 등을 예측하는 데에도 회계를 사용한다.

3) 회계기준이 필요한 이유

회계는 인류의 발달과 함께 자연스럽게 생성된 것으로서 세계적인 발명품 중 하나에 속한다. 그리고 회계는 자본주의 파수꾼이기도 하다. 그렇지만 자칫 잘못하면 기업이나 국가를 파멸로 이끌 수도 있다. 가령 각 기업들이 실적을 좋게 보이도록 하기 위해 분식회계를 시도하거나 사회적으로 문제가 되는 비자금을 조성한다고 해보자. 이를 방치하면 혼란이 발생할 수밖에 없다. 그래서 각 기업들 또는 국가 등이 지켜야 할 기준이 필요하게 되는데 대표적인 것이 바로 기업회계기준이다. 학문적으로 이에 대한 정의를 살펴보면 '기업회계기준은 각 기업과 기업의 회계처리에 대한 감사를 벌이는 감사인에게 통일성과 객관성을 부여하기 위해 제정한 회계처리 원칙' 정도가 된다.

　그런데 우리나라에서는 회계기준이 다음의 표와 같이 다양하게 적용된다. 우리나라가 국제적으로 사용되는 회계기준, 즉 IFRS를 도입했기 때문이다.

구분	2008년까지	2009~2010년	2011년 이후
K-IFRS 선택기업			
상장회사와 금융회사*	기존 국내회계기준		한국채택-국제회계기준
비상장회사			비상장회계처리기준

* 금융회사의 범위 : 저축은행 · 리스 · 신기술 · 할부금융사를 제외한 금융기관을 말함

먼저, 상장기업과 일부 금융회사는 2011년부터 한국채택-국제회계기준(K-IFRS)을 의무적으로 적용하여 재무제표를 공시해야 한다. 단 여기서 금융회사에는 저축은행이나 리스 등 특수금융기관이 제외된다. 다음으로, 비상장기업은 원칙적으로 2011년부터 현행 기업회계기준(K-GAAP)을 보완한 비상장회계처리기준(일반기업회계기준, Local GAAP)을 사용한다. 물론 비상장기업은 본인의 선택에 따라 국제회계기준을 사용할 수도 있다.

● 회계거래의 인식방법이란 뭘까?

일단 회계는 수치로 계산되어야 의미가 있으며 그 결과는 재무제표로 작성되어야 비로소 빛을 말한다. 재무제표는 기업 전체를 파악할 수 있는 여러 가지 정보들이 함축되어 있다. 이런 관점에서 많은 사람들이 재무제표를 읽을 수 있어야 한다는 점에서는 동의한다. 하지만 재무제표의 근간은 바로 회계에 있다. 회계처리를 어떻게 하느냐에 따라 재무제표의 모양새가 달라진다. 이하에서 소개하는 내용을 통해 회계에 대한 기초적인 내용들, 영원히 변하지 않는 원리들을 이해해보도록 하자.

1) 회계상 거래의 구분

기업의 경영활동과 관련해서는 수많은 거래들이 발생한다. 예컨대 직원을 채용하고 자재를 조달해서 공장을 가동시킨다. 그리고 제품을 생산하여 창고에 쌓아두기도 하며 그 중 일부를 대리점에 출고시켜 소비자에게 판매한다. 이 같은 일

련의 과정은 모두 기업의 경영활동과 관련 있으며 이 과정에서 다양한 경제적 사건이 발생한다. 그리고 이러한 사건의 결과 자산의 유입과 유출, 부채의 발생과 상환, 각종 비용과 수익들이 발생한다.

회계는 이러한 기업의 경영활동 결과를 기록하는 일이므로 경제적 사건과 발생된 거래들은 모두 화폐가치로 측정해야 한다. 다만, 경제적 사건이 칼로 무를 베듯이 딱딱 나눠지는 것이 아니므로 측정 가능한 것만을 재무제표에 반영해야 한다. 실무적으로 이러한 거래를 회계상 거래로 분류하며 다음과 같이 세 가지 종류가 있다.

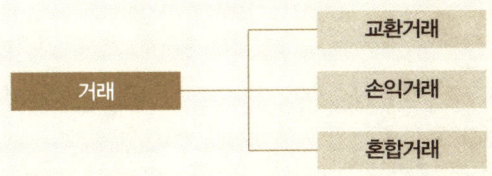

교환거래는 손익에 영향을 미치지 않으나 재무상태, 즉 자산과 부채 및 자본의 변동을 가져오는 거래를 말한다. 예를 들어 현금으로 건물을 구입하는 것이 대표적인 예다. 반면에 손익거래는 재무상태의 변동뿐 아니라 수익과 비용이 발생하는 거래를 말하며, 혼합거래는 이 둘의 거래가 동시에 발생하는 것을 의미한다. 결국 회계상의 거래는 궁극적으로 자산과 부채 및 자본의 변동이 발생한다. 그리고 이러한 현상을 화폐로 측정할 수 있을 때 비로소 의미 있는 정보로 변한다고 할 수 있다.

2) 회계상 거래의 인식원리

이제 회계상 거래를 본격적으로 화폐가치로 측정하고 정보로 인식해보자. 구체적으로 어떤 기업이 1억 원짜리 기계장치를 구입했다고 하자.

이런 상황에서는 다음과 같이 두 가지 회계처리방법을 생각해볼 수 있다.

● 방법1 : △△년 △△월 △△일 기계장치 구입 1억 원
● 방법2 : △△년 △△월 △△일 (차변) 기계장치 1억 원/(대변) 현금 1억 원

방법 1은 거래가 발생할 때마다 거래사실을 기록하는 것이며, 이러한 부기(장부기입)방법을 단식부기라고 한다. 방법 2는 거래가 발생할 때마다 거래사실을 이중으로 기록하는 것을 말하는데, 이를 복식부기(double entry bookkeeping)라고 부른다. 위의 두 가지 방법 중 복식부기가 현대의 회계원리에 부합한다. 왜 그럴까?

회계상 거래는 궁극적으로 기업의 자산과 부채, 그리고 자본의 변동을 가져온다. 그리고 이러한 거래의 이면을 들여다보면 모두 원인과 결과라는 두 가지 속성을 가지고 있다. 예를 들어 앞에서는 기계장치라는 자산이 생기면서(원인) 현금이 지출(결과)되었다. 만일 그 기업이 기계장치 도입 후 제품을 생산해 제품을 외상으로 판매하면, 제품을 판매하는 일은 원인에 해당하고 외상매출금이 발생하는 것은 결과에 해당한다. 결국 복식부기는 모든 회계상 거래를 원인과 결과에 입각하여 이중으로 파악하는 장부기입방법이다. 이렇게 거래를 이중으로 파악한 결과 차변(借邊, Debt, Dr)의 합계와 대변(貸邊, Credit, Cr)의 합계는 항상 동일한 금액이 되고, 차변과 대변은 평형을 이룬다. 따라서 아무리 기업의 규모가 크더라도 차변의 합계액과 대변의 합계액이 일치해야 하는데, 만약 불일치 현상이 발생하면 이는 회계처리가 잘못되었음을 뜻한다. 이렇듯 복식부기는 기업이 행하는 회계처리가 정확한지의 여부를 자동으로 검증할 수 있다는 장점이 있다.

3) 거래의 8요소

회계와 재무제표를 잘 이해하기 위해서는 아래와 같은 거래의 8요소에 대한 이해가 필요하다. 회계상 거래는 모두 거래의 8요소에 따라 발생하기 때문이다.

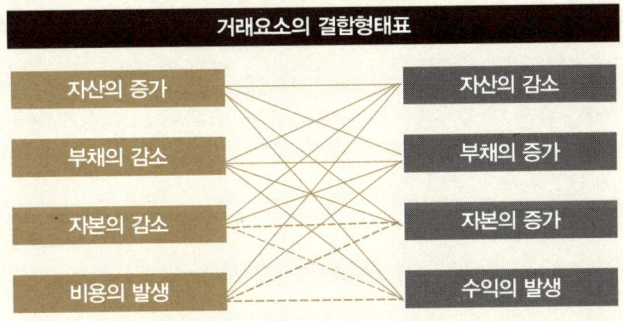

위 그림을 보면 왼쪽 항목은 차변, 오른쪽 항목은 대변에 기재된다. 예를 들어 앞에서 기계장치 1억 원에 대한 회계처리는 다음과 같이 되었다.

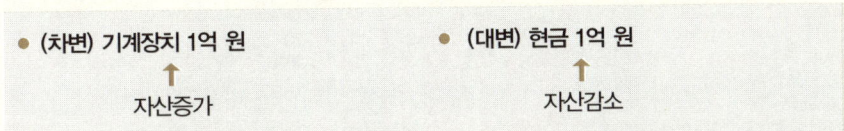

이러한 회계처리는 앞의 차변의 '자산의 증가'와 대변의 '자산의 감소'로 정리된다. 이렇듯 회계상 거래는 자산의 증가와 감소, 부채의 증가와 감소, 자본의 증가와 감소, 수익의 발생, 비용의 발생 등 8가지 거래 요소들이 결합된 형태로 나타난다. 다만, 앞의 그림을 보면 점선으로 표시된 부분은 실무적으로 잘 발생되지 않는다. 따라서 총 16개의 거래형태 중 13개 정도가 실무적으로 발생한다. 참고로 앞에서 언급된 차변 'Debt'는 돈을 빌린 사람, 대변 'Credit'는 돈을 빌려준 사람을 말한다. 따라서 차변과 대변의 의미는 대변의 어느 과목으로 돈을 빌려와 차변의 어느 항목으로 사용하는 것을 나타낸다고 할 수 있다.

* 회계처리 사례와 재무제표 작성원리를 알자!

위에서 설명한 거래 8요소를 잘 알고 있으면 아무리 어려운 회계처리라도 쉽게 이해할 수 있다. 그리고 이러한 회계처리에서 나온 자산과 부채, 그리고 자본항목으로 재무상태표를 만들고 수익과 비용항목으로 손익계산서를 만들 수 있다. 이러한 원리로 보건대 회계처리는 재무제표의 모양새를 직접 결정하는 것인 만큼 아주 중요한 작업에 해당됨을 알 수 있다. 이하에서 이와 관련된 내용을 살펴보자.

1) 회계처리 사례

신창업씨는 '해뜰날' 주식회사를 세워 멋지게 사업을 성공시켜보기로 했다. 그가 사업초기에 거래한 내역들을 순차적으로 따라가면서 회계처리를 수행해보자. 그러고 난 후 연말에 재무제표가 어떤 모습을 갖추고 있는지 파악해보자.

① 1월 2일 자본금 납입 : 50,000,000원

앞의 8요소를 보면 이 회계상 거래로 인해 해뜰날(주)에는 현금이라는 자산이 증가하고 자본금이 증가한다. 이를 정리하면 다음과 같다.

(차변) 현금 50,000,000   (대변) 자본금 50,000,000

앞의 거래에서 차변과 대변의 항목은 모두 재무상태표와 관련성이 있다. 차변의 현금은 자산, 대변은 자본항목에 해당하므로 이를 재무상태표로 표시하면 다음과 같다.

자산	부채
현금 50,000,000	자본
	납입 자본금 50,000,000

② 1월 5일 비품 구입 : 10,000,000원

이 거래도 8요소와 관계가 있다. 즉 비품이라는 자산이 증가했고 현금이라는 자산이 밖으로 유출되어 감소되었음을 알 수 있다. 이를 회계처리하면 다음과 같다.

(차변) 비품 10,000,000   (대변) 현금 10,000,000

③ 1월 25일 인건비 지급 : 1,000,000원

이 거래는 손익계산서상의 비용인 인건비가 발생한 동시에 현금이라는 자산이 지출되었음을 알려준다.

(차변) 인건비 1,000,000   (대변) 현금 1,000,000

④ 1월 30일 용역제공 수수료 입금 : 10,000,000원

용역제공을 통해 현금이라는 자산이 유입되었고 동시에 수익(매출)이 발생했다. 이를 회계처리하면 다음과 같다.

(차변) 현금 10,000,000   (대변) 수익 10,000,000

⑤ 12월 31일 감가상각비 계상 : 2,000,000원

연초에 구입한 비품에 대한 감가상각비를 200만 원 계상한다고 하자. 이 경우 차변에는 비용이 발생, 대변에는 자산의 감소가 발생했다.

(차변) 감가상각비 2,000,000   (대변) 감가상각누계액 2,000,000

⑥ 12월 31일 이익잉여금 대체 : 7,000,000원

12월 31일에 결산을 완료하여 수익에서 비용을 차감한 손익 700만 원을 이월이익잉여금으로 대체했다(편의상 처분전이익잉여금 회계처리는 생략함).

(차변) 손익 7,000,000   (대변) 이월이익잉여금 7,000,000

2) 재무제표의 작성원리

이제 앞의 회계처리를 바탕으로 재무제표 중 재무상태표와 손익계산서를 만들어보자. 일단 위에서 회계처리된 내용을 모두 모아보면 다음과 같다.

① (차변) 현금 50,000,000   (대변) 자본금 50,000,000
② (차변) 비품 10,000,000   (대변) 현금 10,000,000

③ (차변) 인건비 1,000,000 　　 (대변) 현금 1,000,000

④ (차변) 현금 10,000,000 　　 (대변) 수익 10,000,000

⑤ (차변) 감가상각비 2,000,000 　　대변) 감가상각누계액 2,000,000

⑥ (차변) 손익 7,000,000 　　 (대변) 이월이익잉여금 7,000,000

이 중 재무상태표 계정을 분석해보자.

〈자산〉

-현금 : 50,000,000(①)-10,000,000(②)-1,000,000(③)+10,000,000(④)=49,000,000

-비품 : 10,000,000(②)-2,000,000(⑤)=8,000,000

〈부채〉

없음.

〈자본〉

-자본금 : 50,000,000(①)+7,000,000(⑥)

다음으로 손익계산서 계정을 분석해보자.

-수익 : 10,000,000(④)

-비용 : 1,000,000(③)+2,000,000(⑤)=3,000,000

위 내용을 바탕으로 재무상태표와 손익계산서를 작성하면 다음과 같다.

재무상태표

자산	부채
현금 49,000,000	자본
비품　8,000,000	납입자본금 50,000,000
	이익잉여금　7,000,000
자산 계 57,000,000	부채와 자본 계 57,000,000

손익계산서

비용		수익	
인건비	1,000,000	매출 10,000,000	
감가상각비	2,000,000		
이익 7,000,000			

* 재무제표의 유용성 높이기

지금까지 회계의 역사가 어떻고, 회계처리는 어떻게 하고, 재무제표는 어떻게 만들어지는지를 대략 살펴보았다. 그렇다면 궁극적으로 회계가 지향하는 것은 무엇일까? 두말할 필요도 없이 재무제표 이용자들에게 유용한 회계정보를 적시에 제공하는 일이다.

TIPS
생생
회계

수익 · 비용대응의 원칙

비용을 처리할 때에는 수익에 대응되게 처리해야 한다. 이렇게 해야 기간손익이 왜곡되지 않는다. 예를 들어 어느 기업에서 한 해에 다음과 같은 거래가 발생했다고 하자. 이 경우 회계처리는 어떻게 해야 할까?

① 상품 10억 원 판매함(상품매출원가는 5억 원)
② 광고선전비로 10억 원 지출
③ 기계장치 구입으로 5억 원 지출

①의 경우에는 당해 연도의 비용을 처리한다. 수익과 직접 관련하여 발생한 비용은 수익을 인식할 때 대응하여 인식하는 것이 타당하기 때문이다.
②의 경우처럼 수익과 직접 대응할 수 없는 비용은 현금이 지출되거나 부채가 발생된 때에 비용으로 인식하는 것이 타당하다. 따라서 당해 연도의 비용으로 인식한다.
③의 경우에는 여러 회계기간에 걸쳐 경제적 이득을 제공하므로 이득을 제공하는 기간에 걸쳐 비용처리를 하는 것이 타당하다. 회계에서는 감가상각제도를 통해 비용을 배분하고 있다.

물론 여기서 회계정보는 수많은 거래들을 그대로 보여주는 것이 아니라 회계기준에서 요구하는 방식 등으로 제공된다. 따라서 각 기업들은 이러한 회계의 속성에 따라 최대한 재무제표를 신뢰할 수 있도록 다룰 필요가 있고 이용자 관점에서는 필요한 정보를 쉽게 습득할 수 있어야 한다. 이하에서 이와 관련된 내용들을 살펴보자.

1) 재무제표의 이용자

기업이 작성한 재무제표의 이용자는 누가 있을까? 알다시피 이는 크게 외부이해관계자와 내부이해관계자로 구분할 수 있다.

(1) 외부이해관계자

기업의 외부이해관계자로는 대표적으로 주주와 금융기관, 그리고 국세청 등이 있다. 물론 이외에도 협력업체나 사회단체, 소비자 등도 있다.

① 주주(투자자)

주주는 기업에 자본을 투자하는 사람들을 말한다. 이들이 기업에 투자하는 이유는 투자한 기업이 벌어들인 이익의 일부를 배당으로 받거나 주가가 뛰었을 때 주식을 양도하여 시세차익을 거두기 위해서다. 주주들은 자신의 이익을 극대화하기 위해 투자에 관한 정보를 얻고자 재무제표를 필요로 한다.

② 금융기관(채권자)

금융기관 같은 채권자들의 관심사는 오직 기업에 빌려준 자금에 대한 원금과 이자를 제대로 받을 수 있는가 하는 것이다. 따라서 이들은 기업의 재무제표를 통해 자금상환능력이 있는지를 중점적으로 검토할 것이다.

③ 국세청(정부)

국세청은 기업의 재무제표를 통해 적정한 세금을 내고 있는지를 파악한
다. 현재의 법인세 과세구조가 손익계산서를 기반으로 하다보니 당기순
이익이 왜곡되지 않았는지를 중점적으로 파악하게 된다.

(2) 내부이해관계자

기업의 내부이해관계자로는 경영자나 종업원, 노조 등이 있다. 이들 역시 자신
들의 목적을 달성하기 위해 재무제표를 폭넓게 활용하고 있다.

① 경영자

사업연도 중에는 수시로 경영상태를 점검하고 문제점이 나타난 경우 대책
을 마련한다. 그리고 결산 후에는 재무제표를 과거 또는 동종업계와 비교
분석하여 회사가 당면해 있는 과제를 깨닫고 개선책을 찾아 성장을 도모
한다.

② 종업원

종업원은 본업이 회계가 아니면 업무적으로 이를 사용할 일이 많지 않다.
하지만 관리자가 될수록 경영목표를 알아야 업무효율이 좋아지므로 이를
위해 재무제표 지식을 습득한다.

③ 노조

노조는 종업원의 임금협상을 위해 재무제표를 활용한다. 특히 재무제표
중 손익계산서를 중점적으로 분석한다.

2) 재무제표의 유용성을 높이는 방법

앞에서 본 것처럼 재무제표의 이용자는 아주 다양하다. 따라서 다양한 이해관계자들의 욕구를 충족시키기 위해서는 회사가 정책적으로 기업의 얼굴인 재무제표를 잘 관리하는 것이 좋다. 물론 재무제표의 내용(실적)은 질적으로 양호해야 할 것이다. 이를 위해서는 모든 임직원들이 하나의 목표를 향해 똘똘 뭉치는 것이 중요하다.

그리고 이때 모든 임직원들이 재무제표에 대한 지식을 가지고 있다면 금상첨화일 것이다. 모든 임직원들의 행위는 모두 재무제표와 연관성을 가지기 때문에 그렇다. 아래의 표를 참고하자.

구분		손익계산서	재무상태표	현금흐름표
세부 목표		이익을 증대시킨다.	우량한 자원을 보유한다.	현금유입을 촉진한다.
부서	영업	매출액을 극대화한다. 판매비용을 극소화한다.	매출채권 및 재고관리를 한다.	매출채권을 조기에 회수한다.
	생산	원가를 줄인다.	양질의 제품을 제조한다.	재고자산 회전율을 높인다.
	연구개발	연구개발의 실패횟수를 줄인다.	상품성이 뛰어난 제품을 개발한다.	최적의 연구개발을 수행한다.
	인사	적정 인원을 유지하고 양질의 교육훈련을 실시한다.	우수한 직원을 채용한다.	적정 인원을 유지한다.
	총무	업무를 효율적으로 집행한다.	기업의 자산을 효율적으로 관리한다.	소모성 경비를 줄인다.
	경영관리	전체의 손익관리를 한다.	자원을 적재적소에 배치한다.	자금수지에 대해 일일 점검을 한다.
	경리회계	회계처리를 올바르게 수행하고 세무관리 지침을 전파한다.	자금 유·출입에 대한 관리를 한다.	불량채권 등에 대한 감시를 한다.
	경영자	경영개선을 실시한다.	자산과 부채를 통합관리한다.	자금정책에 대해 의사결정을 한다.

지금까지 회계에 대한 기초내용들을 간단히 살펴보았다. 물론 지금 이 책을 읽고 계신 독자라면 이 정도 내용쯤은 파악하고 있을 것으로 믿는다. 물론 앞으로 진행될 이야기들은 누군가에게는 멀고 험난한 여정이 될 수도 있다. 하지만 포기하지 말자. 내용이 조금 어렵더라도 여러분이 마지막까지 완주하도록 친절한 길잡이 역할을 해보겠다.

자, 모든 준비가 되었다면 이제 시작~!

| 회계 고수가 되기 위한 Book In Book | 국제회계기준 도입과 재무영향

Section 1

IFRS가
도대체
뭐야?

이제 회계도 국제화 시대

우리나라가 도입한 국제회계기준은 1973년 영국의 주도하에 프랑스와 독일 등 9개 나라가 런던에서 모여 국제회계기준위원회(IASC)를 설립한 후 국제회계기준(IAS)을 제정한 것이 모태다. 이후 IASC는 IASB (International Accounting Standards Board, 국제회계기준위원회)로 조직이 개편되기에 이르렀고 이곳에서 국제회계기준을 제정하고 있다.

International Financial Reporting Standards

"김대리님~"

신입사원 석민혜가 이제 막 사원 딱지를 뗀 김회계 대리를 허둥지둥 찾는다. 두 사람은 국제은행에서 함께 일하고 있다.

"민혜씨, 무슨 일이죠?"

"대리님, 공문이 하나 내려왔는데요. 내용을 보니까 모든 직원이 국제회계기준(IFRS)을 반드시 알고 있어야 한다네요. 자 이것 좀 보세요."

"아, 정말 그렇군요!"

공문을 받아본 김회계는 담담한 표정을 짓는다. 그때 석민혜는 뭔가 생각난 듯한 얼굴로 질문을 하기 시작했다.

"대리님, 국제회계기준이 우리 같은 은행권에서 특히 업무와 많은 관련이 있을 것 같은데, 어떻게 대비해야 좋을까요?"

순간 김회계는 머리가 빙빙 돌았다. 그리고 잠시 동안 생각한 끝에 말끝

을 흐리고 말았다.

"그, 글쎄요…."

석민혜는 조금 실망스럽다는 표정을 지으며 김회계 대리 곁을 떠났다. 석민혜의 뒷모습을 바라보던 김회계는 정신을 바짝 차려야겠다고 느꼈다. 회사에 입사한 지 얼마 안 되는 후배에게 실력 없는 선배로 비쳐진다는 건 무척 자존심 상하는 일이다. 결국 김회계는 자리에서 당장 일어나 직속상사인 신고수 팀장을 찾았다. 신팀장은 국제은행에서 몇 안 되는 재무박사로 통했다.

"팀장님, 우리도 말입니다. 국제회계기준을 공부해야 되지 않나요? 은행밥 좀 먹고 있다면 당연히 그래야 한다고 생각합니다."

"어이쿠 살다보니 김대리 입에서도 철든 소리가 나오는군! 자네도 사내 공문을 봤나보군? 김대리 말이 맞아. 지금 국제회계기준이 도입되어 많은 기업과 금융권이 우왕좌왕한다더군. 이런 때일수록 정신 바짝 차려야 할 거야. 나 역시 얼마 전 따로 팀장들만 모인 자리에서 그놈의 국제회계기준인가 뭔가를 들은 바 있지만, 들으면 들을수록 알쏭달쏭하더라고. 모임에 참석한 간부들 대부분이 그 내용을 쉽게 이해하지 못하는 분위기였네. 마침 우리 부서에 석민혜씨도 새로 입사했고, 앞으로 자네도 승진하려면 국제회계기준 정도는 알아야 할 텐데…. 뭐 좋은 수가 없을까?"

신고수는 은근히 뭔가를 즐기는 듯한 표정을 지어보인 후 다시 입을 연다.

"이봐 김대리! 말이 나왔으니 자네가 이 문제를 책임지고 주도적으로 모임을 한번 이끌어보는 건 어떨까?"

"아, 팀장님 제가 감히 어떻게…."

"어허, 이 친구 시작도 하기 전에 겁부터 먹으면 어쩌란 건가. 나와 자네, 그리고 민혜씨가 함께 모여 브레인스토밍도 하고 필요하다면 책도 읽으면서 토론도 나누면 서로에게 도움이 될 거네. 무엇보다 이론이 아닌 실전에서 바로 적용할 수 있도록 재무제표를 직접 분석해보는 식으로 일정을 잡아 공부한다면 분명 많은 도움이 될 거라고….”

“하지만 팀장님, 내용이 국제회계기준인데요?”

“이 사람 소심하기는…. 회계기준이 국제든 국내든 뿌리는 하나라는 것 모르나! 한번 시도해보자고. 직접 부딪혀보면 답이 나올 테지. 안 그런가?”

“네, 아…. 알겠습니다.”

김회계는 갑작스런 팀장의 명령에 당황했지만 이내 마음을 고쳐먹기로 했다.

“그래 어쩌면 이번이 좋은 기회일 수 있어! 기왕 말이 나왔으니 주도적으로 모임을 이끌어보자고. 내가 누구야, 바로 김회계 아닌가…. 파이팅하자고!!”

이렇게 하여 김회계는 자신의 부서에서 회계지식을 주도적으로 이끌어가는 역할을 맡아보기로 했다. 물론 자신이 모르거나 막히는 부분에 대해서는 신고수 팀장의 조언을 구하면서 말이다.

국제회계기준 왜 도입되는 걸까?

국제회계기준의 도입 이유는 뭘까? 대략 정리하면 이렇다. 현재 120여 나라가 채택 또는 채택 예정인 글로벌 추세, 국제회계기준 도입에 따른 기업의 회계투명성 제고, 국가 간 재무제표 비교의 편리성, 글로벌 기업의 경우 이중 재무제표 작성 부담 줄이기 등이다.

International Financial Reporting Standards

 여기는 김회계 대리가 근무하는 국제은행 회의실. 김대리는 신팀장과 석민혜 앞에서 소감을 전하고 있다.

"팀장님의 명을 받들어 오늘부터 제가 회계지식을 전파하는 역할을 하게 되었습니다. 앞으로 잘 부탁드립니다!"

"대리님! 이거 축하드릴 일 맞죠? 남들은 하고 싶어도 못하잖아요. 호호호!"

신입인 석민혜가 애교 섞인 말투로 김회계를 축하해준다. 사실 그녀도 대학 때 회계를 부전공하여 회계가 어떤 것이라는 것쯤은 대강 알고 있었다. 하지만 국제회계기준 제도 자체가 많이 바뀌었다고 하니 잔뜩 긴장하고 있던 터였다.

"민혜씨 앞으로 잘 부탁해요."

두 사람을 바라보던 신팀장이 한마디 거들고 나선다.

"그래요. 나도 김대리를 열심히 도울 테니 이번 기회에 우리 모두 회계 박사가 되어봅시다. 막히고 부족한 부분은 유능한 강사님을 모셔다가 교육받을 수 있도록 미리 조치했습니다. 얼마 전 팀장 교육을 받을 때에도 회사에 초빙되신 분이랍니다. 회계 분야에서는 아주 유명한 강사님이죠."

"팀장님! 열심히 해보겠습니다. 잘 부탁드립니다."

신팀장의 말이 끝나자 석민혜가 대답했다. 김회계 대리와 석민혜, 그리고 신고수 팀장은 새롭게 도입된 국제회계기준 사냥에 나서게 되었다.

국제회계기준을 영어로 풀면 'International Financial Reporting Standards(IFRS)'다. 영문으로 보나 우리말로 보나 깊이 생각하지 않더라도 이는 국제적으로 적용되는 회계기준임을 쉽게 알 수 있다. 우리나라는 2011년부터 국제회계기준을 본격적으로 도입한다. 여기서 한 가지 질문이 생긴다. 지금까지 그런대로 모양새를 잘 갖춰 적용하던 우리 기준을 버리고 왜 남의 것을 새삼 사용해야 하는 걸까? 국제회계기준이란 녀석 안에 우리가 모르는 거대한 마력이 숨겨져 있는 걸까?

지금까지 국내 기업들은 국내용으로 만들어진 회계기준에 따라 재무제표(財務諸表, financial statement)★를 만들어 사용해왔다. 물론 특정 항목에 대해서는 미국이나 유럽식 회계기준을 우리나라 실정에 맞도록 고쳐 사용하는 일도 종종 있었다. 따라서 기존에 쓰던 회계기준은 국제회계기준과 유사한 부분이 많다. 외환위기를 겪으면서 국제회계기준을 과감히 수용한 결과다. 그런데 기존 우리나라 회계기준은 외국의 투자자들에게 유용한 정보를 제공하는 데 한계가 있었다. 우선 기

★재무제표
회계기간 동안에 일어난 경제적 사건이나 상태를 나타내는 회계보고서로서 회계실체의 외부이해관계자들에게 유용한 재무적 정보를 제공하는 수단이 된다. 재무제표는 회계보고서의 가장 중심적이고 종합적 체계를 이루고 있다.

존 국내회계기준이 국제회계기준과 완벽히 일치하지 않아 신뢰성 면에서 문제가 있었다. 우리나라에 진출한 외국 투자자들은 국내기준이 국제회계기준과 거의 차이가 없음에도 불구하고, 우리가 국제기준을 채택하지 않았다는 사실 하나만으로 우리 기업들의 재무제표를 믿지 않았다. 이른바 '코리아 디스카운트(Korea Discount)' ★라는 불명예를 안게 된 원인도 여기에서 비롯된다.

　코리아 디스카운트가 적용되면 우리 기업이 피해를 볼 수밖에 없다. 예컨대 재무제표상 자산이 100억 원이라 해도 30%의 디스카운트가 적용되면 자산이 70억 원으로 평가되는 어처구니없는 일이 발생하는 것이다. 더욱 문제가 되는 것은 우리나라 기업들의 분식회계에 관한 뉴스가 수시로 불거져 투명성 측면에서 한국 기업들의 재무제표가 불신의 대상이 되기도 했다.

　그 밖에 시대적인 상황도 한 몫 거들었다. 지금은 바야흐로 글로벌 시대다. 일본에서 조찬 모임을 갖고 점심 때 홍콩에서 바이어를 만난 후 저녁에는 한국에서 강연회를 하는 초스피드 시대에 우리는 살고 있다. 이제 국내에서만 사업하는 시대는 지나갔다. 우리 편의대로 우리만 알 수 있는 지식으로 다른 나라의 기준이나 요구를 맞출 수는 없다. 모든 나라에서 통용되는 통일된 기준이 필요해진 것이다.

　위에서 나열한 이유 말고도 세계 여러 나라들이 유럽에서 사용하던 회계기준을 속속 도입함에 따라 우리도 여기에 동참해야 하는 상황이 되었다. 즉 세계적인 추세를 거스를 수 없는 상황이다. 결국 새로 도입한 국제회계기준은 이와 같은 대내외적인 환경 속에서 우리 곁에 성큼 다가왔다.

　자, 이러한 변화가 우리에게 어느 정도의 무게로 다가오는가? 당연히 상장기업의 회계 실무자나 임직원들은 자다가도 발딱 일어나 '국제회계기준! 국제회계기준!'을 소리칠 수도 있다. 반면에 회계 실무자가 아니거나 비상장기업에 다니는 사람들은 두발 쭉 펴고 달콤한 잠에 푸욱 빠져 있을 수도 있다. 하지만 회계환경이 세계화되는데 '소 닭 보듯' 해서는 결코 앞서나갈 수 없다. 지금부터라도 국내기준보다 훨씬 진보한 국제회계기준을 내 것으로 만들어야 한다. 그래야 글로벌 인재다.

IFRS를 알아야 회계가 보인다!

앞으로 본문에서 자주 접하게 될 '회계기준'은 각 기업들이 재무제표를 작성할 때 기준으로 삼을 수 있는 통일된 원칙을 의미한다. 한마디로 회계기준은 각 기업이 회계처리를 하는 데 필요한 가이드라인이다. 이 기준을 따른다면 기업의 투명성이 높아지고 기업 간 비교 가능성이 확보되어 정보의 유용성 또한 제고될 것이다.

우리나라가 도입한 IFRS의 내용

우리나라가 채택한 국제회계기준의 주요 특징은 다음과 같다. •거래의 실질에 맞는 회계처리 •연결재무제표를 주재무제표로 사용 •주석의 중요성 강조 •재무제표 표시방법과 회계처리 내용의 변화. 본문을 통해 내용을 자세히 살펴보자.

International Financial Reporting Standards

 "우선 국제회계기준이 그동안 우리가 사용해온 회계기준과 어떤 차이가 있는지 알아야 하지 않을까요? 그래야 전체적으로 이해하기 쉬울 것 같습니다. 쉽게 정리해주셨으면 합니다."

김대리가 신팀장을 바라보며 도움을 청했다.

"사실 나도 교육받으면서 느낀 점입니다만, 국제회계기준이 우리나라 회계기준과 큰 차이가 없다고 생각했답니다. 그런데 막상 구체적인 내용을 파헤치고 들여다보면 그렇지 않아요. 가장 큰 차이점은 이래요. 기존 국내회계기준은 세부적으로 규정을 만들어두고 있어 그대로 따라하면 되는 식이었는데, 국제회계기준은 세부적으로 규정하지 않고 원칙만 규정하고 있죠. 이에 기업들은 자사의 실정에 맞도록 회계처리를 해도 되는 것 같더라고요."

신팀장이 두 명의 부하직원을 두루 살펴보면서 존댓말을 사용하기 시작했다. 교육에 임하는 마음가짐을 잡기 위해서다.

"아, 그러니까 팀장님. 그동안 우리나라는 규정에 따라 틀에 박힌 대로 회계처리를 했지만, 국제회계기준은 기업이 자율적으로 알아서 처리해도 된다는 말인가요?"

김대리였다.

"그래요. 하지만 그 외에도 몇 가지 점검할 사항들이 많았던 것 같습니다. 우리가 지금까지 알고 있는 내용들과는 차이 나는 부분들도 있어요."

신고수 팀장은 기억을 더듬어 우리가 채택한 국제회계기준(K-IFRS)의 주요 특징을 설명하기 시작했다.

한국채택-국제회계기준의 주요 특징

첫째, 우리나라가 도입한 국제회계기준의 특징을 한마디로 요약하면 '거래의 실질에 맞는 회계처리'다. 이는 형식보다 실질에 따라 회계정보를 산출하겠다는 의미다. 이에 따라 국제회계기준에서는 회계처리의 기본원칙만 제시하고 복수의 회계처리를 할 수 있도록 하고 있다. 이렇게 되면 개별 국가의 고유한 회계처리가 부인되고 실질에 맞는 회계처리만 인정되어 국가 간 비교 가능성이 높아진다. 예컨대 국제회계기준에서의 자산과 부채에 대한 공정가치★의 평가 확대로 인해 종전보다 재무제표의 유용성이 더욱 증가될 전망이다. 이는 기업이 보유한 자산 중 유형자산이나 무형자산, 그리고

> **★ 공정가치**
> 공정가치란 시장에서 구매자와 판매가 사이에 공정하게 거래되는 가액을 의미한다.
>
> **★ 연결재무제표**
> 연결재무제표란 일정한 관계에 있는 두 개 이상의 회사를 단일한 조직체로 간주하여 각각의 개별 재무제표를 하나로 종합하여 작성하는 재무제표를 일컫는다.

투자자산 등에 많은 영향을 미칠 가능성이 높다.

둘째, 연결재무제표★가 주재무제표가 된다.

국제회계기준에 따르면, 지배기업으로서 종속기업이 있는 경우에는 연결재무제표를 작성해야 한다. 이는 각 기업의 재무제표를 하나의 재무제표로 묶어 표시한다는 의미다. 경제적 실질이 하나의 기업이라면 개별적인 법적 실체에도 불구하고 이를 합하여 공시하는 것이 타당하기 때문이다. 예를 들어 어떤 기업의 매출이 100억 원이지만 이 기업이 100% 투자한 회사의 매출이 50억 원이라면, 이 둘을 합하여 150억 원으로 발표하는 것이 경제적 실질에 부합한다. 그렇게 함으로써 연결재무제표가 주된 재무제표가 되어 투자자 등 각종 재무제표 이용자들에게 한결 유용한 정보를 제공할 수 있는 것이다.

셋째, 재무제표 본문의 내용을 보완하는 주석(註釋)★의 중요성이 강조된다.

일반적으로 각 기업의 재무적인 정보는 그 기업의 경영진과 실무자들이 가장 잘 이해한다. 따라서 이들이 알고 있는 정보는 가급적 소상히 외부 이해관계자들에게 제공되어야 한다. 이러한 취지하에서 국제회계기준은 이에 대한 정보를 가급적 재무제표 본문보다는 주석으로 기재할 것을 요구한다. 가령 선박제조업이라도 각 나라의 각 기업마다 회계환경이 다를 수밖에 있다. 따라서 이 업종에 대한 회계처리방법을 획일적으로 정함 없이 각 기업 내부 경영진 등이 판단하여 회계처리를 하되 그에 대한 근거 등을 주석으로 설명하라는 식이다. 그 밖에도 재무제표 표시방법이 달라지고 회계처리 내용도 달라지는 부분이 있어 이래저래 주석의 내용이 종전보다 크게 늘어날 수밖에 없다.

> **★주석**
>
> 주석은 재무제표 본문 뒤에 각 항목별로 정리된다. 기업의 규모가 크다면 주석의 양이 수백 페이지가 될 수도 있다. 이외에도 재무제표 표시방법이 달라지고 회계처리 내용도 달라지는 부분이 있어 이래저래 주석의 내용이 종전보다 크게 늘어날 수밖에 없다.

"팀장님~, 외람된 말씀이지만 팀장님이 정리해주신 내용들이 쉽게 마음에 와닿지 않습니다."

김회계 대리였다.

"저는요, 팀장님께서 외국어로 말씀하시는 줄 알았습니다. 호호호!"

석민혜였다. 그러자 신팀장도 한마디 거든다.

"사실 나도 무슨 말을 하는지 잘 모르겠습니다. 하지만 앞으로 이런 것들에 대해 공부하게 될 테니 너무 겁먹지 마세요. 용기를 내자고요. 다들 아셨죠?"

신팀장은 처음부터 의기소침해 있는 팀원들의 표정을 살펴보며 안심을 시키고 있었다.

한국채택 – 국제회계기준 주요 내용

항목	국제회계기준	기존 국내회계기준	관련 항목
공시체계 차이	연결재무제표를 기본재무제표로 함	개별재무제표를 원칙으로 함	연결재무제표 작성범위, 지분법 등
자산·부채의 평가방법 차이	공정가치평가를 강조함	객관적 평가가 어려운 항목은 취득원가 평가	투자부동산, 금융부채, 유형자산 등
정책적 목적에 따른 기준의 차이	거래의 실질에 맞는 회계처리방법을 규정	일부 항목에 대해 특정 회계처리를 규제	금융회사의 대손충당금, 상환우선주의 자본처리 등

- 일반기업회계기준(Local GAAP) : 2011년부터 비상장기업에 적용되는 회계기준.
- 한국채택–국제회계기준(K-IFRS) : 2011년부터 상장기업 및 금융회사(저축은행·리스·신기술·할부금융사 제외)에 적용되는 회계기준. IFRS는 국제회계기준이며 한국에 적용되는 국제회계기준이라는 의미에서 K-IFRS라고 부름.
- 기존 국내회계기준(K-GAAP) : 2010년까지 상장기업 및 비상장기업에 적용되는 회계기준. 2011년부터 사용되지 않음.

IFRS 도입에 따른 실익과 문제점

'지피지기(知彼知己)면 백전백승(百戰百勝)'이란 말이 있다. 모름지기 뭐든 알고 있어야 면장도 해먹는 법이다. 국제회계기준 도입에 따라 우리가 알고 있어야 할 이익과 더불어 문제점이 무엇인지 함께 살펴보기로 한다.

International Financial Reporting Standards

 "부끄러운 말지만 그동안 코리아 디스카운트란 말이 있었죠? 물론 분식을 염두에 둔 이야기지만…"

신고수 팀장이 말을 꺼냈다.

"그런 말을 들어본 것 같아요. 그런데 팀장님, 한 가지 궁금한 것이 있습니다."

석민혜가 질문을 한다.

"민혜씨, 뭐죠? 말씀해보세요."

"기업들은 자체적으로 내부 회계인력을 운용하고 있고, 큰 기업들은 대부분 회계감사라는 것을 받잖아요. 그런데 왜 이런 말들이 나오는지 이해할 수 없네요. 그리고 국제회계기준이 도입되면 이러한 문제가 말끔히 없어지는지 잘 모르겠습니다."

"…"

신팀장의 입에서는 답변이 나오지 않았다. 석민혜의 말에 일리가 있기 때문이다.

"좋은 지적입니다. 하지만 앞으로 국제회계기준이 도입되었으니 이 같은 문제점이 크게 개선될 거라고 생각해요. 물론 이쪽 업계에서 많은 노력들이 있어야겠죠."

"팀장님, 이 기회에 국제회계기준에 따른 실익과 문제점을 정리해보면 어떨까요?"

국제회계기준 도입에 따른 실익과 문제점들

우선 국제회계기준 도입에 따른 실익부터 살펴보자.

첫째, 우리나라도 국제회계기준에 따라 재무제표가 작성되므로 우리 기업들이 세계 유수 기업과 동일한 잣대로 비교평가되어 기업의 경쟁력을 높일 수 있다. 투명화된 재무제표를 기초로 분석하니 투자의사결정이 좀더 쉬워질 가능성이 높기 때문이다. 이로 인해 조만간 우리나라도 외국의 투기자본이 아닌 투자자본이 물밀듯 들어오지 않을까 싶다.

둘째, 연결재무제표가 주재무제표가 됨에 따라 기업의 지배구조 개선에 도움이 될 전망이다. 그동안 장막에 가려 있던 계열사에 대한 재무내용이 연결을 통해 고스란히 들어날 가능성이 높기 때문이다. 이런 반면 자회사의 실적이 좋지 않은데도 연결해야 한다면 연결재무제표가 부실화될 가능성이 크다. 숨겨놓은 애물단지가 이 같은 작업으로 발견되기 때문이다. 여하간 이런 환경변화로 그동안 개별회사의 재무

> 참고로 마음을 잘못 먹고 있는 경영자가 있는 회사에서는 경영자의 몸보신을 위해 분식이라는 카드를 사용할 수도 있다. 이런 판단은 나쁜 행위이므로 각 기업의 임직원들은 두 눈 부릅뜨고 항상 감시해야 한다.

제표에 의존했던 투자분석 관행 등이 변함에 따라 지배구조도 한결 투명하게 변할 전망이다.

셋째, 해외시장에 상장된 한국 기업들의 재무제표 이중작성 부담이 줄어들 전망이다. 종전에는 이러한 기업들은 일단 국내회계기준에 따라 재무제표를 작성했다. 그런 후 국제회계기준에 따라 재무제표를 다시 작성해야 했다. 그러나 앞으로는 국제회계기준에 의해 처음부터 작성되므로 별도의 회계기준으로 변환 없이 국제자본시장에서 적용할 수 있다. 따라서 재무제표작성 비용이 낮아질 수 있다. 그 결과 현재 EU나 미국 등 해외시장에 상장된 70여 개 우리 기업들이 이런 혜택을 누릴 수 있을 것으로 보인다.

하지만 이러한 실익에도 불구하고 여전히 많은 문제점이 도사리고 있다. 내용을 정리하면 아래와 같다.

첫째, IFRS 전면 도입이 일시적으로 시장에 많은 혼란을 가져다줄 수 있다. 종전에는 규정에 따라 기계적으로 회계처리만 하면 재무제표를 만드는 데 아무 문제가 없었다. 그러나 앞으로는 각 기업마다 실정에 맞는 처리방법을 개발해야 하는 쪽으로 흐름이 바뀌었다. 이러한 이유로 증권회사나 은행 등에서 기업의 재무분석을 실시하는 경우 동종업체 간 비교 자체가 안 될 가능성이 높다. 동일한 잣대를 가지고 기업들을 분석하는 일이 사실상 힘들기 때문이다.

둘째, 각 기업 간 비교가능성이 저하될 수 있다. 국제회계기준이 자율적 회계처리를 보장하므로 동일업종이라도 회계처리 방식이 다를 수 있다. 가령 어떤 기업은 유형자산에 대해 취득원가를 고수하는 원가모형을, 또 다른 한 기업은 공정가치로 재평가하는 재평가모형을 사용할 수도 있다. 이렇게 되면 당연히 재무제표 본문만을 가지고 동일기업을 서로 비교하는 일이 사실 힘들다. 그래서 실무적으로 각 기업이 어떤 식으로 회계처리를 선택하고 있는지 알 수 있는 주석의 중요성이 강조된다. 이런 관점에서 보면 앞으로 주석을 제대로 해석할 수 있는 똑똑한 임직원이나 투자분석가들이 대접받는 시대가 될 것이다.

셋째, 세금이 증가할 가능성도 배제할 수 없다. 국제회계기준 도입에 따라 회사들이 내는 법인세에도 많은 영향이 미칠 전망이다. 우선 국제회계기준에 의한 회계처리는 주관적인 요소가 상당히 많다. 그런데 세법의 관점에서 보면, 이를 무한정 허용하면 과세형평성의 원칙★이 무너질 수 있다.

★ 과세형평성의 원칙
국민의 평등권이 조세법의 영역에서도 구현되기 위한 원칙이다. 조세부담이 공평 타당하게 배분되도록 조세가 입법되어야 하며, 그 집행에 있어서도 납세의무자는 담세력에 따라 평등하게 다루어져야 한다.

예를 들면 어떤 기업은 A방법을 사용하는데 다른 기업은 B방법을 사용하면 이익의 차이가 발생하고 그에 따라 세금의 크기도 달라질 수 있다. 세법은 회계방법을 달리 선택했다고 해서 세금도 다르게 부과해서는 안 된다. 그렇게 되면 누구나 편법을 사용할 가능성이 크다. 그래서 기존의 세법 틀을 고수할 가능성이 높으나 국가가 정책적으로 도입한 국제회계기준의 도입을 무시할 수도 없다. 따라서 부분적으로 이를 수용하는 식의 세법의 개정이 이루어질 가능성이 높다(세제개편 내용은 부록 Ⅱ 참조).

이외에도 연결재무제표를 작성하는 데 많은 노력과 비용이 들고 추정과 예측을 통한 회계처리의 근거를 확보하기 위해 많은 비용지출과 실무자들의 부담이 늘어난다는 점도 문제점으로 지적된다. 또한 회계와 경영 시스템이 달라짐에 따라 이에 적응해야 하는 임직원들의 업무 스트레스도 무시할 수 없다.

IFRS 도입으로 분식회계가 사라질까?

절대로 있어서는 안 될 분식회계(회계조작, 회계부정) 사고의 대명사로 엔론사태가 있다. 경영자들이 비정상적인 방법으로 자금을 운용하고 매출액 및 자산가치의 과대 계상, 부채는 축소 계상하는 비도덕적인 행위다. 국제회계기준의 도입으로 이 같은 행위가 근절될 수 있을까?

International Financial Reporting Standards

 "그런데 팀장님, 또 궁금한 게 있습니다. 사실 국제회계기준은 재무제표에 포함해야 할 최소한의 항목만 제시하고, 재무제표의 표시방법에 대해 다양성과 자율성을 인정하고 있어 분식의 가능성이 더 높아지는 것 아닌가요? 가뜩이나 이에 대해서는 우리나라가 멍에를 지고 있지 않습니까?"

명석한 김대리였다.

"김대리 말처럼 그럴 가능성이 충분히 있어요. 그러나 이를 방지하기 위한 수단들이 생각보다 많으니까 크게 걱정하지 않아도 될 겁니다."

신팀장의 말이 사실일까?

이를 구체적으로 알아보기 전에는 많은 사람들이 고개를 갸우뚱거릴 것 같다.

'회계기준이 문제였어? 이를 적용하는 사람들과 감시하는 사람들이 문

제였지!'

이런 생각을 했다면 할 말이 없다. 그럼에도 신팀장이 어떤 생각으로 위와 같이 말하게 되었는지 한번 살펴보자.

★ 분식회계
분식회계의 목적은 주로 자산을 부풀리거나 부채를 줄이는 한편, 이익을 과대로 계상하는 것에 있다.

앞에서 IFRS의 문제점을 분석할 때 분식회계★에 대해서는 자세한 언급이 없었지만 IFRS가 내세우는 원칙 중심의 회계는 기본적으로 분식의 가능성을 안고 있다. 실무적으로 IFRS를 보면 많은 거래들에 대한 구체적이고 세부적인 규정을 찾을 수 없다. 이는 IFRS가 경제적 실질을 반영하여 투자자에게 더 많은 정보를 제공하려는 데 근본 취지가 있기 때문이다. 그 결과 IFRS에서는 기준서가 명시적으로 규정하지 않은 거래 등에 대해서는 회사의 판단을 더 중요시한다. 물론 판단을 내릴 때 경영진이나 실무자들은 그에 대한 충분한 근거를 가져야 정당성을 확보할 수 있다. 그런데 문제는 이러한 상황을 반대로 이용할 가능성, 즉 분식의 유혹이 언제든지 발생할 가능성이 높다는 점이다. 경영진들은 기업 외부의 투자자 등에게 늘 좋은 모습만 보이고 싶어한다. 이런 과정에서 무리수를 둘 가능성을 배제할 수 없다. 그렇다면 IFRS 도입으로 어떠한 항목에서 분식이 발생할 가능성이 높을까?

첫째, 자산 측면에서는 자산이 불량화된 경우 이를 손상(손실)처리해야 하지만 이를 제대로 인식하지 않는 예가 있다. 이렇게 되면 자산이 장부에 남아 있으니 그럴듯한 회사로 보인다. 또한 유형·무형자산의 경우 사용할 수 있는 연수(이를 내용연수라 함)를 정확히 추정하여 매년 감가상각비를

제대로 계상해야 되지만 일부러 적게 계상하는 일이 나타날 수 있다. 또한 자산취득 후 추가지출에 대해 이를 자산처리를 한다든지, 비용처리 성격의 연구비를 형체 없는 무형자산인 개발비로 올리는 것 등도 이에 해당한다. 이렇게 되면 당기순이익을 줄이는 비용이 아닌 자산으로 처리되어 재무제표가 좋아진다. 이외에도 자산의 공정가액을 높게 산정하면 자산이 증가하고 부채비율이 축소되어 재무상태표의 모양새가 좋게 보인다.

둘째, 부채 측면을 살펴보자. 우선 부채의 고의 누락이 있다. 가령 차입금을 누락하면 빚이 없는 것으로 보여 재무구조가 견실한 듯 보일 수 있다. 그렇게 되면 빚이 없는 줄 알고 금융기관에서 '어서 옵쇼~' 하며 돈다발을 빌려줄 수도 있다. 이외에도 IFRS에서는 퇴직급여부채를 공정가치로 측정하여 계상해야 한다. 그런데 이 과정에서 할인율 등을 조작하여 부채의 규모를 축소할 가능성도 있다. 할인율을 올리는 등의 방법으로 부채 규모를 축소하면 재무제표가 좋아진다. 임의로 정해 제3자에 대한 지급보증채무를 부채로 인식해야 하는 상황이 올 수 있는데, 이를 무시하는 일도 생각해볼 수 있다.

셋째, 손익 측면에서는 이익을 늘려야 하므로 매출을 늘리거나 비용을 줄이는 일들이 발생할 수 있다. 매출의 경우 우선 다음 해의 매출을 당기의 매출로 조기에 인식하는 경우가 있다. 또 일부 아주 나쁜 회사에서는 경영진이 실무자에게 지시를 내려 가짜 매출을 올리도록 한다. 비용의 경우 비용에 해당함에도 불구하고 이를 자산 처리하는 것이 대표적이다. 이렇게 해두면 당기순이익이 늘고 자산도 많아져 '꿩먹고 알먹는 격'이 된다. 이외에도 부채를 적게 인식함으로써 부채에 관련된 이자비용 등을 축소하는 일도 예상해볼 수 있다.

이상과 같이 분식회계는 자산과 부채, 그리고 수익과 비용 측면에서 다양하게 발생할 수 있다. 하지만 분식회계는 실무적으로 여러 가지 측면에서 문제가 있다. 우선 해당 기업을 둘러싼 이해관계자들에게 잘못된 정보를 제공하여 그들의 의사결정을 왜곡한다는 것이 가장 큰 문제다. 정보를 신뢰하고 의사결정을 내린 이해관계자들에게 피해가 갈 것은 두말할 필요도 없다. 그리고 더 나아가 궁극적으로 그 기업은 시장에서 '분식기업'이라는 딱지가 붙어 언젠가는 시장에서 도태될 가능성이 높다. 생각해보라. 분식기업이라고 낙인이 찍힌 기업에서 일할 맛이 나겠는가? 알 만한 사람들은 속으로 '쯧쯧' 하며 혀를 차는데 말이다. 이외에도 분식회계에 의해 이익이 늘면 세금이 증가할 수 있고, 금융감독원의 조사 등으로 적발되는 경우 상장폐지나 소액주주 소송의 위험이 발생할 수도 있다.

　그렇다면 분식회계를 없애기 위해서는 어떻게 해야 할까? 기업의 이해관계자들은 자신의 재무제표 이용 목적에 맞는 다양한 기법들을 개발하여 회계분석 등에 대처할 필요가 있다. 그리고 감사인이나 감독기관이 관심을 갖고 이런 문제들을 고치고자 지속적으로 노력해야 한다. 이를 제어하지 못하면 투자자 등이 손해를 보는 일 말고도 국가의 이미지에도 부정적인 결과가 생길 것이다. 분식회계, 이 땅에서 반드시 근절되어야 할 절체절명의 과제다!

국제회계기준 로드맵

말도 많고 궁금한 것도 많은 국제회계기준을 누가, 언제부터 도입해야 하는지에 대하여 정리해보자. 또한 연결재무제표의 작성 시기도 3단계로 나누었다고 하는데, 이와 관련한 내용도 함께 살펴본다.

International Financial Reporting Standards

'스물~ 스물….'

이 소리는 국제회계기준이 바다 건너 우리나라에 도입된 것을 표현한 것이다. 즉 알게 모르게 국제회계기준이 드디어 우리나라에 상륙했다. 그런데 우리나라에서는 아직도 이 기준을 제대로 이해하고 있는 사람이 드물다. 우선 회계라는 녀석이 딱딱한 것으로 알려져 있는데, 여기에 '국제'라는 용어가 붙으니 아예 거들떠보지도 않는 게 현실이다. 국제회계기준의 정체를 아는 일보다는 근사한 커피 전문점에 앉아 유명 걸그룹의 노래를 듣는 일이 한결 편할 것이다. 하지만 어쩌랴! 국제회계기준이 대세가 된 지금 말단에서 대리로, 대리에서 과장으로, 또 임원으로 승진을 해야 하는데…. 그러나 너무 걱정하지 말자. 지금부터라도 국제회계기준 로드맵을 보고 배우며 하나씩 따라하면 문제가 없을 테니까.

이제 사람들이 가장 궁금해하는 내용을 하나 살펴보겠다. 우리가 도입한 국제회계기준은 국내 모든 기업에 적용될까? 결론만 말하면 그렇지 않다. 직원이 몇 안 되는 중소기업에 이를 적용하라고 하면 손사래를 칠 수밖에 없다. 회계도 중요하지만 그보다 더 중요한 생존을 위한 경영이 눈앞의 현실이기 때문이다. 이런 점 때문에 국제회계기준을 획일적으로 모든 기업에 적용하는 것은 무리다. 그래서 대상 기업을 정하고 새로운 제도를 준비하는 데 일정을 제시하여 무리 없이 제도를 정착할 필요가 있다. 그리고 이왕 이런 제도가 도입되는 거라면 유용성이 종전 기준보다 더 좋아야 하는 것이 상식이다. 이런 관점에서 보면 국내 금융기관이나 투자자로부터 돈을 빌리거나 투자받는 경우에는 기존 기업회계기준으로 재무제표를 만들더라도 문제는 없다. 다만, 외국 금융기관이나 투자자로부터 자금을 조달하려면 국제회계기준을 가지고 재무제표를 작성해야 한다. 따라서 국제회계기준은 주로 외국의 이해관계자들과 거래하는 기업을 위한 것이라고 볼 수 있다. 즉 우리나라 모든 기업이 국제회계기준을 사용할 필요는 없다. 바로 이런 점 때문에 우리 정부는 다음과 같이 회계기준을 이원화하여 재무제표를 작성하도록 하고 있다.

구분	2008년까지	2009년~2010년	2011년 이후
K-IFRS 선택기업			
상장회사와 금융회사*	기존 국내회계기준		한국채택-국제회계기준
비상장회사			비상장회계처리기준

* 금융회사의 범위 : 저축은행 · 리스 · 신기술 · 할부금융사를 제외한 금융기관을 말함

먼저, 상장기업과 일부 금융회사는 2011년부터 한국채택-국제회계기준(K-IFRS)을 의무적으로 적용하여 재무제표를 공시해야 한다. 여기서 말하는 금융회사에는 저축은행이나 리스 등 특수금융기관은 제외된다.

다음으로, 비상장기업은 원칙적으로 2011년부터 기존 기업회계기준(K-GAAP)을 보완한 비상장회계처리기준(일반기업회계기준, Local GAAP)을

사용한다. 물론 비상장기업은 본인의 선택에 따라 국제회계기준을 사용할 수도 있다. 하지만 국내회계기준에 익숙한 터라 굳이 국제회계기준을 사용할 가능성은 많지 않다고 본다. 국제회계기준을 도입하면 세법과의 괴리가 더욱 커져 세무조정 작업이 더 커지는 점도 그런 이유 중 하나다.

참고로 일반회계기준은 기존의 기업회계기준과 거의 유사하므로 이를 적용하는 것은 문제가 없다. 하지만 국제회계기준은 영문을 한글로 직역한 결과 우선 용어가 낯설고 적용방법이 종전과 다른 부분도 있어 도입 초기 많은 혼란이 나타날 가능성도 있다.

여기서 잠깐! 비상장기업의 임직원들은 일반기업회계기준을 채택하면 회계적으로 어려움이 없다. 그렇다면 국제회계기준을 등한시해도 될까? 사실상 비상장기업이 국제회계기준을 채택하더라도 경영의 이점이 더 나아지는 것은 아니다. 하지만 회계 추세가 변화하므로 이를 능동적으로 받아들이는 것이 더 좋지 않을까 싶다. 결론은 국제회계기준도 맛있게 볶아서 먹자는 것이다.

연결재무제표 로드맵

지금까지 보조적인 재무제표로 인식되어 왔던 연결재무제표가 2011년부터는 주재무제표로 공시된다. 그런데 실무적으로 이를 작성하는 작업이 결코 만만하지 않다. 그래서 기업의 부담을 다소나마 덜기 위해 분기 및 반기에 대한 연결재무제표 작성을 다음과 같이 3단계로 나눠 작성 시기를 정했다.

구분	주요 내용		
	구분	적용시기	분·반기 연결F/S
분·반기 연결 F/S 작성 시기	1단계	2009년	국제회계기준 적용기업(임의)
	2단계	2011년	자산 2조 원 이상
	3단계	2013년	모든 상장기업

국제회계기준 정복법

국제회계기준을 정복하려면, 우선 기존 제도와 새 제도의 차이점부터 분명히 알아야 한다. 그리고 세부적인 회계처리가 재무제표에 어떤 영향을 주는지와 자율적인 회계처리를 해야 하기에 새로운 회계지침이나 정책도 마련해두어야 할 것이다.

International Financial Reporting Standards

 "팀장님, 바로 코앞에 국제회계기준이 도입됨에도 불구하고 많은 기업들이 우왕좌왕하는 모습을 보입니다. 혹자는 말하기를 '개별재무제표는 기존 국내회계기준과 국제회계기준 중 기업이 선택할 수 있도록 하고, 연결재무제표만 국제회계기준을 사용하도록 하는 식'으로 주장하는 것 같더군요."

김회계 대리가 또다시 질문공세를 퍼붓는다.

"좋은 질문입니다. 주로 중소기업 단체에서 왜 이 제도를 도입하는지 다소 불만이 있는 것도 사실이거든요. 내가 알기로는 유럽에서는 2005년부터였던가? 아무튼 연결재무제표를 작성할 때에만 국제회계기준을 적용하고 기타는 국내기준을 적용해도 되는 것 같더군요. 아무래도 모든 기업에 획일적으로 적용하기보다는 필요에 따라 융통성 있게 하는 것이 좋다는 취지가 반영되었기 때문이죠."

"그렇다면 앞으로 우리도 기존 국내회계기준, 일반회계기준, 국제회계

기준, 그리고 세법까지 모두 공부해야겠군요. 휴~"

석민혜가 다소 풀 죽은 목소리로 말을 했다.

"팀장님, 어떻게 해야 이 난관을 극복할 수 있을까요?"

김회계가 끼어들었다.

"여러분, 너무 걱정하지 마세요. 일전에 말씀 드린 회계전문가를 모시고 함께 공부할 계획입니다. 지금 두 분이 부담스러워하는 부분들을 속 시원하게 해결해주실 겁니다. 물론 교육기간이 길지 않아 내용을 전부 이해하려면 다소 벅찬 게 사실이지만, 그래도 기초부터 차근차근 공부해나간다면 점차 자신감이 붙을 거예요."

신고수 팀장의 역할은 여기까지였다. 앞으로 전개될 내용들은 회계전문가의 몫이다. 신팀장은 회계전문가가 자기 역할을 대신하여 팀원들이 IFRS 사냥에서 좋을 성과를 내는 데 도움이 될 거라고 굳게 믿었다.

───────────

싫든 좋든 이제 국제회계기준을 공부하고 이를 실무에 적용해야 하는 시대다. 따라서 각 기업과 개인들은 국제회계기준에 능통할 필요가 있다. 그래야만 경쟁력을 높일 수 있다.

국제회계기준을 정복하기 위한 팁

첫째, 우선 기존 국내회계기준(K-GAAP)과 국제회계기준(K-IFRS)의 차이점을 명확히 구분할 줄 알자. 그리고 변한 내용을 잘 활용하여 기업가치를 높이는 데 도움을 얻을 수 있어야 한다. 예를 들어 기존 국내회계기준에 따르면, 자산은 역사적 원가로 측정하는 것이 원칙이다. 그러나 국제회계기준에서는 공정가치로 평가하는 것이 원칙이다. 이러한 환경 속에서 각 기업은 기업의 재무상태와 경영성과를 잘 보이기 위하여 공정가치모형을 선택할 유인이 높아진다. 그 과정에서 경영진이나 실무자들은 회계처리를 가급적 자사에 유리하도록 이끌 수 있어야 한다. 이는 분식을 하라는 의미가 결코 아니다. 회계기준 안에서 충분한 근거를 가지고 자사에 맞는 방법을 찾아내라는 뜻이다.

이러한 측면에서 보면 이제 회계 분야도 3D 직업이 아닌 창조적인 업무로 격상된 듯한 느낌이 든다. 회계 또는 경리 파트에서 근무 중인 임직원들의 지위도 높게 상승할 것 같다. 한편, 비상장기업들도 앞의 내용에다 일반기업회계기준(Local GAAP)까지 비교할 수 있어야 경쟁력이 높아진다.

둘째, 세부적인 회계처리가 재무제표에 어떤 영향을 주는지 예의주시하자. 회사에 새로운 제도가 도입되면 우리 기업에 어떤 영향을 미치는지 정도는 기본적으로 검토해야 하듯 회계에서도 기존 국내회계기준과 국제회계기준 간에 차이가 있는 부분이 기업에 어떤 영향을 미치는지, 그리고 선택 가능한 회계처리방법이 있다면 비용과 효익 측면에서 어떤 방법을 선택할지 등에 대해 검토해야 한다. 가령 선택 가능한 회계처리방법들이 있다고 하자. 만약 그 중 하나를 선택하려는데 이를 지지하는 데 천문학적인 돈이 들어간다면 차라리 다른 방법을 선택하는 것이 좋을 수 있다. 물론 이 같은 검토는 임직원을 가릴 것이 없다. 먼저 나서서 검토하는 사람이 핵심 인력이 되고 일인자가 된다. 명심하자. 다음에 제시한 예들은 국제회계기준 도입에 따라 기업의 재무제표에 많은 영향을 줄 가능성이 높은 항목들이다.

구분	K-IFRS	K-GAAP
자산평가	공정가치평가 확대	역사적 원가 중심
감가상각방법	매년 감가상각방법 및 내용연수 적정성 재검토	감가상각방법 의무적 재검토 규정 없음
대손충당금	객관적인 대손사유 발생 시 대손충당금 설정 허용	추정에 의한 대손충당금 설정 허용
퇴직급여 추계	임금상승률·퇴직률 등을 감안하여 보험수리적 방법으로 산정	기존 직원이 일시 퇴직 시 지급할 금액으로 산정
리스분류	리스 분류 원칙만 제시	금융리스·운용리스의 구체적 분류기준 제시
상환우선주 분류	상환우선주를 실질에 따라 자본 또는 부채로 분류	상환우선주를 일률적으로 자본으로 분류
아파트 예약매출	인도기준	진행기준

※ 이외에도 기타 알아야 할 내용들이 상당히 많은데 해당 본문에서 하나씩 알아보겠다.

셋째, 회계지침 또는 회계정책을 마련해야 한다. 국제회계기준을 적용받는 기업은 종전처럼 세부적인 지침에 따라 회계처리를 하는 것이 아니라, 자율적으로 회계처리를 해야 한다. 이처럼 국제회계기준이 회계처리에서 융통성을 줄 수밖에 없는 이유는 한마디로 회계상 거래와 각국의 기업이 처해 있는 경제적 상황이 다르기 때문이다. 하지만 이러한 자율적 회계처리가 도를 넘으면 투자자 등으로부터 큰코 다칠 수도 있다. 피해를 본 투자자들이 소송을 남발할 가능성이 높기 때문이다. 따라서 이런 문제점을 예방하려면 미리 자사에 맞는 회계지침이나 회계정책을 수립하여 시행할 필요가 있다. 예를 들어 '우리 회사는 선택적인 회계처리방법 중 어떤 것을 선택하겠다' 는 식이 그렇다. 물론 이런 지침을 작성할 때에는 충분한 검토가 뒤따라야 한다. 한편 자율적인 회계처리에 대응하기 위해 주석공시와 관련된 업무도 강화할 필요가 있다. 이를 위해서는 내부 회계인력을 고급화시켜야 한다. 이와 아울러 기업 경영진의 판단과 의지도 매우 중요하므로 국제회계기준에 대한 올바른 식견을 가질 필요가 있다.

한국채택-국제회계기준(K-IFRS)과 기존 국내회계기준(K-GAAP) 비교

구분		한국채택-국제회계기준	기존 국내회계기준
① 공시 범위 와 재무 제표 구성	주재무제표 명칭	연결재무제표	개별재무제표
	재무제표의 구성 (제1001호)	① 재무상태표 ② 포괄손익계산서 ③ 현금흐름표 ④ 자본변동표 ⑤ 주석 ※ 이익잉여금처분계산서는 주석으로 표시	① 재무상태표 ② 손익계산서 ③ 이익잉여금처분계산서 ④ 현금흐름표 ⑤ 자본변동표 ⑥ 주석
② 수익 인식	생물자산의 수익인식시점 (제1041호)	생물자산과 수확물의 판매 이전기간에 자연적으로 증가한 가치에 대하여 발생기간의 당기손익에 반영함	현행 기준에는 명시내용 없음
	수익인식 조건인 '경제적 효익의 유입가능성'에 대한 판단기준(제1018호)	수익인식 조건의 하나인 '경제적효익의 유입 가능성'의 판단기준으로 '높은 가능성'을 제시함	'매우 높은 가능성'을 제시함
	건설계약(제1011호)	아파트 예약매출은 인도기준을 사용하여 수익인식	아파트 예약매출은 진행기준으로 수익인식
③ 금융 상품	보유자의 내재파생상품 (제1039호)	전환권과 신주인수권이 분리요건을 충족하면 그 권리를 전환사채나 신주인수권부 사채에서 분리하여 인식	전환사채 또는 비분리형 신주인수권부 사채는 분리하지 않음
④ 자산 의 평가	재고자산(제1002호)	표준원가가 실제원가와 '유사한 경우' 표준 원가법을 사용한 측정도 가능함	실제 원가만 인정
	유형자산(제1016호)	원가모형이나 재평가모형 중 하나를 회계정책으로 선택하여 평가	원가모형만 인정
	투자부동산(제1040호)	원가모형이나 공정가치모형 중 선택하여 평가	원가모형만 인정
	무형자산(제1038호)	무형자산을 내용연수가 유한한 것과 비한정한 것으로 구분. 내용연수가 비한정인 자산에 대해서는 손상평가를 수행	무형자산의 상각기간은 20년 내
	매각예정 비유동자산 (제1105호)	감가상각을 중단하며 순공정가치와 장부금액 중 적은 금액으로 측정	장부가액으로 측정, 감액여부 평가
⑤ 부채 의 평가	퇴직급여채무(제1019호)	예측급여채무의 개념을 채택하여 보험수리적 방법으로 측정	결산기말 전원퇴직이라는 청산가치 개념을 채택
	상환우선주의 회계처리 (제1032호)	발행자가 의무적으로 상환하여야 하는 계약상 의무를 부담하거나 보유자가 상환을 청구할 수 있는 권리를 보유하면, 금융부채로 분류함	자본으로 분류
⑥ 연결 재무 제표 및 관계 기업 투자	연결재무제표 작성자 (제1027호)	모든 지배기업(최상위 지배기업, 중간지배기업)	최상위 지배기업
	연결기준의 '중간재무보고(제1034호)	1년 단위 재무제표가 연결기준으로 작성되며 중간재무보고도 연결기준으로 작성	현행 기준 없음
	단계적 취득으로 중대한 영향력 획득 시 투자차액 (영업권) 산정 (제1028호)	종속기업을 단계적으로 취득할 때 사용한 회계처리 절차의 기본 개념(단계법)을 적용함	일괄법을 사용하여 투자차액 (영업권) 산정

국제회계기준 도입과 재무영향

한국채택-국제회계기준을 제대로 이해하려면 회계처리의 변동이 재무제표나 재무분석에 어떤 영향을 주는지 이해해야 한다. 국제회계기준은 기본적으로 회계처리에 영향을 주고 그 결과는 재무제표에 반영되기 때문이다.

1. 회계처리와 재무제표

일반적으로 회계상 거래는 자산과 부채의 변동, 그리고 손익의 변동을 가져온다. 예를 들어 기업이 지출한 돈이 1억 원이 있는데 이 돈에 대한 종전 회계처리는 비용으로 처리되었다고 가정하자. 그런데 이 부분에 대한 회계처리방식이 기타자산으로 바뀌었다면?
이 상황을 회계처리하면 다음과 같다.

> ● 종전
>   (차변) 비용 100,000,000　　　(대변) 현금 100,000,000
> ● 현행
>   (차변) 기타자산 100,000,000　(대변) 현금 100,000,000

종전의 경우, 현금인 자산 1억 원이 유출되어 재무상태표가 불량해지고, 비용 1억 원은 손익계산서 계정으로 처리되므로 당기순이익 1억 원을 줄여 경영성과도 악화된다.
현행의 경우, 현금인 자산 1억 원은 기타자산 1억 원으로 대체되므로 재무상태표에 영향이 없다. 또한 손익계산서 계정에 영향을 주지 않아 경영성과를 나쁘게 만들지 않는다. 결국 이와 같은 관점에서 국제회계기준을 정복할 필요가 있다. 변경 전 회계처리방법과 변경 후 회계처리를 재무제표 관점에서 살펴보자는 뜻이다.

2. 회계처리 변동과 재무비율분석

결과적으로 기업이 행하는 회계처리는 일반적으로 재무제표의 모든 항목에 걸쳐 영향을 준다. 따라서 재무제표의 내용을 따져보면 어느 정도 변화의 폭을 이해할 수 있다. 하지만 여기에서 머무르면 전체 숲을 못 볼 수도 있다. 그래서 이때 필요한 것이 재무분석이다. 재무분석은 재무비율분석이라고도 하며 실무적으로 다음과 같이 네 가지 측면에서 이뤄진다.

① 안정성

재무상태표에서는 주로 자본구조의 안정성과 지불능력의 안정성, 그리고 자산운영의 안정성을 점검한다.

구분	해당 비율분석	판정기준
자본구조의 안정성	–자기자본비율 : (자기자본/총자본)×100	50% 이상 시 양호
	–부채비율 : (총부채/자기자본)×100	100% 이하 시 양도
지불능력의 안정성	–유동비율 : (유동자산/유동부채)×100	200% 이상 시 양호
	–당좌비율 : (당좌자산/유동부채)×100	100% 이상 시 양호
자산운용의 안정성	–고정비율 : (고정자산*/자기자본)×100	100% 이하 시 양호
	–고정장기적합률 : (고정자산/자기자본+고정부채)×100	100% 이하 시 양호

※ 고정자산은 비유동자산의 종전 표현임

이 중 자본구조와 안정성은 약방의 감초처럼 많은 분석가들이 즐겨 쓰는 분석지표다.

② 수익성

수익성은 주로 손익계산서 항목을 통해 다음과 같이 평가된다.

구분	분석비율	평가기준
매출액에 대한 총이익률 크기	매출액총이익률 : (매출총이익/매출액)×100	20% 이상이 바람직 (높을수록 좋다)
매출액에 대한 영업이익*의 크기	매출액영업이익률 : (영업이익/매출액)×100	10% 이상이 바람직 (높을수록 좋다)
매출액에 대한 순이익의 크기	매출액순이익률 : (당기순이익/매출액)×100	높을수록 좋다
총자본에 대한 경상이익의 크기	총자본경상이익률 : (경상이익/총자본)×100	높을수록 좋다 (6% 이상이 바람직)

※ 국제회계기준에 따르면 영업이익이 재무제표 본문에서 생략될 수 있음

영업이익률은 상당히 중요한 분석지표인데, 각 기업마다 영업이익을 계산하는 방법이 상이하다면 이를 비교할 수 없다. 이런 상황에서는 주석 등을 참고하여 데이터를 수정한 후 비교분석에 임할 필요가 있다. 참고로 앞의 경상이익은 현재 법인세차감전순이익으로 용어가 바뀌었다.

③ 활동성

재무상태표와 손익계산서의 항목 간을 연결하여 다음과 같이 활동성을 평가한다.

구분	해당 비율분석	판정기준
① 총자본 회전율(회)	연간매출액/(평균)총자본	높을수록 좋다.
② 재고자산 회전율(회)	연간매출액/재고자산	8회전 이상
③ 매출채권 회전율(회)	매출/매출채권	6회전 이상

활동성은 주로 자산의 효율성을 따지는 분석방법으로서 현금흐름과 관계가 있다. 일반적으로 활동성이 좋아야 현금유입이 원활히 진행된다.

④ 성장성

당해 기업이 전년 대비 얼마나 성장했는지는 다음과 같은 방식으로 평가한다.

구분	해당 비율분석	검토할 사항
① 매출액 증가율	(당기 매출액/전기 매출액)×100	기업의 외형적인 신장세 판단
② 유형자산 증가율	(당기 말 유형자산/전기 말 유형자산)×100	기업의 설비투자 동향 및 성장 잠재력 등

참고로 위의 재무비율분석지표는 국제회계기준 도입으로 인해 종전과 사용방법이 다를 수 있다. 동종기업 간 비교도 재무수치의 변동으로 사용에 한계가 있을 수 있다는 점을 고려해야 한다.

| 회계 고수가 되기 위한 Book In Book | 재무제표는 어떻게 만들어질까?

Section 2

K-IFRS를
이해하기
위한
기초 쌓기

회계는 경영의 산물이다

1장에서 배운 내용들은 그야말로 국제회계기준의 이해를 돕기 위한 기초 중의 기초였다. 이제 본격적으로 국제회계기준에 대하여 알아보는 시간이다. 2장에서 소개할 내용 역시 기초적인 이야기들이지만 실무에 꼭 필요한 것들이다. 무릇 기초를 잘 쌓아야 쉽게 무너지지 않는 법이다.

International Financial Reporting Standards

 "어때요? 민혜씨, 전 시간에는 국제회계기준의 기본적인 내용에 대해 알아보았는데, 감이 좀 잡히나요?"

"저…, 그게…."

석민혜가 신팀장의 질문에 어쩔 줄 모르는 표정을 지으며 대답을 얼버무린다.

"하하하! 영 자신 없는 목소리군요. 충분히 이해해요. 사실 나도 처음에는 이 녀석이 도대체 뭐가 뭔지 잘 몰랐으니까요. 너무 기죽지 말고, 그래서 하는 말인데 오늘부터 여러분을 국제회계기준 달인의 길로 이끌어주실 분을 모셨습니다. 전에 말씀드렸죠? 워낙 바쁘신 분이라 섭외가 쉽지 않았는데, 제가 간곡히 부탁드렸어요. 1주일에 한 번 정도라면 시간을 낼 수 있다고 하시더군요. 많은 시간을 낼 수 없기에 여러분도 열심히 공부해주시기를 당부합니다. 더군다나 회사 차원에서 비싼 돈을 주고 모시는 분이

니까요."

신팀장은 잠시 뜸을 들인 후 시계를 힐끗 쳐다보았다. 자신이 삼고초려 끝에 어렵게 섭외한 강사가 오기로 한 시간이 다 되어감을 확인하고 있다. 잠시 후 회의실 문이 열리면서 말끔한 정장 차림의 한 남자가 방긋 웃으며 팀원들에게 인사를 건넨다.

"아, 시간 맞춰 오느라고 정신이 없네요. 여러분 반갑습니다! 신팀장님 소개로 앞으로 여러분의 회계지식을 한없이 업그레이드시켜줄 한인물입니다."

한강사의 이름 소개가 끝나자마자 웃음소리가 흘러나온다.

"강사님, 이름이 진짜 인자, 물자이십니까?"

김대리는 호기심 어린 표정으로 한강사와 첫 대화를 나누었다.

"진짜 제 이름 맞습니다. 보기에는 이래도 제가 한인물 하는 일들이 꽤 많거든요. 여러분과 함께 공부하게 될 회계 분야도 나름 전문가라고 자부합니다. 팀장님을 통해 미리 전해들었는데, 김회계 대리님의 이름도 만만하지 않네요. 그리고 아리따운 여성분은 아마도 석민혜씨겠군요. 하하하!"

한인물은 우리나라가 도입한 국제회계기준에 대해 나름 연구하고 이를 각 기업에 전파하는 역할을 하면서 업계에서는 인지도가 꽤 높았다.

"자, 시간이 없으니 바로 시작합시다. 팀장님으로부터 말씀을 들으니 국제회계기준이 뭐고, 왜 도입되었는지 등 기초를 공부했다고 들었습니다. 맞나요?"

"네~"

"그런데 여러분의 머릿속은 지금의 상황이 대단히 혼란스럽지 않나요.

새로운 기준이 종전과 어떻게 달라졌는지, 그리고 어떤 영향을 주는지도 알아야 하니까요."

한강사는 잠시 주위를 살핀 후 다시 말을 이어나갔다.

"하지만 너무 걱정 마세요. 제가 누구라고요?"

"하하, 한인물강사님이요."

신입인 석민혜의 목소리가 유난히도 크게 들렸다. 한인물은 미리 준비해온 컴퓨터와 프로젝트를 연결하며 연신 웃음을 짓는다.

"맞습니다. 저는 한인물입니다. 이제부터 본격적으로 수업에 들어가겠습니다. 먼저 그림을 하나 살펴보도록 하죠."

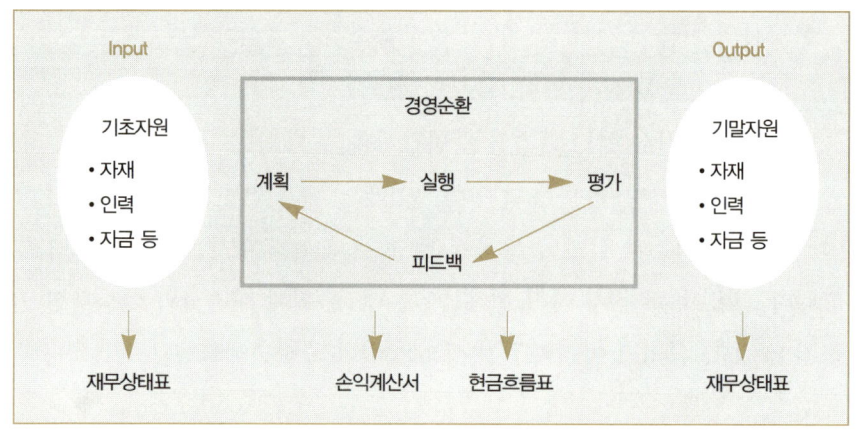

스크린에 등장한 그림은 재무제표와 경영과의 관계를 나타내고 있었다.

"그림을 보면 어떤 생각이 드나요?"

"기업은 기초에 보유한 자원을 가지고 경영하여 성과를 내는 것을 말하는 거 아닙니까? 그 결과 재무상태표나 손익계산서 같은 재무제표가 태어나고요."

김회계 대리였다.

"맞습니다. 기업은 경영활동을 통해 사업연도 초에 보유한 자원을 키우는 조직이라고 할 수 있어요. 재무제표는 이런 과정에서 경영활동의 결과를 기록한 것이죠. 이렇게 보면 재무제표는 결국 경영의 산물을 기록한 것임을 알 수 있습니다."

"아, 그러니까 우리들이 오늘 공부할 내용은 경영의 산물을 어떤 식으로 정리할 것인지 정도가 되겠군요."

이번에는 석민혜가 입을 열었다.

"빙고! 그렇습니다. 다들 아시겠지만 경영의 산물을 정리하는 표가 재무제표예요. 재무제표에는 재무상태를 나타내는 재무상태표, 손익상황을 나타내는 손익계산서, 현금흐름에 관한 정보를 나타내는 현금흐름표 등이 있죠. 그런데 문제는 이러한 표들을 어떤 기준에 따라 만들 것인지가 중요한데, 이런 관점에서 국제회계기준을 공부하는 의미가 있습니다."

국제회계기준과 기업의 이해관계자

기업의 이해관계자들은 자신의 이해관계를 위해 재무제표를 이용한다. 한국채택-국제회계기준은 이들 중 외국의 주주나 채권자에게 많은 영향을 줄 것으로 보인다.

구분	이용자	이용 목적
기업외부	-주주(투자자)	배당수익이나 주식양도차익 극대화를 위한 투자결정
	-채권자	자금대여 의사결정, 자금회수결정 등
	-협력업체	납품의사결정, 자금결제조건 결정 등
	-고객(소비자)	우수한 품질이 보장되는가, 신제품을 개발할 수 있는가?
	-과세당국(정부)	적정한 세금을 내고 있는가?
	-시민단체	기업의 사회적 책임을 다하고 있는가?
기업내부	-경영자	기업의 재무상태와 경영성과 점검
	-종업원	실무에 활용, 연봉협상자료 등
	-노조	임금협상용 등

"강사님, 그런데 기준을 바꾼다고 경영의 산물이 바뀌는 건 아니잖습니까? 제 생각 같아선 괜히 이런 기준을 도입한 게 아닌가 싶은데요. 저를 포함한 국제은행 직원 대부분은 국내회계기준도 걸음마 단계에 있다고요. 물론 팀장님과 김대리님은 예외지만요. 호호호!"

또다시 모임의 유일한 홍일점이 석민혜가 질문을 한다.

"역시 국제은행에는 수재들만 모여 있는 것 같네요. 이렇게 고품격 질문을 하시다니…. 하하하!"

한강사가 첫날부터 진땀을 흘리고 있었다.

K-IFRS 재무제표 표시방법

국제회계기준에서는 재무재표가 어떻게 표시되고 달라졌을까? 여기서는 달라진 재무제표의 종류와 재무제표의 양식, 그리고 기존 기준과 비교했을 때 내용과 형식이 많이 달라진 손익계산서에 대해 살펴본다.

International Financial Reporting Standards

 "조금 전 강사님께서 경영의 산물이 재무제표로 정리된다고 하셨는데요. 재무제표에 대해서도 알려주세요. 어떻게 바뀌었는지 너무 궁금합니다."

석민혜가 한강사를 바라보며 당당하게 말을 한다.

"좋은 제안이네요. 일반적으로 회계를 공부할 때에는 원리도 중요하죠. 그런데 지금 우리는 이것보다는 국제회계기준의 내용을 공부하려고 합니다. 따라서 바뀐 것을 위주로 공부해야 좋겠지만 그렇게 하면 국제회계기준을 완전히 이해할 수 없어요. 따라서 재무제표부터 시작하고 그 원리를 이해한 후 세부적인 내용들을 학습하는 식으로 진행하는 것이 좋겠다고 생각해요. 여러분의 생각은 어떻습니까?"

한강사의 역 제의에 김대리 역시 같은 목소리를 냈다.

"좋습니다~"

한강사는 한국채택-국제회계기준에 따라 달라진 재무제표를 자세히 설명하기 시작했다. 마음 한 편으로는 '우리나라 굴지의 은행에서 근무하는 직원들의 회계지식 수준이 얼마나 될까?' 라는 생각을 하면서 말이다.

달라진 재무제표의 종류

국내기준에 의한 재무제표의 종류에는 대차대조표, 손익계산서, 자본변동표, 현금흐름표, 이익잉여금처분계산서, 주석 등이 있었다. 반면 IFRS에서는 대차대조표가 재무상태표로 손익계산서는 포괄손익계산서로 그 이름이 바뀐다. 그리고 이익잉여금처분계산서가 재무제표에서 제외된다. 다만, 이익잉여금처분계산서는 상법 등에서 작성을 요구하므로 이를 주석에 기재해야 한다.

★ 기타포괄손익
기타포괄손익이란 녀석은 자본거래가 아닌 곳에서 발생한 순자산의 변동액으로서 당기손익에 포함되지 않는 미실현손익을 말한다.

IFRS상 재무상태표의 경우, 종전 대차 개념에 입각해 균형에 초점을 맞춘 것에서 일정 시점의 실질 재무상태가 어떠한가를 표시하게 된다. 그러나 이런 개념은 실무상 큰 의미가 없어 재무상태표가 아닌 대차대조표로 불러도 어디 가서 무식하다는 소리를 듣지는 않는다. 손익계산서는 어딘가 모르게 낯설어 보이거나 다소 어렵다고 생각되는 개념인 기타포괄손익★이 포함된 형태로 작성된다. 당기손익에 포함되면 굳이 포괄손익계산서란 용어를 사용하지 않는데 기타포괄손익을 손익계산서에 반영시키려고 하다 보니 명칭이 변경된 것이다. 예컨대 단기매매차익을 목적으로 보유한 주식의 평가손익은 당기손익에 반영해야 되지만, 매도 가능한 주식(1년 이상 보유한 주식으로서 언제든지 매도가 가능한 주식)에 대한 평가손익은 당기

IFRS상 재무제표의 종류는 재무상태표, 포괄손익계산서, 현금흐름표, 자본변동표, 주석 정도가 된다.

손익에 포함하지 않고 당기순이익 밑에 자리를 하나 만들어 기타포괄손익으로 처리한다. 이렇게 처리하면 이 손익이 실현된 것이 아니므로 주주들에게 배당으로 유출되는 비용을 줄이고 그 결과 기업의 재무구조를 탄탄하게 하는 장점이 있다. 이런 원리를 생각해보면 외국의 회계기준을 만드는 사람들, 참 똑똑하다는 생각이 든다. 회사의 경영성과는 궁극적으로 주주들에게 배분되는데, 줘야 할 것 줘서는 안 될 것을 미리 구분해두고자 하는 의도를 엿볼 수 있어서 그렇다.

재무제표 양식은 어떻게 변할까?

기존 국내회계기준에서는 재무제표의 형식뿐 아니라 내용까지도 획일적으로 정한 다음 그에 따라 재무제표를 작성하도록 했다. 따라서 회계에 대한 일부 지식만 있다면 누구나 재무제표를 만들 수 있었다. 전산에 입력후 '대차대조표'를 출력하면 그만이기 때문. 그러나 IFRS에서는 재무제표에 최소한의 계정과목만 제시할 뿐 재무제표의 세부순서, 형식 등을 규정하지 않는다. 이는 앞에서도 보았듯이 기업의 자율성을 최대로 보장하려는 것이 IFRS의 기본 정신이기 때문이다. 이처럼 기본적인 원칙만 제시되니까 각 기업은 선택에 따라 재무제표에 계정과목, 제목 및 중간 합계를 추가로 기재할 수 있다. 즉 과거 기준에 의한 재무제표는 본문에다 미주알고주알 모두 집어넣지만, IFRS에서는 본문에 한 줄로 수치를 표시하고 그에 대한 상세한 내역은 주석에 표기할 수 있다.

이러다 보니 회계 담당자들은 고역이다. 내 주관대로 밀고나가다간 외국의 푸른 눈동자 아저씨들이 '이거 어떻게 해서 나온 수치냐'고 달려들어 이를 해명하고자 버벅댈 수 있기 때문이다. 하지만 역으로 생각하면 이런 기회를 잘 활용하면 몸값을 높일 수 있다. 따라서 기회로 활용할 줄 알아야 한다.

손익계산서의 내용과 형식이 상당 부분 바뀐다

과거 기준에 의하여 주석사항으로 공시되던 기타포괄손익이 IFRS에서는 포괄손익계산서의 구성항목으로 편입된다. 아래 그림을 보면 이게 종전에는 없던 위치에 당당히 들어 있다. 여기에서 그동안 국제회계기준에서는 재평가잉여금 같은 기타포괄손익에 대한 정보를 아주 중요하게 취급했다는 사실을 엿볼 수 있다. 포괄손익계산서는 다음 중 하나의 방법으로 표시할 수 있다.

① 단일의 보고서로 표시	② 두 개의 보고서로 표시	
포괄손익계산서 수익 + 당기순이익 +기타포괄손익 **총포괄손익**	**손익계산서** 수익 + 당기순이익	**포괄손익계산서** 당기순이익 +기타포괄손익 **총포괄손익**

참고로 표 안의 기타포괄손익은 좀더 고급스럽게 표현하면 IFRS에서 요구하거나 허용하여 당기손익으로 인식하지 않은 수익과 비용항목을 의미한다. 대표적으로 유형자산이나 무형자산에서 발생하는 재평가잉여금(또는 감소액)이 있다.

이외에도 재무제표 표시와 관련하여 바뀌는 것들이 있다. 예컨대 IFRS에서는 매각예정으로 분류된 비유동자산이 본문에 별도항목으로 표시된다. 이렇게 하는 것이 정보 이용자들에게 유용한 정보를 제공하는 것이기 때문이다.

참고로 매각예정 비유동자산은 매각 가능성이 매우 높아야만 이로 분

류할 수 있다. 측정은 순공정가치와 장부금액 중 적은 금액으로 한다. 한편 앞에서 잠깐 보았듯이 재무상태표는 대부분 항목에 걸쳐 공정가치가 적용되고 연결재무제표가 주재무제표가 되는 것도 변경된 내용들에 해당한다.

TIPS
생생
회계

K-IFRS 도입 첫해의 재무제표 작성

2011년부터 국제회계기준을 도입하는 기업이라면 아래와 같이 연간 재무제표를 작성해야 한다.

재무상태표	재무상태표	재무상태표
↑	↑	↑
2010. 1. 1(전환일)	2010. 12. 31	2011. 12. 31
	포괄손익계산서	포괄손익계산서
	자본변동표	자본변동표
	현금흐름표	현금흐름표

재무제표는 일반적으로 전년도와 당해 연도를 비교해야 하므로 2010년의 재무제표도 국제회계기준이 적용되어야 한다. 참고로 재무상태표의 경우 2010년 1월 1일을 기준으로 자산과 부채 등이 확정되어야 2010년분을 확정지을 수 있다. 한편 국제회계기준을 처음 채택하는 기업이라면 이에 대한 회계처리 변경 등으로 혼란스러울 것이다. 이런 점을 고려하여 감독당국은 각 기업이 K-IFRS 도입에 따른 영향을 도입 전에 공시하도록 하고 있다. 구체적으로 살펴보면 2011년에 국제회계기준을 도입하는 상장기업은 2009년 1분기부터 2010년 사업보고서 제출 시점까지 모두 8번을 사전공시해야 한다. 물론 2011년부터는 이 같은 공시의무가 해제된다.

참고로 'IFRS 최초 적용 관련 유의사항' 이라는 보고서에는 분기보고서 및 IFRS 도입에 따른 재무제표 표시 등이 잘 나타나 있다. 금융감독원 자료실에서 다운받아 실무에 활용하면 도움이 될 것이다.

K-IFRS 재무상태표의 구조와 원리

국제회계기준상의 재무상태표는 우리가 흔히 알고 있는 대차대조표와 그 구조나 내용이 비슷하다. 이는 기업의 가치를 평가하고, 외부 정보 이용자들에게 기업의 유동성, 재무적 탄력성, 기타 수익성 등에 관한 정보를 알려주는 데 유용하게 쓰인다.

International Financial Reporting Standards

 "그렇다면 이제부터 재무제표 중 재무상태표의 구조를 먼저 살펴보겠습니다. 물론 자세한 내용은 뒤에서 다시 따로 공부할 테니 너무 걱정하지 마세요."

한강사가 팀원들의 눈을 한 번씩 돌아보며 교육을 계속 진행하고 있었다.

"먼저 재무제표 중 꽃이라고 부를 수 있는 재무상태표의 모습부터 살펴봅시다."

한강사는 국제회계기준에 의한 '재무상태표(a statement of financial position : F/P)'의 구조를 팀원들에게 공개했다.

"헉~ 강사님, 이것은 기존에 사용하던 대차대조표와 모양새가 똑 같은데요?"

자산		부채	
유동자산		**유동부채**	
현금		외상매입금	
매출채권		예수금	
단기대여금		단기차입금	
재고자산		**비유동부채**	
비유동자산		장기차입금	
유형자산		자본	
무형자산		**납입자본금**	
금융자산		**이익잉여금**	
투자자산		**기타자본구성요소**	
투자부동산			
자산 계		부채와 자본 계	

김대리가 머리를 긁적이며 입을 열었다.

"그렇습니다. 국제회계기준에 의한 재무상태표는 기존 국내회계기준의 대차대조표와 유사해요. 따라서 여러분 실력 정도라면 재무상태표를 쉽게 이해할 수 있을 거라 생각합니다. 제가 처음에 그랬죠. 너무 지레 겁먹지 말라고요. 이제 차근차근 내용을 살펴보겠습니다."

실무에서 재무상태표란 말을 사용하면 많은 사람들이 뭐 거창한 것이라도 있는 것처럼 생각한다. 그런데 이 표는 많은 사람들이 알고 있는 대차대조표와 구조나 내용이 거의 같다. 그리고 여기서 혹자는 이런 의구심을 가질 수도 있다.

'아니, 재무상태표상에 자산과 부채를 분류하는 방식이나 자본의 항목이 바뀌었는데 거의 같다고 하면 되나. 나도 회계 물 좀 먹었는데 나를 뭘로 보고….'

하지만 좀더 따져보면 '아하, 이래서 그랬구나'라고 생각할 것이다. 우선, 자산은 차변에 위치하고 부채와 자본은 대변에 위치하는 것은 변함이 없다. 여기서 차변이 뭐고 대변이 뭔지는 설명하지 않겠다(만약 이것조차 모른다면 당장 이 책을 덮고 회계원리부터 공부하기 바란다). 다음으로 자산과 부채는 유동과 비유동 항목으로 나뉘고 있다. 그리고 자본은 종전보다 항목 수가 다섯 가지에서 세 가지로 축소되었다. 이러한 항목 수 조정은 늘상 있는 것으로 근본이 변한 게 아니다. 결국 재무상태표는 기존의 대차대조표와 맥을 같이한다. 따라서 바뀐 것이 없으니 일단 안심을 하고 다음 내용을 보자.

우리가 앞으로 다룰 재무상태표란 특정 시점에 기업의 재무상태를 나타내는 표다. 지금 당장 어떤 기업을 돈으로 산다면 얼마나 지불할 것인가를 바로 알 수 있도록 자산과 부채 등에 관한 정보를 담은 표다. 이는 재무상태표가 곧 기업가치★를 평가하는 데 유용하다는 의미다. 이외에도 정보 이용자들에게 기업의 유동성, 재무적 탄력성, 기타 수익성과 그에 관련된 위험에 대한 정보까지 알려준다. 이처럼 요즘은 재무상태표상의 재무정보가 중요하게 취급됨에 따라 손익계산서 형님으로 취급되는 실정이다. 그러면 여기서 재무상태표의 구성항목을 살짝 살펴보자. 자세한 것은 뒤에서 원 없이 살펴볼 수 있을 것이다.

> **★ 기업가치**
> '기업가치'란 곧 그 기업이 얼마짜리인지를 돈으로 평가하는 것과 같다. 재무상태표가 이런 정보를 제공해준다고 하니 입맛이 돌지 않는가?

일단 재무상태표는 크게 자산과 부채, 자본 항목으로 구성된다. 차변의 자산은 경영에 활용하여 돈을 벌어들이는 요소, 대변의 부채와 자본은 자금의 조달요소를 말한다. 결국 재무상태표는 대변의 돈을 빌려와 차변의 자산을 구성하게 되며 자산에서 부채를 차감한 자본이 커야 그 기업의 가치도 올라간다는 것도 아울러 알 수 있다. 이제 남들이 모두 알고 있는 재무상태표 등식에 대해 알아보자. 사실 이러한 내용을 모르더라도 문제될 것은 없지만 그래도 알아두면 어디 가서 주눅들 일 없으니 이번 기회에 내

것으로 만들어보자.

　재무상태표의 각 구성요소를 다음과 같은 등식으로 표현할 수 있다.

재무상태표 등식 : 자산 = 부채 + 자본

　위의 등식은 기업과 자본주를 별개의 실체로 보고 기업의 자산은 기업 자체의 것이며, 채권자와 소유자는 각각 이에 대한 청구권(지분)을 갖는 것으로 해석하여 부채와 자본의 동질성을 강조하고 있다. 따라서 일단 회사의 자산을 키우고 그 결과 성과가 좋으면 이에 대해 배당을 청구하는 식으로 회사가 운영됨을 알 수 있다. 어디에 나와 있는 말이 아니라 식으로 표현하다보니 이런 해석이 나오는 것이다.

　참고로 위의 등식은 다음과 같이 표현할 수도 있다. 자본항목을 자본금과 이익잉여금 등으로 펼쳐 표현한 것이다.

재무상태표 등식 : 자산=부채 + 자본금 + 이익잉여금 − 배당금

　실무적으로 부채는 남의 돈, 자본은 주주의 돈이다. 따라서 이 둘의 배합을 어떻게 가져갈 것인지가 중요하다. 남의 돈의 비율이 높으면 당연히 재무구조가 나쁘다고 볼 수 있다. 그래서 자본을 잘 유지하는 것도 상당히 중요한 관리요소다.

TIPS
생생
회계

재무상태표를 대차대조표로도 봐도 되는가?

당연하다. 명칭은 재무상태표로 바뀌었지만 실무적으로 대차대조표로 사용해도 큰 문제가 없다. 국제회계기준 원문에서는 대차대조표라는 용어를 혼합하여 사용하고 있다.

K-IFRS 포괄손익계산서의 구조와 원리

종전 회계기준에서 사용하던 손익계산서와 국제회계기준에서 사용하는 포괄손익계산서의 차이는 도대체 뭘까? 우리를 헷갈리게 하는 '포괄'이란 말이 왜 붙는지 알아보자. 그리고 포괄손익계산서의 구조와 원리도 함께 살펴보도록 하자.

International Financial Reporting Standards

"이제 2011년부터 적용되는 포괄손익계산서의 구조에 대해 알아보겠습니다. 포괄손익계산서의 구조는 종전 손익계산서와 차이가 많답니다. 그러니까 이를 잘 가려서 살펴볼 필요가 있어요."

한강사는 석민혜와 눈을 맞추며 말을 했다.

"그런데 강사님, 이 부분에서 궁금한 점이 하나 있어요. 왜 손익계산서 앞에 포괄이란 단어가 붙죠? 포괄이란 말이 너무 생소하네요. 전에 잠깐 들은 것 같긴 한데 기억이 가물가물하네요. 아직 팔팔한 나이라 건망증이 있는 것도 아닌데요. 푸흡~ 그나저나 제 궁금증을 좀 해결해주세요."

석민혜는 이에 대해 본격적으로 공부하기 전 자신의 궁금증부터 풀어야만 할 것 같았다. 며칠 전 대학 때 함께 공부했던 친구와 포괄손익계산서 관련 이야기를 했는데, 생소하다는 느낌을 지울 수 없던 터라 마음속에 궁금함이 자리잡고 있었다.

"아하! 그 질문이 나올 줄 알았어요. 저도 처음에 포괄이라는 말을 왜 붙이는지 이해할 수 없었습니다. 하지만 생각을 조금 해보니까 이해가 어렵지 않더군요. 일단 표 하나를 함께 봅시다."

기능별		성격별	
수익	×××	수익	×××
매출원가	(×××)	기타수익	×××
매출총이익	×××	제품과 재공품의 변동	
기타수익	×××	원재료와 소모품의 사용액	
물류원가	(×××)	종업원급여비용	
관리비	(×××)	감가상각비	
기타비용	(×××)	기타비용	
법인세비용차감전순이익	×××	총비용	(×××)
법인세비용	(×××)	법인세비용차감전순이익	×××
당기순이익	×××	법인세비용	(×××)
기타포괄손익	×××	당기순이익	×××
매도가능금융자산평가손익		기타포괄손익	×××
총포괄손익	×××	매도가능금융자산평가손익	
		총포괄손익	×××

"여러분이 보고 계신 것이 바로 포괄손익계산서입니다. 종전 손익계산서는 당기순이익까지만 작성되었는데, 포괄손익계산서는 기타포괄손익을 포함하는 것으로 바뀌었습니다. 당기순이익에다 기타포괄손익을 더한 것을 총포괄손익이라 하죠. 그런데 당기순이익 아래에 있는 기타포괄손익이라는 녀석이 사람들을 헷갈리게 만듭니다. 이 녀석의 정체는 바로 매도가능금융자산평가손익 같은 미실현손익을 말합니다."

"아니 실현된 손익이 아님에도 불구하고 왜 재무제표에 계상하죠? 손익계산서는 당기성과를 나타내는 표 아닌가요?"

석민혜는 나중에 그 대학동기를 만나 '포괄손익계산서는 바로 이런 것이란다'라고 설명하겠다는 의무감에 사로잡혀 계속 질문을 던졌다.

"좋은 질문입니다. 지금부터 자세히 설명할 테니 들어보세요."

일반적으로 당기순이익은 수익에서 비용을 차감해 계산된다. 이러한 당기순이익은 궁극적으로 기업의 순자산의 변동의 결과를 나타내는 것이다. 그러나 다음과 같은 항목들은 당기순이익을 구성하지 않고 재무상태표의 자본을 구성하는데, 이를 기타포괄손익(other comprehensive income)이라고 한다.

❶ 재평가잉여금의 변동(유형자산과 무형자산)

❷ 확정급여제도의 보험수리적손익

❸ 해외사업장의 재무제표 환산에 따른 손익(기준서 제1021호 환율변동효과)

❹ 매도가능금융자산의 재측정 손익

❺ 현금흐름위험회피 위험회피수단의 평가손익 중 효과적인 부분(기준서 제1039호)

위에 열거한 항목 중 ❶은 유형자산 등을 재평가하는 과정에서 ❷는 퇴직연금제도를 채택한 기업에서 ❸은 해외에 사업장이 있는 경우 발생한다. ❹는 기업에서 매도가능금융자산(주식 등)을 보유하고 있는 경우 발생한다. ❺는 다소 어려운 개념이지만 파생상품 등을 보유한 경우에 발생한다.

따라서 이러한 기타포괄손익은 기업의 상황에 따라 하나도 없을 수도, 모두 다 있을 수도 있다. 바로 이 점을 알아두자. 만일 내가 몸담은 기업이 해외에 사업장이 있고 규모가 크다면 이들 항목에 대해 철저히 공부해야 한다.

그렇다면 여기에서 모두가 궁금하게 생각하는 것 하나를 해결해 보자. 그것은 다름 아닌 종전에는 기타포괄손익을 주석으로 처리하던 것을 왜 거기에서 꺼내 포괄손익계산서 본문에 표시하도록 한 것일까? 이런 의문은 석민혜가 궁금하게 생각하는 것과 같다.

이는 우선 기타포괄손익에 대한 정보를 재무제표 이용자에게 본문에서 알려주고 당기에 실현된 당기손익과 분리하여 배당으로 처리되는 것을 방지하려는 것으로 보인다. 가령 어떤 기업에서 매도가능금융자산(단기매매 목적이 아니며 중도에 매도가 가능한 금융자산)을 보유하고 있는데, 기말시점에 다음과 같은 평가이익이 발생했다고 하자.

● 차변	● 대변
매도가능금융자산 10,000,000	매도가능금융자산평가이익 10,000,000

이 회계처리를 보면 일단 순자산의 변동이 일어났다. 따라서 이러한 결과는 재무제표에 반영하는 것이 재무제표 이용자들에게 유용하다. 그렇다면 차변항목의 자산이 증가된 것은 재무상태표 항목에 반영하면 되나, 대변의 이익은 손익계산서상의 당기순이익에 반영할지, 아니면 재무상태표상의 자본항목으로 처리할지를 결정해야 한다. 만약 이를 당기손익으로 처리하면 다음과 같다.

재무상태표		포괄손익계산서	
자산 매도가능금융자산 10,000,000	부채	비용 이익 10,000,000	수익 매도가능금융자산평가 이익 10,000,000
	자본		

매도가능금융자산평가익을 당기손익으로 처리하면 그 결과는 당기순이

익에 포함된다. 따라서 당기순이익이 늘어 기업의 배당 정책에 따라 배당 가능한 자원으로 사용될 수 있다. 그런데 만일 매도가능금융자산평가이익을 자본항목으로 처리한다면 재무상태표의 자산과 자본이 증가하게 된다. 따라서 이 금액은 당기손익과는 무관하므로 포괄손익계산서상의 당기순이익에 영향을 주지 못한다. 다만, 기타포괄손익은 당기순이익 밑에 기재만 될 뿐이다. 이렇게 기타포괄손익이 자본항목으로 처리되면 배당재원으로 사용할 수가 없다.

재무상태표		포괄손익계산서	
자산	부채	비용	수익
매도가능금융자산 10,000,000	자본 기타자본요소 10,000,000	이익	평가익
		* 기타포괄손익 10,000,000 구분 표시	

이 정도 내용을 파악한 상태에서 앞의 포괄손익계산서의 내용을 파악했다면 회계지식이 상당하다고 볼 수 있다. 하지만 아직도 가물가물하다면 뒤에서 더욱 자세히 설명하고 있으니 다시 공부하면 될 것이다. 다만, 여기서 하나 기억해 둘 것은 기타포괄손익의 종류로 어떤 것이 있으며 왜 이를 별도로 기재하는지 그 의미를 정리하는 정도로만 해두자.

자본변동표는 왜 작성될까?

일정 시점에 기업 실체의 자본 크기와 일정 기간 동안 기업 실체의 자본 변동에 관한 정보를 나타내는 재무제표가 있다 바로 자본변동표다. 주로 자본변동에 대한 정보를 제공하는데, 우리나라는 2007년 이후부터 자본변동표를 재무제표에 추가했다.

International Financial Reporting Standards

"결국 포괄손익계산서는 경영성과를 더욱 확장하여 보여주면서 배당을 억제하는 측면이 있는 거네요."

수업 이후 말을 아껴왔던 신팀장이 말을 꺼냈다.

"맞습니다."

"그런데 강사님, 어떤 기업들은 기타포괄손익이라는 것이 발생하지 않을 수도 있지 않나요? 그렇게 되면 총포괄손익이라는 것이 당기순이익과 일치될 것 같은데요."

뭔가 골똘히 생각하고 있던 김대리가 자신의 생각을 밝혔다.

"그것도 맞습니다. 역시 김대리님은 하나를 말씀드리면 두 개를 이해하시네요. 하하하! 포괄손익계산서에 대해서는 뒤에서 더욱 자세히 공부하기로 하고 이제 재무제표 중 자본변동표를 살펴보겠습니다."

"강사님~ 자본변동표는 그냥 건너뛰죠. 갈 길도 바쁜데요."

"어허, 잘 나가시는 김대리님도 성급하시네요. 밖에서 보니 자본변동표나 현금흐름표를 모르는 분들이 상당히 많더군요. 김대리님처럼 진도만 생각해서 그런지 항상 이 부분을 건너뛰더군요. 그리고 나중에 물어보면 앵무새처럼 '잘 모르겠어요. 잘 모르겠어요. 모른다니까요' 라는 말만 늘어놓죠. 그래서야 되겠습니까? 하나라도 제대로 알아야 합니다. 안 그래요?"

분위기가 쌩~하다고 판단한 한강사가 티타임을 제의했다.

모두들 신선한 공기를 마시면서 따뜻한 커피를 한 잔씩 마셨다. 그러자 머리가 지끈거리던 느낌이 짙은 커피향과 함께 날아가버려 기분들이 한결 좋아진 것 같았다. 오늘의 수업은 여기까지였다.

자본변동표는 일정 시점에 기업 실체의 자본 크기와 일정 기간 동안 기업 실체의 자본 변동에 관한 정보를 나타내는 재무제표다. 주로 자본변동에

| 구분 | 납입자본 | | | 이익잉여금 | 기타자본요소 | | 합계 |
	자본금	자본잉여금	자본조정		기타포괄손익 누계액	일반적립금	
20△△(보고금액)	×××	×××	×××	×××	×××	×××	×××
연차배당				(×××)			(××)
처분후 이익잉여금				×××			×××
유상증자(감자)							
:							
:							
20△△(보고금액)	×××	×××	×××	×××	×××	×××	×××

대한 정보를 제공한다. 이 표는 납입자본(자본금, 자본잉여금, 자본조정)과 이익잉여금, 기타자본요소(기타포괄손익누계액, 일반적립금)로 나눠 각 항목별로 기초잔액과 당기변동사항, 기말잔액을 체계적으로 보여준다. 우리나라는 2007년 이후부터 자본변동표를 재무제표에 추가했다.

예를 들어 어떤 기업의 2011년 초 자본금이 10억 원, 당기순이익이 1억 원 발생했다고 하자. 그리고 이 중 배당금이 5,000만 원이라면 다음과 같이 자본변동표를 만들 수 있다.

구분	납입자본			이익잉여금	기타자본요소		
	자본금	자본잉여금	자본조정	기타포괄손익누계액	일반적립금	합계
2011. 1. 1	10억 원					10억 원
연차배당				(5,000만 원)		(5,000만 원)
유상증자(감자)						
:						
당기순이익				1억 원		1억 원
2011. 12. 31	10억 원			5,000만 원		10억 5,000만 원

이 자본변동표를 자세히 보면 기초에 납입자본(자본금, 자본잉여금 등)과 이익잉여금, 기타자본요소가 얼마이고 중간에 어떤 항목이 변동하여 기말에 얼마가 되는지를 알 수 있다. 이렇게 자본항목에 대해 세세한 내용을 파악토록 하는 것은 주주나 투자자 등에게 유용한 정보를 제공하겠다는 의도가 담겨 있는 것이다. 가령 주주는 이 표를 보고 내가 배당받을 수 있는 몫이 얼마인지 알 수 있다.

참고로 K-IFRS에서는 자본을 지분상품(기업의 자산에서 모든 부채를 차감한 후의 잔여지분을 나타내는 모든 계약)으로 표현하고 있다. 그리고 자본의 구성요소를 납입자본과 이익잉여금, 기타자본구성요소로 나누고 있다. 납입자본은 자본금과 자본잉여금, 자본조정의 합계액을, 기타자본요소는 기타포괄손익누계액과 일반적립금을 말한다.

K-IFRS 자본의 분류

한국채택-국제회계기준에서는 다음과 같이 자본을 분류한다. 자본금과 주식발행초과금 또는 주식할인발행차금을 합하여 납입자본이라고 한다.

구분	자본의 증가	자본의 감소
납입자본	자본금 주식발행초과금 자기주식처분이익	주식할인발행차금, 자기주식처분손실
이익잉여금	미처분이익잉여금	
기타자본구성요소	매도가능금융자산평가이익 재평가잉여금 등	매도가능금융자산평가손실 재평가감소액 등

현금흐름표의 가치를 발견하라

재무제표 가운데 마지막으로 알고 있어야 할 현금흐름표에 대해 살펴보는 장이다. 현금흐름표는 말 그대로 현금이 어떻게 흐르는지에 대한 정보들을 알려준다. 앞서 살펴본 재무상태표나 포괄손익계산서상에서는 알 수 없는 정보들이 이 표에 담겨 있다.

International Financial Reporting Standards

 재무제표 중 마지막으로 이해해야 할 것이 현금흐름표다. 이 표는 말 그대로 연도 중에 기업의 현금흐름이 어떤 식으로 변동하는지 나타낸 표다. 앞의 손익계산서에서는 당기순이익이 100억 원이나 금고에 돈이 없다면 하루하루를 넘기기가 힘들 것이다. 이것이 바로 흑자도산★이 발생하는 지름길이다. 현금흐름표는 이 같은 상황을 미리 내다볼 수 있는 정보를 제공한다. 이 표는 앞에서 본 포괄손익계산서상의 이익이나 재무상태표상의 정보에서 알 수 없는 것들, 즉 현금흐름에 관한 정보를 보여준다. 이 표는 크게 영업활동과 투자활동, 그리고 재무활동으로 현금흐름을 구분한다. 뭐, 이것을 어떻게 쪼개는지는 여기서 생략하기로 한다. 이에 대한 내용까지 얘기하다간 이 책을 덮고 말 것이니까. 하지만 어떤 정보가 담겨 있는지 어떻게 활용해야 하는지 정도는 알고 있어야 할 것이다.

> **★ 흑자도산**
> 흑자도산의 주요 원인은 자금 부족 때문에 일어난다. 과도한 설비투자, 다량의 불량채권·재고 보유 시 흔히 일어나는 현상으로 이들 항목은 재무제표상에 흑자로 계상된다.

과목	제1(당)기 금액
Ⅰ. 영업활동으로 인한 현금흐름 　1. 당기순이익 　2. 현금의 유출이 없는 비용 등의 가산 　3. 현금의 유입이 없는 수익 등의 차감 　4. 영업활동으로 인한 자산·부채의 변동 　　매출채권의 감소(증가) **Ⅱ. 투자활동으로 인한 현금흐름** 　1. 투자활동으로 인한 현금유입액 　　건물의 처분 　2. 투자활동으로 인한 현금유출액 　　유가증권의 취득 **Ⅲ. 재무활동으로 인한 현금흐름** 　1. 재무활동으로 인한 현금유입액 　　주식의 발행 　2. 재무활동으로 인한 현금유출액 　　단기차입금의 상환 **Ⅳ. 현금의 증가(감소)(Ⅰ+Ⅱ+Ⅲ)** **Ⅴ. 기초의 현금** **Ⅵ. 기말의 현금**	**Ⅲ. 재무활동으로 인한 현금흐름** 　1. 재무활동으로 인한 현금유입액 　　주식의 발행 　2. 재무활동으로 인한 현금유출액 　　단기차입금의 상환 **Ⅳ. 현금의 증가(감소)(Ⅰ+Ⅱ+Ⅲ)** **Ⅴ. 기초의 현금** **Ⅵ. 기말의 현금**

　위에서 제시한 현금흐름표에서 어떤 정보를 찾아야 공부한 보람이 있을까? 첫째, 현금흐름의 원천에 관한 정보를 알 수 있다.

　기업의 현금흐름은 크게 영업활동과 투자활동, 그리고 재무활동과 관련 있다. 영업활동은 대개 제품의 생산과 상품 및 용역의 구매·판매 활동을 말하며, 투자활동은 현금대여와 회수활동, 유가증권·유형자산 등의 취득과 처분과 관련된 활동을 말한다. 재무활동은 현금의 차입 및 상환 등에 관련된 활동이다. 현금흐름이 이들 세 가지 활동별로 구분되면 현금흐름의 원천을 이해할 수 있다. 둘째, 영업활동에 의한 현금흐름의 중요성을 이해할 필요가 있다. 앞의 세 가지 활동 중 가장 중요한 현금흐름은 영업활동에 의한 현금흐름이다. 장사를 잘하면 돈이 수북이 쌓이고 이를 가지고 투자도 할 수 있기 때문이다. 그런데 이 현금흐름이 불량하면 투자활동이나

재무활동이 위축될 수밖에 없어 기업의 성장동력이 떨어진다. 만약 이러한 상태에서 신규투자 등을 위해 자금이 필요하다면 필시 부채나 유상증자로 자금을 조달할 수밖에 없다. 셋째, 영업활동에 의한 현금흐름을 풍부하게 만들어야 한다. 각 기업과 경영자들은 영업활동에 의한 현금을 많이 쌓도록 노력하는 것이 절실하다. 이를 위해서는 자산의 효율성을 높이는 것이 필요하다. 예컨대 기업이 보유하고 있는 자산 중 불필요한 자산을 매각하고 재고자산을 줄인다. 그리고 매출채권이나 기타 미수금 또는 대여금 등 각종 채권이 불량하게 되지 않도록 관리한다. 또한 자금조달은 가급적 부채가 아닌 자기자본으로 조달하도록 한다. 이외에도 일반적으로 현금흐름을 수반한 매출증대는 기업의 영업현금흐름을 크게 증가시켜준다. 이러한 일련의 조치들은 관리자 관점에서 나오는 것이 일반적이므로 이런 내용들을 실무에 잘 활용하자. 이외에도 현금흐름표와 다른 재무제표의 관계를 이해할 필요가 있다. 현금흐름표는 대표적으로 손익계산서와 함께 기업의 수익성을 나타내는 표다. 다만, 손익계산서상의 이익이 많아지면 현금흐름도 좋아진다고 할 수 있지만 현금흐름이 많다고 반드시 이익이 더 많아지는 건 아니다. 그래서 요즘 투자를 하는 사람들은 손익계산서 보다 현금흐름표상의 정보를 더욱 중요하게 생각한다.

TIPS
생생
회계

K-IFRS 현금흐름표 변경 내용

구분	K-IFRS	K-GAAP
단기매매목적 보유 유가증권	영업활동 현금흐름으로 분류(K-IFRS 제1007호)	투자활동으로 인한 현금흐름으로 분류
이자와 배당금	이자와 배당금의 수취 및 지급에 따른 활동에 해당 분류는 기업이 선택할 수 있음(매 기간 일관성 유지)	이자수익, 배당금수익, 이자비용은 영업활동, 배당금 지급은 재무활동으로 분류
당좌차월의 분류	금융회사의 요구에 따라 즉시 상환해야 하는 당좌차월의 경우 이를 현금 및 현금성자산의 구성요소로 포함하도록 함	기존 국내회계기준은 이에 대한 명시적인 규정이 없으며 당좌차월의 증감을 재무활동(단기차입금)으로 분류함

재무제표는 어떻게 만들어질까?

재무제표가 만들어지는 과정을 간단히 살펴보자. 물론 아래에서 설명하는 과정들은 실무에서 보는 것들과 많은 차이가 있다. 사실 재무제표가 만들어지는 모든 과정을 이해하려면 두꺼운 회계 책을 껴안고 수십 시간 투자해야만 가능한 일이다. 재무제표가 어떻게 태동하는지를 간략하게나마 알고 있으면 실무에서 재무제표를 활용하는 데 큰 도움이 된다.

첫째, 자본금 1억 원인 기업이 설립되었다고 하자. 그러면 다음과 같이 기초재무상태표를 만들 수 있다. 참고로 요즘 주식회사는 최저자본금 규정이 삭제되어 쉽게 기업을 설립할 수 있다.

자산	부채
현금 100,000,000	자본
	자본금 100,000,000
자산 계 100,000,000	부채와 자본 계 100,000,000

이 기업의 재무상태표는 오른쪽의 자기자본 1억 원으로 자금이 조달되었고 이는 현금자산 1억 원으로 보유되고 있음을 보여준다.
둘째, 이 기업이 본격적으로 사업활동을 시작한다고 하자.
투자된 자본금으로 사무실도 구하고 각종 비품 등도 구입한다. 그러면 위의 재무상태표가 이렇게 변한다.

자산	부채
현금 50,000,000	
임차보증금 20,000,000	자본
컴퓨터 등 비품 30,000,000	자본금 100,000,000
자산 계 100,000,000	부채와 자본 계 100,000,000

자본은 증자나 당기순이익 등이 발생하지 않았으므로 변화가 없지만 자산의 구성형태는 바뀐다. 현금자산이 1억 원이었으나 표에서 보듯 현금이 5,000만 원 줄고 그 대신 임차보증금과 같은 자산이 생겼다.

셋째, 이제 영업활동을 시작하여 수익을 창출한다고 해보자.

수익활동을 시작하면 인건비 같은 고정비와 재료비 같은 변동비 지출이 일어나고 매출도 발생한다. 또한 매출을 외상매출로 한 경우에는 매출채권이 발생하고 재료 구입대금을 외상으로 하면 외상매입금이 발생한다. 그리고 여유자금이 발생하면 유가증권이나 부동산을 사기도 한다. 이렇게 사업을 본격적으로 진행하면 다양한 회계거래가 파생되는데, 이들 내용을 모두 재무제표에 정리할 필요가 있다.

① 당기 경영성과의 파악

우선 당기 경영성과부터 파악해 보자. 경영성과를 제대로 파악해야 재무상태를 파악할 수 있다. 일단 경영성과는 수익에서 각종 비용 등은 차감하여 계산한다. 예를 들어 매출이 5,000만 원 발생하고 인건비나 각종 소모품 비용으로 3,000만 원 지급되었다고 하자. 이렇게 보면 이익은 2,000만 원이다. 그런데 여기에서 검토할 것이 있다. 바로 앞의 재무상태표상의 비품도 영업활동에 사용했는데, 이 부분에 대한 사용가치도 비용으로 처리해야 한다는 것이다. 이 비용이 감가상각비다. 감가상각비가 500만 원이라고 하자. 그러면 포괄손익계산서는 다음과 같은 모양새를 취한다.

수익	50,000,000
비용	35,000,000
인건비 등	30,000,000
비품사용 대가	5,000,000
이익	15,000,000

② 재무상태의 파악

앞의 포괄손익계산서를 보면 당기이익은 1,500만 원이다. 이 금액이 한햇동안 농사를 지은 결과다. 만약 이 이익을 주주에게 배당하는 등 사외로 유출

시키지 않고 그대로 회사에 쌓아둔다고 하자. 그러면 앞의 재무상태표는 어떻게 변할까? 이런 문제를 파악하기 위해서는 기중에 어떤 회계거래가 있었는지 상세히 정리할 필요가 있다. 예컨대 기중에 현금 중 2,000만 원 증가하고 비품 중 500만 원 감가상각되고, 이익이 1,500만 원 증가했다면 기말의 재무상태표는 아래처럼 변한다.

자산	부채
현금 70,000,000	
임차보증금 20,000,000	**자본**
비품 30,000,000	자본금 100,000,000
(감가상각누계액 5,000,000) 25,000,000	이익잉여금 15,000,000
자산 계 115,000,000	부채와 자본 계 115,000,000

현금은 당초 1억 원에서 5,000만 원으로 감소했으나 사업결과 2,000만 원이 늘어 기말잔액은 7,000만 원이 되었다. 비품은 원래 3,000만 원에 구입했으나 이 중 500만 원을 당기에 사용했으므로 이를 차감한 2,500만 원이 기말 장부가액이 된다.

③ 현금흐름 파악

이제 현금흐름표를 만들어보자. 현금흐름표는 영업활동·투자활동·재무활동별로 현금 유입액과 유출액을 파악할 수 있다. 위의 내용들을 바탕으로 현금흐름표를 어떻게 작성하는지 살펴보자.

(단위 : 원)

구분	기초잔액	기중		기말잔액
		현금유입	현금유출	
영업활동	0	50,000,000 (현금매출)	30,000,000 (인건비 등 지출)	20,000,000
투자활동	0	–	50,000,000 (비품, 보증금 지출)	△50,000,000
재무활동	100,000,000	–	–	100,000,000
계	100,000,000	50,000,000	80,000,000	70,000,000

기업이 설립될 때 자본금 1억 원이 유입되었고 현금매출로 5,000만 원이 유입되었다. 그러나 인건비와 비품대 지급 등으로 8,000만 원이 지출되어 결국 기말에는 7,000만 원만큼의 현금을 보유하고 있다.

회계처리와 재무제표

기업의 재무제표는 절대적으로 회계처리에 의존한다. 따라서 경영진과 실무자들은 회계처리 하나하나에 관심을 갖고 실무에 임할 필요가 있다. 물론 회계부서가 아닌 곳에 근무 중인 임직원들도 이에 대해 공부해 두면 회계가 쉽게 느껴진다. 앞의 내용을 예로 이해해보자.
어떤 기업에서 1,000만 원을 지출했다고 하자. 담당자는 이를 비용으로 처리했다.

> ● (차변) 비용 10,000,000   (대변) 현금 10,000,000
>   (비용지출)   (자산감소)

이 결과를 재무제표로 나타내면 다음과 같다.

〈포괄손익계산서〉

비용	수익
비용 10,000,000	
이익	

〈재무상태표〉

자산	부채
현금(10,000,000)	
	자본

그런데 만약 위의 지출 성격이 비용이 아닌 자산이라면 어떻게 될 것인가? 이 경우의 회계처리는 다음과 같다.

> ● (차변) 자산 10,000,000   (대변) 현금 10,000,000
>   (자산증가)   (자산감소)

〈포괄손익계산서〉

비용	수익
이익	

〈재무상태표〉

자산	부채
현금(10,000,000)	
기타 10,000,000	자본

이처럼 회계처리를 어떻게 하느냐에 따라 기업의 재무제표가 달라질 수 있다.

| 회계 고수가 되기 위한 Book In Book |

• 우리 기업들의 자본구조는 튼튼할까?

• 재무건전성을 따지는 방법

Section 3

K-IFRS
재무상태표
해부하기

K-IFRS 재무상태표의 특징

지금부터 소개할 내용들은 재무상태표에 대한 세부적인 내용들이다. 내용을 충분히 이해해야만 실무에 바로 적용하여 사용할 수 있다. 먼저 재무상태표가 갖고 있는 특징에 대하여 함께 살펴보도록 하자.

International Financial Reporting Standards

 "전 시간에는 정말 고생 많으셨어요. 그런데 여러분이 지금까지 공부한 내용들은 모두 기본에 불과합니다. 지금부터 본격적으로 국제회계기준에 의한 재무상태표를 공부하겠습니다. 모두 준비되셨습니까?"

한강사가 김회계 대리를 쳐다보면서 방긋 웃는다.

"당연하죠. 국제회계기준에 의한 재무상태표도 대차대조표와 원리가 같으니까 쉽게 진도나갈 수 있을 것 같아요. 하하하!"

"저도요!"

석민혜도 빠지지 않고 대답을 한다.

"동감입니다. 재무상태표나 대차대조표나 다 거기서 거기니까요. 그러나 자세히 들여다보면 차이가 나는 것들이 있으니, 이들을 중점적으로 살펴볼 필요가 있어요. 국제회계기준의 재무상태표가 기존 기업회계기준의

것과 어떤 차이가 있는지부터 공부합시다!"

지금부터 앞에서 대략적으로 파악해본 재무상태표를 구체적으로 살펴보겠다. 앞에서 지적한 바처럼 재무상태표의 형식은 크게 달라진 게 없다. 그러니 마음 편히 먹어도 된다. 한국채택-국제회계기준에 의한 재무상태표의 특징을 몇 가지로 정리해보자.

첫째, 재무상태표의 표시방법이 약간 달라졌다. K-IFRS에서는 다음처럼 원칙적으로 유동과 비유동으로 구분하여 표시하거나 예외적으로 유동성 배열법에 의해 표시할 수 있도록 하고 있다. 이외에도 신뢰성 있고 더욱 목적 적합한 정보를 제공한다면 이 둘을 혼합하여 사용할 수도 있다.

아래의 그림에서 오른쪽 표시방법이 기존 국내회계기준이며, 왼쪽은 새롭게 제시된 방법이다. 그렇다면 이들 중 어떤 방법을 선택하는 게 좋을까? 이는 전적으로 기업이 자체적으로 판단할 사항이다. 물론 선택할 때에는 기업이 자신의 실정에 맞는 방법을 선택하는 것이 좋다. 과거의 기준이 눈에 익은 경우가 많아 이를 기준으로 삼는 경우도 있고 뭔가 새로운 것을 추구하겠다면 새로운 방법으로 해도 된다. 하지만 어떤 방법을 사용하든 간에 그 안의 수치는 바뀌지 않는다. 참고로 국제회계기준에서는 '원

원칙 : 유동과 비유동의 구분표시		예외 : 유동성 순서에 의한 구분표시자산	
자산 비유동자산 유동자산	자본 부채 비유동부채 유동부채	자산 유동자산 비유동자산	부채 유동부채 비유동부채 자본

칙적인 방법을 사용하라'고 권고한다.

둘째, 재무상태표 계정과목을 최소한으로 표시할 수 있다.

여기서 '최소한'이라는 의미를 사례로 알아보자. 가령 유형자산이 다음처럼 표시되어 있다고 하자.

유형자산		×××
비품	×××	
(감가상각누계액)	(×××)	
(손상차손누계액)	(×××)	×××
차량운반구	×××	
(감가상각누계액)	(×××)	
(손상차손누계액)	(×××)	×××

기존의 대차대조표에서는 이러한 비품과 차량운반구 등에 대한 모든 항목을 본문에 표시한다. 그러니 이 표를 받아본 순간 A4로 몇 장이 부족한 경우도 있다. 그러나 K-IFRS에서는 복잡하지 않게 아래처럼 단 한 줄로 표시할 수 있다.

유형자산	×××

그렇다면 앞의 비품 등 세부적인 내용들은 어디에다 둘까? 조금만 생각해 보자. 앞에서 우리는 국제회계기준의 특징 중 하나로 주석이 중요해졌다고 말했다. 그렇다. 이러한 세부적인 내용들은 모두 주석으로 기재된다. 이런 이유 때문에 어떤 기업들의 주석 작업량은 몇 백 페이지에 이른다고 한다. 이런 특징으로 K-IFRS 재무상태표는 매우 간략하게 만들어질 수 있다.

셋째, 자본항목이 단순해졌다.

기존 국내회계기준상에서 자본항목은 자본금, 자본잉여금, 자본조정,

기타포괄손익누계액, 이익잉여금 등 5가지 항목으로 나뉜다. 그러나 국제회계기준은 이를 자본금, 이익잉여금, 기타자본구성요소 등 세 가지 항목으로 구분한다. 그 결과 자본항목이 상당히 단순해졌다.

K-GAAP		K-IFRS
	자본금	자본금
	자본잉여금	
자본	자본조정	
	기타포괄손익누계액	기타포괄손익누계액
	이익잉여금	이익잉여금

한편 내용상으로 보면 상당히 파격적인 '공정가치평가 제도'가 도입되었다. 이로 인해 거의 모든 자산과 부채에 대한 공정가치평가를 적용하다

IFRS를 알아야 회계가 보인다!

앞에서 기업가치 얘기가 봄바람이 옷깃을 스치듯 살짝 나왔다. 이런 제도가 어떻게 기업가치, 곧 주식의 가치와 연관되는지 한번 보자. 사실 이런 거 몰라도 사는 데 지장 있는 건 아니지만 주식에 도가 튼 사람들이나 기업의 재무를 담당하는 임직원들은 이런 데 관심이 많다. 투자자 관점에서 보면 저평가된 가치주를 알아볼 때에 주가수익비율(PER)보다 주가순자산비율(PBR)이 보다 더 설득력을 가질 수 있다. 여기서 PER(주가수익비율, Price Earning Ratio)는 기업의 가치평가를 위해 현재의 주가를 EPS(주당 순이익)으로 나눈 것을 말한다. 예컨대 어떤 기업의 PER가 10이면 현재 주당순이익보다 주가가 10배 높은 수준이란 뜻이다. 따라서 투자자 관점에서 보면 PER가 낮은 기업의 주식이 분명 매력적이다. 한편 PBR(주가순자산비율, Price Book-value Ratio)은 주가를 1주당 순자산으로 나눈 비율이다. 만약 어떤 기업의 PBR이 1이라면 주가는 기업가치를 정확히 반영하고 있다고 볼 수 있다. 하지만 1보다 낮은 0.5라면 주가가 낮게 형성되어 있다. 따라서 이런 기업의 주식을 사면 향후 시세차익을 기대할 수 있다. 바로 앞의 주가와 관련된 내용은 다소 어렵게 느껴질 수도 있다. 뒤에서 이에 대한 설명들이 더 나오니까 여기에서는 '이런 게 있구나' 하는 정도로만 생각하고 넘어가자.

보니 이 업무를 떼어놓고 회계를 이해하는 것이 쉽지 않다. 실무적으로 보더라도 이 제도가 담당자들을 골치 아프게 만든다. 기업의 영업손익과 당기순이익이 변동될 가능성이 커지고 그에 따라 주가에 미치는 영향도 달라진다. 또 복잡한 법인세 세무조정을 감당해야 하는데 이 작업이 만만하지 않다. 하지만 경영진으로서는 기업가치를 극대화를 도모해야 하므로 실무자들의 이런 고충을 헤아려주지 않는다. 그래서 어찌되었건 이에 대한 공부를 해두는 것이 좋지 않을까 싶다.

자산항목의 분류

자산은 크게 유동자산과 비유동자산으로 나뉜다. 유동자산이란 금세 현금으로 바꿀 수 있는 것, 보통 재무
상태표일로부터 1년 안에 회수될 수 있는 자산이다. 반면 비유동자산이란 유동자산보다 회수기간이 길다.
국제회계기준에서의 유동 · 비유동자산을 구분하는 기준과 주요 계정과목에 대해 알아보자.

International Financial Reporting Standards

"재무상태표의 구조와 특징을 확인했으니 이제 재무상태표의 각 구성요소
인 자산, 부채, 자본에 대해 공부하겠습니다."

한강사의 식을 줄 모르는 열강이 회의장을 뜨겁게 달구고 있었다.

"자산은 과거 사건의 결과로서 기업이 통제하고 있으며 미래의 경제적
효익이 기업에 유입될 것으로 기대되는 자원입니다. 이해되시나요?"

그러자 교육받는 팀원들이 키득키득 웃기 시작했다.

"아뇨, 너무 어렵습니다. 분명히 우리나라 말인데 왜 이렇게 어려울까
요?"

석민혜였다.

"하하하! 이렇게 어렵게 해야 먹고 살기에 좋죠? 에이, 다 아시면서 그
러십니다."

한강사가 농담반 진담반으로 석민혜의 얘기를 받는다. 그러고는 자신의

이야기를 계속 풀어나갔다.

"그건 그렇고 이제 자산부터 공부해야 하는데요, 먼저 국제회계기준에서는 유동자산과 비유동자산을 어떻게 구분하는지부터 살펴보겠습니다."

한강사는 팀원들에게 새로운 슬라이드를 하나 보여주었다.

"뭐, 너무 심각할 필요는 없습니다. 유동자산은 말 그대로 '현금이 흘러 다니는 자산'이니까 현금으로 금세 바꿀 수 있는 자산을 뜻하죠. 보통 재무상태표일로부터 1년 내에 회수될 수 있는 자산군을 의미합니다."

한강사가 보충설명을 했다.

───────◆◇◆───────

유동자산은 일반적으로 재무상태표일(12/31)로부터 12개월 내에 실현될 것으로 예상되는 자산이다. 이외에는 비유동자산으로 보는 것이 타당하다. 먼저, K-IFRS에서 유동자산으로 분류되는 항목을 살펴보자. K-IFRS에서는 최소한의 계정과목 표시만을 요구하면서 구체적인 계정과목은 기업이 알아서 사용하면 되므로 아래의 계정과목은 예시에 불과하다.

① 현금 및 현금성 자산

현금은 말 그대로 언제든지 사용할 수 있는 통화와 타인발행 수표 등의 통화대용증권을 말한다. 현금성 자산은 취득 당시 만기가 3개월 이내에 도래하는 단기금융상품을 말한다. 이러한 항목은 종전과 달라진 것이 없다.

② 수취채권

수취채권은 경영활동 중에 발생하는 매출채권, 대여금, 미수금 등을 말한다. 매출채권은 상품이나 제품 등의 재고자산을 외상으로 판매할 때 발생한다. 물론 재무상태표일로부터 12개월 내에 회수되는 것을 말하며 이를 초과하여 회수되는 것은 비유동산항목으로 분류한다. 미수금은 상품이나 제품 등의 재고자산 이외의 자산을 외상으로 매각한 경우 발생하는 채권이다.

③ 기타금융자산

기타금융자산은 유가증권과 기타금융상품을 말한다. 유가증권은 주식 등의 지분상품과 채권 등의 채무상품을 의미한다. 이 유가증권이 유동자산으로 분류되기 위해서는 재무상태표일로부터 12개월 이내에 매도할 목적이거나 만기가 도래하는 유가증권에 해당되어야 한다. 기타금융상품에는 정기예금, 정기적금 등 금융기관이 취급하는 금융상품이 있다. 참고로 유가증권 중 단기매매목적의 주식에 대한 기말평가손익은 포괄손익계산서상의 당기순이익에 반영된다.

④ 재고자산

재고자산은 주요 영업활동의 일환인 판매를 위해 보유하거나 생산 중에 있는 자산을 뜻한다. 도소매업의 경우에는 상품, 제조업의 경우에는 제품이나 원재료 등이 재고자산에 해당한다.

⑤ 기타자산

유동자산 중 기타자산에 속하는 항목에는 선급금, 미수수익, 선급비용 등이 있다. 이들 자산도 모두 재무상태표일로부터 12개월 이내에 회수 가능한 자산들에 해당한다. 선급금은 주로 어떤 영업활동을 위해 필요한 원재료 등을 취득하기 위해 미리 지급한 금액, 선급비용은 임차료나 보험료 같은 비용을 미리 지급한 금액을 말한다.

　다음으로, 비유동자산 항목에는 어떤 것들이 있는지 살펴보자. 비유동자산은 유동자산보다 회수기간이 더 길다는 특징이 있다. 따라서 앞의 수취채권 등이 비유동자산에 해당하려면 재무상태표일로부터 12개월 이후에 회수되어야 한다. 참고로 비유동자산 중 금융자산, 투자자산, 유형자산, 무형자산 등에 대한 회계처리방법이 상당히 난해한 경우가 많다. 이에 대한 집중적인 시간투자가 있어야 할 것이다.

① 수취채권

매출채권, 대여금, 미수금, 임차보증금 등이 수취채권에 해당한다. 매출채권은 앞에서 살펴본 상품이나 제품 등을 외상으로 판매할 때 발생한다. 미수금은 상품이나 제품 등 재고자산 이외의 자산을 외상으로 판매했을 때 발생한 채권이다. 참고로 K-IFRS에서는 장기매출채권 등에 대해서는 공정가치로 평가해야 한다.

② 기타금융자산

기타금융자산에는 앞의 유동자산처럼 유가증권과 기타금융상품이 있다. 비유동자산에 포함되는 유가증권은 재무상태표일로부터 12개월 이후에 매도할 목적이거나 만기가 도래하는 유가증권을 말한다. 이에는 매도가능

금융자산과 만기보유금자산이 있다. 기타금융상품에는 정기예금, 정기적금 등 금융기관이 취급하는 금융상품으로서 만기가 재무상태표일로부터 12개월 이후에 도래하는 것을 말한다.

③ 투자부동산

투자부동산은 임대수익이나 시세차익을 얻기 위해 보유하고 있는 부동산을 말한다. 여기서 유의할 것은 임대용 부동산은 종전에는 유형자산에 속했으나 K-IFRS에 의하면 투자부동산에 속한 것으로 본다는 점이다. 투자부동산에 대해서는 원가모형과 공정가치모형 중 하나를 선택할 수 있다.

④ 유형자산

토지와 건물, 기계장치, 비품 등 영업활동에 사용할 목적으로 보유한 자산을 말한다. 국제회계기준의 도입에 따라 상당히 변화가 발생한 부분이 바로 이 항목이다. 다음과 같은 회계상 문제점이 파생한다.

- 유형자산에 대한 재평가(재평가모형과 원가모형 중 선택)
- 감가상각 내용연수 및 잔존가치액의 매년 검토(회계추정의 변경)
- 감가상각방법 변경(회계추정의 변경)

⑤ 무형자산

무형자산은 유형자산과는 달리 특허권, 상표권, 영업권 등 영업활동에 사용할 목적으로 보유하고 있는, 그러나 실체가 없는 자산이다. K-IFRS에 의한 무형자산의 취득, 상각, 평가 등은 종전 회계기준과 많이 다르므로 이에 대해서는 각별한 주의가 필요하다.

⑥ 기타자산

비유동자산 중 기타자산에 속하는 항목에는 선급금, 미수수익, 선급비용
등이 있다.

자산분류는 어떻게 해야 할까?

K-IFRS에서는 재무상태표에 다음과 같은 최소한의 항목을 표시하고 구체적인 계정과목은
기업이 알아서 정하도록 하고 있다. 따라서 기업이 계정과목 등을 정할 때에는 아래 내용들
을 참조할 필요가 있다. 예컨대 예금 같은 금융자산이 있는 경우에는 금융자산으로 분류해야
한다. 구체적인 계정과목명은 '단기금융상품'이 된다. 그리고 매출채권 및 기타채권(대여금
등)은 금융자산이 아닌 매출채권 등으로 표시한다. 매도가능금융자산은 투자자산 중 금융자
산의 한 항목으로 분류해야 한다. 따라서 다음과 같이 분류된다.

자산	×××
투자자산	×××
매도가능금융자산	×××

자산	부채
① 유형자산	⑪ 매입채무 및 기타 채무
② 투자부동산	⑫ 충당부채
③ 무형자산	⑬ 금융부채(단, ⑪과 ⑫ 제외)
④ 금융자산(단, ⑤, ⑧ 및 ⑨를 제외)	⑭ 기업회계기준서 제1012호 '법인세'에서 정의된 당기 법인세와 관련한 부채와 자산
⑤ 지분법에 따라 회계처리하는 투자자산	⑮ 기업회계기준서 제1012호에서 정의된 이연법인세부채 및 이연법인세자산?
⑥ 생물자산	
⑦ 재고자산	⑯ 기업회계기준서 제1105호에 따라 매각예정으로 분류된 처분자산집단에 포함된 부채
⑧ 매출채권 및 기타 채권	
⑨ 현금및현금성자산	**자본**
⑩ 기업회계기준서 제1105호 '매각예정비유동자산과 중단영업'에 따라 매각예정으로 분류된 자산과 매각예정으로 분류된 처분자산집단에 포함된 자산의 총계	⑰ 자본에 표시된 비지배 지분
	⑱ 지배기업의 소유주에게 귀속되는 주식발행자본금과 적립금

부채에는 어떤 항목들이 있을까?

부채는 재무상태표의 오른쪽에 위치하는 타인으로부터 받은 자금이다. 이 같은 부채를 어떻게 평가하느냐가 아주 중요하다. 생각지도 못한 부채가 재무상태표에 반영되면 기업가치가 줄기 때문이다. 이런 관점에서 앞으로 부채를 대하면 회계감각을 터득할 수 있다.

International Financial Reporting Standards

"지금까지 살펴본 자산항목은 어렵지 않았죠?"

한강사였다.

"그런 것 같습니다. 대체적으로 처음 예상보다 내용이 어렵지 않네요. 물론 차츰 어려운 내용들이 나올 것 같아 조금 걱정은 됩니다. 호호호!"

석민혜는 생각보다 쉽게 이해된 자산항목에 강한 자신감을 보이며 웃었다.

"그런가요? 여하간 천리 길도 한걸음씩 내딛다 보면 금방 도달할 겁니다. 그런 의미에서 기초가 중요합니다. 물론 민혜씨가 걱정하는 부분도 앞으로 이런 식으로 접근하면 큰 문제없이 넘어갈 수 있습니다. 이제 부채계정에 대해 살펴보겠습니다. 유동부채와 비유동부채도 앞의 자산처럼 12개월을 기준으로 한다는 것만 이해하면 생각보다 어렵지 않아요!"

일반적으로 회계에서는 부채를 다음과 같이 정의한다.

과거 사건에 의하여 발생했으며, 경제적 효익이 내재된 자원이
기업으로부터 유출됨으로써 이행될 것으로 기대되는 현재의 의무

그리고 부채를 유동부채와 비유동부채로 구분한다. 그렇다면 K-IFRS
에서는 유동부채와 비유동부채를 구별하는 조건을 어떻게 제시할까? 아
래의 내용을 함께 보자.

- 정상 영업주기 내에 결제될 것으로 예상
- 보고기간(재무상태표일) 후부터 12개월 이내에 결제될 것으로 예상

★ 유동·비유동부채의 분류
일반적으로 재무상태표일로부
터 1년 안에 결제될 것으로 예
상되면 유동부채로, 그 이후에
결제될 것으로 예상되면 비유
동부채로 분류한다.

일단 위의 기준을 충족하는 부채는 유동부채이며, 그렇지
않은 부채는 비유동부채에 해당한다. 따라서 일반적으로 재
무상태표일로부터 12개월 내에 결제될 것으로 예상되면 유
동부채로, 그 이후가 되면 비유동부채로 분류한다.★ 참고로
부채의 경우는 일반적으로 자산항목보다 가지 수가 많지 않
은 것이 일반적이다. 그리고 대부분의 항목은 금융부채에 해당한다. 여기
서 금융부채란 일반적으로 거래상대방에게 현금 등 금융자산을 인도하기
로 한 계약상의 의무다. 따라서 매입채무나 차입금 등이 모두 여기에 해당
된다.

먼저, 유동부채 항목에는 어떤 것들이 있는지 살펴보자.

유동부채는 크게 금융부채, 충당부채, 기타부채로 구분할 수 있다. 물론
이러한 항목에 대한 세부적인 계정과목은 앞에서 본 자산처럼 최소한의
계정과목만 표시하고 기업이 자체적으로 알아서 정할 수 있다.

① 금융부채

일반적으로 금융부채에는 매입채무, 차입금, 미지급금, 사채, 임대보증금 등이 있다. 매입채무는 상품이나 원재료 등의 재고자산을 외상으로 매입했을 때 발생한다. 미지급금은 비품 같은 자산을 외상으로 구입했을 때 발생한 채무를 말한다.

② 충당부채

상품이나 제품 등을 판매한 후 품질 등에 결함이 발생하는 일이 종종 있다. 충당부채는 이때 발생할 수선비 등을 미리 예측하여 부채로 계상하는 항목이다. 제품보증충당부채가 대표적이다.

③ 기타부채

기타부채에는 예수금, 미지급비용, 선수수익 같은 항목들이 있다. 미지급비용은 당기에 발생한 비용이지만 아직 지급기일이 도래하지 못한 것을 말한다. 앞의 금융부채에서 본 미지급금은 지급기일이 도래했는데 돈을 주지 못한 것을 말한다. 물론 미지급금은 상거래 이외에서 발생한 것을 말한다. 여기서 선수수익은 원래 이익에 해당하지만 아직 기간이 경과하지 않아 차기 이후에 속하는 금액이다. 예를 들어 1년치 임대료를 미리 선불로 받은 상황에서 월차 결산을 하면 다음처럼 회계처리한다.

- **현금 수령 시**
  (차변) 현금 ×××　　　　　　　　　(대변) 선수수익 ×××
- **결산 시**
  (차변) 선수수익 ×××　　　　　　　(대변) 수익 ×××

이제 비유동부채 항목에는 어떤 것들이 있는지 살펴보자.

비유동부채에는 금융부채, 퇴직급여부채, 기타부채로 크게 나눌 수 있다. 이 중 퇴직급여부채의 방식이 종전과 많이 달라졌다.

① 금융부채

비유동부채로 분류되는 금융부채에는 매입채무, 차입금, 미지급금, 사채, 임대보증금 등이 있다. 이러한 부채의 성격은 유동부채와 같으며 재무상태표일로부터 12개월 이후에 지급되는 조건하에 비유동부채로 분류된다.

② 퇴직급여부채

미래에 종업원이 퇴직할 시 지급할 퇴직금이나 퇴직 이후에 지급할 퇴직연금의 현재가치를 말한다. 종전에는 청산가치개념에서 모든 임직원이 일시에 퇴직할 경우를 산정하여 퇴직급여부채(충당금)를 계상했지만, IFRS에서는 퇴직연금의 현재가치를 퇴직급여부채로 계상하도록 한다. 따라서 각 기업은 퇴직부채를 정확히 파악하고 미래의 현금흐름을 예측해야 할 필요가 있다. 실무적으로 이를 예측하기 위해 임금상승률·이자율·퇴직률 등 기초 가정을 통계적으로 산출해야 한다. 퇴직연금에 따른 부채가 시장의 상황에 따라 변동되므로 기업들로서는 이 문제가 상당히 거북할 것임이 틀림없다. 물론 실무자들은 더더욱 머리가 아플 가능성이 높다. 따라서 철저히 대비해야 할 것이다.

③ 기타부채

기타부채에는 미지급비용, 선수수익 같은 항목이 있다. 미지급비용은 당기에 발생한 비용으로서 재무상태표일로부터 12개월 이후에 지급하기로 약정한 것을 말한다.

자본항목 자세히 구경하기

회계상에서의 자본이란 기업의 자산에서 부채를 차감한 잔여 지분을 말한다. 자본은 소유자지분, 자기자본 또는 순자산이라고도 하며 오늘날 대부분의 기업들이 주식회사 형태를 취하고 있기 때문에 자본을 주주지분이라고도 한다.

International Financial Reporting Standards

"강사님, 지금까지 자산과 부채를 살펴보았는데 구체적으로 어떤 것들이 바뀌었고 어떻게 처리해야 하는지 알려주셨으면 합니다. 내용을 알아야 하지 않겠어요?"

"김대리님, 자세한 사항들은 뒤에 준비되어 있으니 지금은 자본항목을 공부하였으면 합니다."

"앗, 강사님 의견대로 하겠습니다."

김대리는 속으로 뜨끔했다. 너무 앞서간 것이 아닌가 싶어서였다.

"김대리님 같은 자세를 유지하는 것이 공부하는 데 중요합니다. 하하하!"

한강사와 팀원들은 한바탕 크게 웃은 후 자본항목에 대해 공부하기 시작했다.

자본은 재무상태표상의 오른쪽 란에 위치를 하며 주주들의 몫으로 정리할 수 있다. 잘 나가는 회사의 자본은 주주들이 낸 자본금과 그 이후에 사업을 잘 해 벌어들인 이익잉여금 등이 쌓여 먹을 것이 상당히 많다. 반대로 그렇지 못한 회사는 결손금으로 인해 자본이 잠식되는 일도 많다. 독자 여러분 회사의 자본상태는 어떠한지 한번 점검해보자.

자본은 소유자지분, 자기자본 또는 순자산이라고 하며 오늘날 대부분의 기업들이 주식회사 형태를 취하고 있기 때문에 자본을 주주지분이라고도 한다.

자본(=소유주 지분, 자기자본, 순자산, 주주지분) = 자산 − 부채

자본은 변동원천과 법률적 요구를 기준으로 분류한다. 이러한 기준에 따라 자본은 크게 납입자본, 이익잉여금, 기타자본구성요소로 분류할 수 있다.

첫째, 납입자본이란 자본금, 자본잉여금, 자본조정 등 소유주가 출연한 금액을 말한다. 여기서 자본금(資本金)은 기업주와 주주 등이 기업에 투자한 원금이다. 만약 어떤 기업이 회사 설립 시 액면 5,000원에 1만 주를 발행했다면 회계처리를 다음과 같이 한다.

● (차변) 현금 50,000,000　　　　　　● (대변) 자본금 50,000,000

자본잉여금(資本剩餘金)이란 증자나 감자 등 자본과 관련된 거래에서 발

생한 잉여금이다. 이러한 잉여금은 손익거래에서 발생한 거래가 아니다. 따라서 이익잉여금과 혼동하여 표시해서는 안 된다. 예컨대 회사 설립 후에 액면가는 5,000원이나 주당 10,000원으로 신주 1,000주를 발행했다면 아래처럼 자본금과 주식발행초과금이 생긴다.

자본잉여금 계정에는 주식발행초과금, 감자차익 등이 있다.

● (차변) 현금 10,000,000　　　● (대변) 자본금 5,000,000
　　　　　　　　　　　　　　　　　　　주식발행초과금 5,000,000

자본금은 상법에 따라 항상 액면가액으로 기록해야 하므로 아래처럼 표시한다.

자산	부채
	자본
현금 10,000,000	납입자본 10,000,000
	자　본　금 5,000,000
	주식발행초과금 5,000,000
	기타자본요소
	이익잉여금

참고로 주식을 할인발행하면 할인발행차금이 발생한다. 예컨대 액면가는 5,000원이나 주당 3,000원으로 신주 1,000주를 발행했다면 다음과 같이 회계처리한다.

● (차변) 현금 3,000,000　　　● (대변) 자본금 5,000,000
　　　　주식할인발행차금 2,000,000

위에서 주식할인발행차금은 자본조정이라는 항목으로 처리된다. 자본

	부채
	자본
	납입자본 3,000,000
	자 본 금 5,000,000
자산	주식할인발행차금 (2,000,000)
현금 3,000,000	기타자본요소
	이익잉여금

조정이라는 것은 성격상 자본 같기도 하고 부채 같기도 한 항목을 처리할 때 사용하며, 자본에 더하거나 차감하는 형식으로 표시하고 있다. 다만, K-IFRS에서는 자본에 더하는 항목은 대체적으로 자본잉여금으로 분류하며, 주식할인발행차금이나 감자차손 또는 자기주식처분손실 등 차감요소는 자본항목으로 분류한다. 그리고 자본잉여금과 자본조정은 납입자본 항목에 포함시킨다. 둘째, 이익잉여금(利益剩餘金)은 과거에서부터 현재까지의 영업활동에서 발생하여 기업에 내부에 남아 있는 유보이익을 말한다. 이에는 미처분이익잉여금이 있으며 이는 다음 기에 배당재원으로 삼을 수 있다. 여기에서 이익잉여금이 어떻게 처분되는지 사례를 통해 살펴보겠다.

CASE 1

위너스기업의 전기에서 이월된 이익잉여금은 10,000,000원이고, 당기 당기순이익이 20,000,000원이라고 하자. 그렇다면 이 기업의 총 잉여금은 30,000,000원이 된다. 이 중 10,000,000원은 현금배당으로, 그리고 1,000,000원은 이익준비금으로 적립한다면 다음과 같이 회계처리된다.

● **당기순이익에 대한 회계처리**
(차변) 이월이익잉여금 10,000,000   (대변) 처분전이익잉여금 30,000,000
당기순이익 20,000,000

　　셋째, 기타자본요소은 기타포괄손익누계액과 일반적립금 등 납입자본과 이익잉여금을 제외한 자본요소를 말한다. 원래 총포괄손익은 당기순이익과 기타포괄손익으로 구분되는데, 이 중 기타포괄손익은 주주와의 자본거래를 제외한 모든 거래나 사건에서 인식한 자본의 변동을 말한다. 기타포괄손익은 자본항목으로 표시되는데 이를 당기손익화하여 배당으로 사외유출되는 것을 막기 위해서다. 이러한 항목에는 기존 자본조정항목에 있던 매도가능금융자산평가손익이나 해외사업환산손익 등이 있다. 이외에도 재평가잉여금이 있다. 한편 일반적립금에는 법규에 의해 적립하는 법정적립금과 기업이 임의로 적립하는 임의적립금이 있다. 법정적립금은 상법 등에서 강제적으로 요구하는 이익준비금(금전 배당의 10%를 자본금의 1/2이 달할 때까지 쌓도록 하는 제도) 등이 있고, 임의적립금은 사업확장적립금 등 기업이 필요에 의해 임의로 쌓는 적립금을 말한다.

TIPS
생생
회계

상환우선주가 부채로 분류된다?

기존 기준에서는 자본 분류의 여부를 법적 형식에 따라 결정했지만 K-IFRS에서는 계약의 법적 형식보다는 계약내용의 실질에 따라 분류한다. 따라서 상환우선주의 경우 기존 기준에서는 항상 자본으로 분류되었지만, K-IFRS에서는 발행자가 의무적으로 상환해야 하는 계약상 의무를 부담하거나 보유자가 상환을 청구할 수 있는 권리를 보유한다면, 발행자의 지분상품으로 분류할 수 없고 금융부채로 분류해야 한다. 금융부채로 분류되는 상환우선주의 배당은 포괄손익계산서상 손익항목으로 표시해야 한다. 상환우선주를 발행한 회사는 한번쯤 이에 대해 고민해볼 필요가 있다. 상환우선주가 부채로 취급되면 부채비율이 올라가는 등 재무구조가 달라지기 때문이다.

재무상태표 완전히 정복하기

회계상에서의 자본이란 기업의 자산에서 부채를 차감한 잔여 지분을 말한다. 자본은 소유자지분, 자기자본 또는 순자산이라고도 하며 오늘날 대부분의 기업들이 주식회사 형태를 취하고 있기 때문에 자본을 주주지분이라고도 한다.

International Financial Reporting Standards

"여러분 지금까지 재무상태표를 공부했습니다. 함께 공부한 소감이 어떠세요?"

한강사가 팀원들의 눈을 하나하나 바라보며 질문을 던졌다.

"공부하면 할수록 종전 대차대조표와 큰 차이가 없는 것 같아요. 물론 앞으로 더 공부해보면 '아, 이래서 국제회계기준, 국제회계기준 하는 구나'라고 알 수 있겠지만 말예요."

이번에도 김대리였다. 그는 요즘 〈개그콘서트〉에서 주가를 올리고 있는 한 개그맨의 말투를 흉내 내고 있었다.

"하하하. 김대리께서 자칫 지루할 수도 있는 분위기에서 큰 웃음을 주시네요. 지금까지 살펴보았듯이 재무상태표의 구조는 크게 변한 게 없습니다. 그러나 문제는 앞으로 발생할 겁니다. 세부적으로 보면 알쏭달쏭한 내용들이 참 많답니다."

"강사님, 오늘도 너무너무 수고 많으셨어요. 일단 이렇게 재무상태표를 공부하는 것도 좋지만 이것을 어떻게 사용하는지도 오늘의 마지막 수업으로 알려주셨으면 해요. 그래야 재무상태표를 더욱 잘 이해할 수 있을 것 같아요."

역시 신고수 팀장은 관리자다운 요구를 했다.

"신팀장님, 잘 알겠습니다. 요구하신 대로 진행하겠습니다!"

───── ◆ ─────

이제 재무상태표의 기초 편을 정리하는 관점에서 이 표의 쓰임새에 대해 연구해보자. 일반적으로 기업은 보유한 자원을 가지고 경영활동에 임한다. 따라서 좋은 기업일수록 양질의 자원★을 보유할 가능성이 높다. 양질의 자원을 쉽게 파악하도록 알려주는 것이 바로 재무상태표다. 이 표에서는 다음과 같은 정보들도 함께 파악할 수 있다.

> **★ 양질의 자원**
> '양질의 자원'이란 훌륭한 시설만을 의미하는 것이 아니라, 눈에 보이지 않는 특허권, 영업권, 그리고 기업의 이미지나 명성, 인적자원 등을 모두 포함한다.

첫째, 재무구조의 안정성을 파악할 수 있다.

재무구조가 안정성이 있는지를 알려면 재무상태표상의 부채와 자본을 가지고 부채비율 등을 따져보면 된다. 실무적으로 부채비율은 아래처럼 산정하며 이 비율이 100% 이하가 되어야만 안정성이 있다고 볼 수 있다.

$$부채비율 = \frac{총부채(=유동부채+비유동부채)}{자본} \times 100$$

둘째, 차입금을 변제할 능력이 있는지의 여부를 알 수 있다.

재무상태표는 차입금 등을 제대로 상환할 수 있는지 등에 대한 정보를 제공한다. 대표적으로 유동비율로 이 문제를 파악할 수 있다. 유동비율이 200% 이상이라면 양호한 것으로 본다. 이 비율과 앞의 부채비율은 투자자나 채권자, 그리고 각종 기관들이 반드시 짚고 넘어가는 항목이므로 특별 관리를 해야 한다.

$$유동비율 = \frac{유동자산}{유동부채} \times 100$$

셋째, 누적된 이익잉여금의 규모를 알 수 있다.

재무상태표의 자본란을 보면 이익잉여금★이 있다. 이익 잉여금은 향후 배당 재원으로 삼을 수도 있고 재투자를 위해 사용될 수도 있다. 따라서 잉여금이 많은 기업은 성장 가능성이 높아 주가가 높게 형성될 가능성이 크다.

넷째, 우량자산을 보유하고 있는지 알 수 있다.

일반적으로 기업의 수익력은 우량자산에서 오는 경우가 많다. 가령 한 기업이 첨단설비를 갖추고 있다면 기업의 수익성이 개선될 가능성 역시 높고, 저평가된 부동산이나 투자주식 등이 있다면 투자이익도 증가할 가능성이 높다. 재무상태표는 이와 관련된 정보들을 제공한다.

다섯째, 기업가치에 관한 정보를 알 수 있다.

주식가치를 평가할 때 PBR을 사용하는 경우가 종종 있다. 주지하다시피 이는 주가를 1주당순자산으로 나눈 비율이다. 이를 식으로 표현하면 다음과 같다.

PBR(Price Book–value Ratio) = 주가/1주당순자산

여기서 1주당순자산이란 재무상태표의 자산에서 부채를 차감한 금액이다. 예컨대 A와 B, 그리고 C라는 기업이 모두 10만 원의 주가를 형성하고 있다고 하자. 이러한 상황에서 A기업은 1주당순자산 10만 원, B기업은 20만 원, C기업은 6만 원이라고 가정했을 때 각 기업의 PBR을 따져보면 다음과 같다.

- A기업=100,000/100,000=1
- B기업=100,000/200,000=0.5
- C기업=100,000/50,000=2

이제 결과를 해석해보자. A기업은 1주당순자산가치가 주가와 같다. 따라서 주가는 기업의 가치를 정확히 반영한다. B기업은 순자산가치에 비해 주가가 낮게 형성되어 있다. 따라서 이런 기업의 주식을 사면 시세차익을 노려볼 수도 있다. 반면에 C기업은 B기업과 반대가 된다.

우리 기업들의 자본구조는 튼튼할까?

어떤 기업이든 안정적으로 사업을 하려면 자본구조가 튼튼해야 한다. 자본구조가 불안정하면 외부 환경에 적절히 대처하기 힘들다. 실무적으로 자본구조가 안정적인지의 여부는 재무상태표의 오른쪽 란에 위치한 부채와 자본을 보며 분석한다. 앞에서도 설명했듯이 자본구조의 안정성 분석은 매우 중요한 지표다.

먼저, 자본구조의 안정성은 다음과 같이 총자본인 부채와 자본에서 자기자본이 차지하는 비중(자기자본/총자본)을 가지고 분석한다. 만약 이 비율이 50%가 넘으면 자본구조가 안정적이며 양호하다고 볼 수 있다.

$$자기자본비율 = \frac{자기자본}{총자본(=부채+자본)} \times 100$$

예를 들어 어떤 기업의 재무상태표가 아래와 같다고 하자. 이런 상황에서 자기자본비율은 총 100억 원 중 50억 원이므로 50%의 비율이 나온다. 총자본(부채와 자본) 중 절반이 자기자본임을 알 수 있다.

자산	부채와 자본
자산 100억 원	부채 50억 원
	자본 50억 원
계 100억 원	계 100억 원

다음으로, 부채비율을 통해서도 자본구조의 안정성을 살펴볼 수 있다. 이 비율은 다음과 같이 총부채를 자기자본(총부채/자기자본)으로 나누어 계산한다. 이 비율이 100% 이하가 되어야 양호하다고 볼 수 있다.

$$부채비율 = \frac{총부채(=유동부채+고정부채)}{자기자본} \times 100$$

바로 위의 표에 나타난 부채 50억 원과 자기자본 50억 원을 위의 식에 대입하면 비율이 100%가 나온다. 따라서 위의 판단 기준에 따르면 부채비율이 양호한 것으로 볼 수 있다. 참고로 부채비율을 앞의 자기자본비율과 비교하면 아주 밀접한 관계가 있음을 알 수 있다. 부채비율 100%는 자기자본비율로 얘기하면 50%가 되는 것이다. 식으로 확인하기 바란다.

실무적으로 보면 많은 기업들이 부채비율이 100%를 초과하는 일이 종종 있다. 기업이 이런 상황에 빠져 있다면 추가적인 부채조달의 어려움과 과다한 이자비용 지급으로 기업경영이 힘들어진다. 따라서 이 비율이 다른 비율보다 중요하다. 만일 이 비율이 낮고 내부에 유보된 이익이 많다면 우량기업으로 판단할 수 있다.

TIPS
생생
회계

자기자본을 늘리는 법

자기자본을 늘리면 당연히 재무구조가 탄탄해진다. 실무적으로 다음과 같은 것들이 자기자본을 늘리는 방법에 해당한다.

- 증자를 통해 자본금을 늘린다.
- 전환사채를 발행한 후 주식으로 전환한다.
- 부채나 채권을 출자금으로 대체한다.
- 이익을 많이 내고 이익처분 때 사외유출보다는 사내유보를 많이 한다.
- 외상매출금 등 매출채권을 조기에 회수하여 부채를 갚는다.
- 재고자산을 줄여 남은 자금으로 부채를 줄인다.

재무건전성을 따지는 방법

앞서 소개한 자본구조의 안정성을 재무건전성과 비교해보자. 재무건전성이란 주로 회사가 자본을 조달하고 부채를 상환할 수 있는 능력을 일컫는다.

첫째, 재무건전성은 자기자본비율로 측정할 수 있다.
앞에서 보았듯 이 비율은 50% 이상 되어야만 자본구조가 양호한 것이라고 할 수 있다. 무엇보다 이 비율이 최소한 20% 이상 유지되어야 기업활동을 영위할 수 있다. 이를 식으로 나타내면 아래와 같다.

> • 자기자본비율 < 20% ⇒ 위험
> • 20% ≤ 자기자본비율 < 50% ⇒ 보통
> • 50% ≤ 자기자본비율 ⇒ 건전

둘째, 재무건전성은 지불능력 측면에서도 따져볼 수 있다. 지불능력은 주로 유동비율과 당좌비율을 이용한다. 유동비율은 유동자산을 유동부채로 나눈 것으로 대개 단기채무지급능력을 따져볼 때 유용하다. 그런데 유동부채는 외상대나 단기차입금 등 곧바로 갚아야 하는 채무다.
유동자산은 당좌자산이나 재고자산 등으로 구성되며 이들 자산은 때때로 현금화되기가 힘든 자산이다. 가령 창고에 가득 쌓여 있는 재고자산이 있다면, 이 비율이 높다고 해서 반드시 단기채무지급능력이 높다고 볼 수는 없다. 그래서 실무적으로는 유동부채에서 당좌자산(현금, 예금, 매출채권 등)이 차지하는 비율을 살펴 단기지급능력 유무를 따지게 된다.

실무적으로 유동비율($=\frac{유동자산}{유동부채}\times100$)은 최소한 120% 이상 유지해야 하며, 200%

이상 되어야 양호하다고 말할 수 있다. 그리고 당좌비율$=\dfrac{당좌자산}{유동부채}\times100$은 최소한 95% 이상 유지하되, 100% 이상이면 양호하다고 판단한다.

- 유동비율 < 120% ⇒ 위험
- 120% ≤ 유동비율 < 200% ⇒ 보통
- 200% ≤ 유동비율 ⇒ 건전

셋째, 자산운용의 안정성 측면에서도 생각해볼 수 있다.

이에는 대표적으로 고정비율($=\dfrac{비유동자산}{자기자본}\times100$)이 있다. 이 비율이 100% 이하면 건전하다고 판단한다.

Section 4

K-IFRS
포괄손익계산서
따라잡기

기타포괄손익이 도대체 뭐야?

국제회계기준에 의하면 포괄손익계산서의 형태가 많이 복잡하다. 앞서 공부한 포괄손익계산서를 다시 한 번 떠올려보고, 이에 대한 완벽한 이해를 도모해보자. 여기서는 기타포괄손익에 대해 설명한다. 좀더 자세한 내용의 이해는 사례를 보면서 이해하도록 하자.

International Financial Reporting Standards

"휴~국제회계기준, 슬슬 복잡해지네요. 강사님은 쉽게 말씀하시지만 저는 도무지 이해가 안 되고 혼란스럽습니다."

석민혜는 난감하다는 표정으로 한강사의 눈을 바라보았다.

"민혜씨, 너무 걱정 마세요. 약속하건대 이 고비만 잘 넘기면 다음 시간에는 재평가 등에 대해 좀더 자세히 공부하려고 해요. 여기서는 포괄이라는 의미를 이해하기 위해 사례를 살펴보았는데 나중에 다시 들추어보면 쉽게 이해할 수 있을 겁니다. 아셨죠?"

"아… 네, 강사님."

"이제 포괄손익계산서의 보고 형태를 살펴보겠습니다. 종전에는 보고 형태가 아주 단순했는데 국제회계기준에 의한 손익계산서는 보고 형태가 네 가지나 됩니다."

한강사의 말에 모두들 긴장하는 눈빛이 가득하다. 이에 아랑곳없이 수업은 계속 진행되고 있었다.

"보고 형태가 네 가지나 된다고요? 뭘 그리도 복잡하게 하죠. 그냥 하나로 처리하면 안 되나요?"

오늘따라 컨디션이 좋아 보이지 않는 석민혜의 투정 어린 말투가 회의실을 가득 채우고 있다.

"나름대로 다 이유가 있겠죠. 일단 포괄손익계산서의 보고 형태를 본 후 그 이유를 생각해보도록 합시다. 자 준비되셨나요?"

한강사는 일단 기타포괄손익을 당기순이익 아래 포함하는 형태의 손익계산서와 두 개로 나눠 표시하는 손익계산서 양식을 팀원들에게 보여주었다.

단일포괄손익계산서	두 개의 보고서	
	[손익계산서]	[포괄손익계산서]
수익	수익	
-비용	-비용	
당기순이익	당기순이익 →	당기순이익
±기타포괄손익		±기타포괄손익
총포괄손익		총포괄손익

"강사님, 손익계산서 보고 형태가 네 가지라고 하셨잖아요. 그런데 하나가 부족하네요."

이번에는 김대리가 궁금함을 견디지 못하고 입을 열었다.

"하하하, 아니에요. 지금 여러분께 보여드린 것은 두 개랍니다. 하나는 단일로 된 것, 다른 하나는 두 개의 모양으로 된 것…."

"으악, 정말 그렇네요. 그럼 나머지 두 개는 어디 있죠?"

"김대리님! 포괄손익계산서의 가장 큰 특징이 바로 우리가 알고 있는 비용을 성격별과 기능별로 나눌 수 있는데, 이 둘에다 앞의 둘을 조합하면 네 개가 되는 겁니다. 이를테면 성격별 단일포괄손익계산서와 기능별 단일포괄손익계산서에서 두 개가 나오고, 두 개의 보고서 형태를 성격별 또는 기능별로 만들 수 있어 그렇답니다."

"아하, 그래서 네 가지가 되는군요."

이번에는 잠자코 있던 신팀장이 한강사의 말이 끝나자마자 맞장구를 쳤다.

"그런데 강사님, 이런 손익계산서는 모두 작성해야 합니까? 그리고 모두 이해해야 되나요?"

"아뇨, 그렇지 않아요. 한국채택−국제회계기준에서는 위의 두 가지 방법 중 하나만 선택할 수 있도록 하고 있어요. 단일로 만들든지 아니면 두 개의 형태로 만들든지…."

팀원들을 바라보는 한강사의 눈빛은 표현할 수 없는 열정으로 가득 차 있었다.

"그런데 강사님, 저도 한 가지 의문이 있습니다. 손익계산서 보고형태는 총 네 가지인데 이 중에서 하나만 선택할 수 있나요?"

석민혜도 궁금했는지 질문을 던진다.

"결론만 말씀드리면 그렇습니다."

"강사님, 저도 질문이 하나 있습니다."

신고수 팀장이 고개를 갸웃거리면서 한강사에게 질문을 한다.

"도대체 비용을 왜 성격별, 기능별로 나누는 거죠? 또 성격별은 뭐고 기능별은 뭔지 도대체 알 수 없네요."

"팀장님, 좋은 질문하셨어요. 지금까지 우리는 포괄손익계산서의 형태

위주로 공부를 했는데요, 질문하신 내용은 아쉽지만 잠시 쉬다가 진행해야겠네요. 너무 많은 내용들을 머리에 담다 보면 부작용이 생깁니다. 다들 차라도 한 잔씩 마시면서 머리나 식히도록 하죠. 잠시 쉬었다가 포괄손익계산서의 내용을 다시 살펴보겠습니다."

팀원들에게 오늘 수업은 다소 벅차 보였다. 포괄손익계산서 형태가 생각보다 많이 바뀌었고 이해하는 것 또한 쉽지 않은 탓이다. 하지만 어찌하랴. 여기서 그만둘 것은 아니잖은가. 아직 갈 길이 멀다.

포괄손익계산서 보고형태 네 가지

포괄손익계산서의 보고형태는 크게 단일보고서와 두 개의 보고서로 구분할 수 있다. 여기에다 비용의 종류를 조합하면 모두 네 가지 형태의 손익계산서를 작성할 수 있다. 우리 기업에 맞는 보고서 형태는 어떤 것인지 찾아보자.

International Financial Reporting Standards

 "오늘 시간에는 포괄손익계산서에 대해 공부합니다. 마침 국제회계기준에 의한 포괄손익계산서의 형태가 매우 복잡하게 변했고, 공부할 것들이 많아졌어요. 당연히 여러분의 머리가 복잡할 것입니다만, 우리나라 최고의 국제은행에서 근무하는 여러분이기에 내용을 잘 이해하리라고 굳게 믿습니다. 하하하!"

한강사가 포괄손익계산서를 공부에 앞서 마음자세를 다잡기 위해 당부의 말을 했다.

"강사님의 노고에 감사할 따름입니다. 빨리 시작하시죠."

뜨거운 커피를 한 모금 들이킨 석민혜가 자신감 넘치는 표정으로 답했다.

"좋습니다. 그런데 민혜씨, 기억하세요? 우리가 공부했던 첫날 포괄손익계산서에 대해 대충 공부했는데 왜 포괄이라는 용어를 사용한다고 했는지 말입니다."

"그야, 그러니까….”

석민혜는 예상치 못한 한강사의 질문에 얼굴이 뜨거워지며 속으로 말을 삼킨다. 자칫 뜨거운 커피를 쏟을 뻔했다.

'가만히 있을 걸, 괜히 나섰네.'

"하하. 그럴 줄 알았습니다. 복습하는 차원에서 포괄손익에 대해 다시 한번 알아보도록 합시다. 민혜씨, 잘 들으세요?"

"네에… 강사님….”

이제 본격적으로 한국채택－국제회계기준에서 선보이는 다소 생소한 포괄손익계산서에 대해 살펴보자. 그렇다고 너무 이상한 표는 아니니까 긴장할 필요는 없다. 일반적으로 국제회계기준에 따르면 손익계산서의 형태는 당기순이익에 기타포괄손익을 합한 총포괄손익을 표시하도록 하고 있다.

수익
－비용
＝당기순이익
±기타포괄손익
＝총포괄손익

그렇다면 왜 이런 식으로 보고하도록 하는 걸까? 다시 한번 말하면 이는 미실현손익이 당기이익에 반영되는 것을 방지하여 배당되지 않도록 하기 위함이다. 구체적인 사례를 통해 이 부분을 자세히 살펴보도록 하자.

'(주)위너스'는 매년 유형자산을 재평가한다. 자료가 다음과 같을 때 회계처리는?

- 20△1년 초 1,000,000원에 취득(내용 연수 10년이며, 잔존가치는 없다)하고 매년 균등액으로 상각하는 정액법으로 감가상각함.
- 20△1년 말 감가상각 후 재평가한 결과 유형자산의 공정가치가 1,500,000원으로 상승함.

위의 자료를 가정하고 20△1년 말을 기준으로 회계처리하면 다음과 같다.

- **감가상각비에 대한 회계처리**
  (차변) 감가상각비 100,000*   (대변) 감가상각누계액 100,000
         *1,000,000÷10년=100,000

- **재평가에 대한 회계처리**
  (차변) 유형자산 500,000   (대변) 재평가잉여금 600,000
         감가상각누계액 100,000   (기타포괄손익누계액)

20△1년 말의 공정가치가 150만 원이지만 20△1년 말의 장부가액은 90만 원(취득가액 100만 원-감가상각비 10만 원)이다. 따라서 60만 원의 재평가잉여금이 발생했다. 위에서 재평가잉여금이 기타포괄손익누계액(자본의 기타자본구성요소)으로 처리되므로 당기순이익과는 무관하게 처리된다. 따라서 이렇게 당기순이익과 구별되므로 배당처리를 할 수 없다.

참고로 20△1년 말의 장부가액은 앞에서 보았듯이 90만 원이 되고 공

정가치는 150만 원이 된다. 재평가 후 장부가액이 도출되는 과정을 표현하면 다음과 같다.

기초		재평가 전		재평가	재평가 후
유형자산 1,000,000		1,000,000	+	500,000	1,500,000
감가상각누계액 0		(100,000)	+	100,000	(0)
계 1,000,000		900,000		600,000	1,500,000

기타포괄손익이라는 것도 기업의 순자산의 변동을 가져오므로 기업의 이해관계자들에게 유용한 정보를 제공하는 측면에서 재무제표에 반영하여 보고해야 한다. 그러나 국제회계기준에서는 이 손익을 당기의 실현된 손익으로 처리하지 말고 자본으로 처리하라고 요구한다. 이는 재무제표를 견고하게 하는 관점에서 이해할 수 있는 요구다.

비용의 분류가 핵심이다

포괄손익계산서의 핵심은 비용이다! 국제회계기준상 포괄손익계산서에서 말하는 기능별 또는 성격별 비용은 도대체 무엇일까? 그에 대한 궁금증을 하나씩 해결해보는 시간이다.

International Financial Reporting Standards

 실무적으로 보면 포괄손익계산서를 이해하는 것이 쉽지 않다. 종전 손익계산서의 형태와 차이가 많고 그 내용 역시 많은 차이가 있기 때문이다. 그리고 비용을 성격별 또는 기능별로 나눠서 표시하라는 것도 정확한 지침이 없어 혼란이 가중되고 있다. 그래서 많은 실무자들이 지금까지 우리나라가 써왔던 방식이 훨씬 유용하다고 생각하는 듯싶다. 하지만 어쩔 것인가. 국제회계기준을 사용하는 사람들은 우리 것을 거들떠보지도 않으니….

본 교육과정에 참여하고 있는 국제은행 직원들 입장도 마찬가지다. 그들은 어떤 식으로 이 과정을 견디고 있는지 다시 국제은행 교육장으로 들어가보자.

"여러분, 머리를 좀 비우셨나요? 제 느낌입니다만, 왠지 공부가 잘 될 것 같은 생각이 드네요. 사실 조금 전만 해도 여러분의 표정을 보며 걱정

이 많았거든요."

한강사가 팀원들과 다시 반갑게 인사를 나눈다.

"김대리님, 앞 시간에 배운 포괄손익이 어떤 성격을 갖고 있는지, 포괄손익계산서의 보고 형태가 어떤지 이해가 되셨는지요."

한강사가 방금 공부한 내용을 확인하고자 질문을 했다. 그러자 교육에 주도적으로 참여하고 있는 김회계 대리로부터 즉각적인 반응이 나타났다.

"네에. 저는 어느 정도 이해가 되었다고 생각하는데, 다른 분들은 그러지 못한 것 같습니다."

"네에, 좋습니다. 지금부터 포괄손익계산서의 핵심인 비용을 왜 구분하는지 등에 대해서 알아보겠습니다."

앞에서 다소 모호하게 생각되었던 포괄손익계산서 형태를 좀더 확장하면 아래처럼 나타낼 수 있다.

아래의 손익계산서는 기타포괄손익을 한꺼번에 표시하는 단일포괄손익계산서 형태이지만 비용을 기능별 또는 성격별로 나누는 차이가 있다. 그렇다면 여기서 기능별 또는 성격별 비용은 무엇이고 왜 이렇게 우리를 어렵게 하는지 알아보자.

먼저, 비용을 기능별로 분류하는 포괄손익계산서부터 살펴보겠다.

이는 비용을 매출원가, 물류원가, 관리활동원가 등과 같이 기능별로 분류하여 작성하는 것을 의미한다. 즉 기능이란 어떤 특징적인 동작을 말하는 것이 일반적인데 이러한 동작에 관련된 비용을 모아 처리하는 것을 의미한다. 하지만 실

> 비용을 기능별로 분류하는 기업은 감가상각비, 기타 상각비, 종업원급여비용을 포함하여 비용의 성격에 대해 주석으로 공시해야 한다. 이러한 정보는 미래 현금흐름을 예측하는 데 도움이 되기 때문이다.

[기능별 포괄손익계산서]		[성격별 포괄손익계산서]	
수익	←영업수익	수익	←영업수익
-매출원가	←영업비용		
매출총손익		+기타수익	←영업외수익
		-총비용(상품의 변동,	
+기타수익	←영업외수익	상품매입액, 임차료, 급여,	←영업비용+영업외비용
		이자비용 등)	
-물류원가, 관리비	←영업비용	법인세비용차감전순손익	
-기타비용, 금융원가	←영업외비용	-법인세비용	
법인세비용차감전순손익		당기순이익	
-법인세비용		±기타포괄손익	
당기순이익		총포괄손익	
±기타포괄손익			
총포괄손익			

무적으로 기능별로 비용을 배분하는 것이 쉽지 않다. 그래서 이를 배분하는데 자의적인 판단이 개입될 수도 있다. 이 방법은 비용 중 '매출원가'를 별도로 표시하므로 이를 '매출원가법'으로 부르기도 한다. 따라서 매출원가가 중요한 기업에 대한 재무분석에서 유리하며 비용을 기능별로 분류하므로 재무제표 이용자에게 더욱 목적 적합한 정보를 제공할 수 있다.

다음으로, 비용을 성격별로 분류하는 포괄손익계산서에 대해 알아보자. 이는 비용을 그 성격(예: 감가상각비, 원재료의 구입, 운송비, 종업원 급여와 광고비 등)별로 분류하여 작성하는 것이다. 성격이라는 것이 원래 어떤 대상이 가지고 있는 고유의 성질이나 품성을 말하는데, 이러한 의미로 보아 성격별 비용은 발생된 비용자체를 말하는 것으로 해석할 수 있을 것 같다.

일반적으로 성격별 포괄손익계산서는 앞의 기능별 손익

비용을 성격별로 분류할 경우 매출원가는 직접 계산하지 않고 당기 상품의 변동액을 당기상품매입액에 가감하는 방법으로 표시한다. 이에 대해서는 잠시 뒤에 사례로 살펴볼 것이다.

계산서보다 비교적 간단히 작성할 수 있다. 비용을 기능별로 분류하지 않아도 되기 때문이다. 그러나 매출원가 등이 구분되지 않아 정보제공에 제한이 있다는 단점이 있다.

자, 지금까지 공부한 내용을 정리해보자.

기능별 비용은 매출원가를 표시하고 기타비용은 기능별로 분류하는 방법을, 성격별은 매출원가를 따로 표시하지 아니하고 모든 비용을 성격별로 분류하는 방법을 말한다.

그렇다면 기업의 입장에서는 비용을 나누는 방법 중 어떤 것을 선택하는 것이 좋을까? 점잖게 말하면 기업의 이해관계자에게 유용한 정보를 제공하는 것을 선택해야 할 것이다. 하지만 실무적으로 작성이 쉽고 근거를 확보하기 쉬운 방법이 오히려 더 좋을 것이다. 실무진과 경영진이 머리를 맞대고서 고민해보자. 과연 우리회사는 어떤 방법이 맞는가? 정 모르겠다면 돈을 주고서라도 회계전문가에게 일임해야 하지 않을까?

참고로 비용 앞에 서성이는 수익은 비용을 기능별로 나누든지 성격별로 나누든지 동일하게 측정한다. 예컨대 수익은 기업의 주된 영업활동에서 발생한 상품이나 제품, 그리고 용역 등의 총매출액에서 매출 에누리나 매출할인액을 차감한 금액을 말한다. 그리고 기타수익은 주요 영업활동이 아닌 활동에서 발생한 이자수익이나 임대료수입 등을 의미한다. 종전 영업외수익에 해당하는 것들이다.

기능별 비용 자세히 보기

비용을 기능별로 구분하면 어떤 기능으로 비용이 얼마나 나갔는지 알 수 있다. 따라서 정보 이용자는 숫자 이면에 있는 활동들을 추적해 그 기업의 현재와 미래를 예측하게 된다. 이런 비용에는 매출원가, 물류원가, 관리활동원가, 마케팅활동원가, 금융원가 등이 포함된다.

International Financial Reporting Standards

 이제 좀더 구체적으로 포괄손익계산서에 대해 살펴보자. 먼저 기능별 분류에 의한 비용구분을 살펴보도록 하자. 기능별 구분은 매출원가를 별도로 표시하는 방법이라고 했다.

그런데 이러한 비용 분류에 대해 IFRS는 구체적으로 정하고 있지 않다. 기업 스스로가 여러 상황을 고려하여 계정과목을 정하면 된다는 의미다. 이런 것들이 담당 실무자들을 미치게 만든다. 임원은 지시하나 지침을 삼을 만한 것은 없고 그러다 나중에 문제가 되면 문책을 받게 되고…. 하지만 이러한 현상은 오래가지 않을 것이다. 회계기준 감독기관에서 발 빠르게 가이드라인을 제시할 테니까. 다만, 실무적으로는 K-GAAP에 의한 계정과목체계도 무시할 수 없다. 이 장의 마지막 부분 '생생회계 TIPS'을 참조하자. 그럼 이제 기능별 비용은 어떤 모습을 하고 있는지 살펴보겠다.

① 매출원가

매출원가는 주요 영업활동에 따라 판매되는 상품 또는 제품 등의 수익에 직접 대응되는 원가다. 이는 종전 손익계산서상의 매출원가와 같은 의미를 가진다.

[종전 손익계산서]	[기능별 포괄손익계산서]	[비 고]
매출	매출	종전과 동일
매출원가	매출원가	종전과 동일
매출총손익	매출총손익	종전과 동일

참고로 매출원가는 다음과 같은 방법으로 계산한다.

> 기초상품(제품)재고액
> +당기상품매입액(당기제조원가)
> −기말상품(제품)재고액
> =매출원가

작년에 팔다 남은 상품에다 올해 구입한 상품이 판매가능한 상품이 되고 여기에서 기말에 남아 있는 것을 빼면 나머지가 매출원가가 된다. 어렵게 느껴지거든 책장 속에 숨어 있는 회계원리 책을 한 번씩 꺼내보자.

② 물류원가

물류원가는 판매활동과 관련된 비용으로서 판매원급여와 광고판촉비 등이 포함된다. 이는 종전 손익계산서상의 판매관리비 계정과목★ 중 물가원가에 해당되는 것만 별도로 모아 이를 합계하여 다른 계정과목과 구분한다. 다음의 그림으로 이를 확인할 수 있다.

> ★ 계정과목
> 회계상 거래에 대한 금액적인 크기를 장부상에 기록하는 항목을 뜻하는 이름이다. 자금조달 측면에서 볼 때, 조달 주체에 따라 부채계정 또는 자본계정에 기입하고 자금의 운용은 자산계정에 기입한다. 거래에 따른 손익은 비용 또는 수익계정에 기입한다.

[종전 손익계산서]	[성격별 포괄손익계산서]
매출	수익
−매출원가	−매출원가
매출총손익	매출총손익
−판매관리비	+기타수익
일반직원 급여	
판매원 급여	−물류원가
광고판촉비	
소모품비용	−관리비
기타비용	
영업손익	−금융원가
+영업외수익	−기타비용
−영업외비용	
법인세비용차감전순손익	법인세비용차감전순손익
−법인세비용	−법인세비용
당기순손익	당기순이익

③ 관리비

관리비는 일반관리활동에 의해 발생되는 비용이다. 임원 및 종업원급여(판매원급여 제외), 임차료, 소모품비, 보험료 등이 해당된다. 종전 판매비와 일반관리비 중 일반관리비가 여기에 해당한다.

④ 금융원가

외부의 자금조달로 인하여 발생하는 이자비용 등을 말한다.

⑤ 기타비용

기타비용은 위에서 열거한 것들 이외의 비용이다. 주로 영업외 활동과 관련되어 발생하는 비용을 말한다. 대표적으로 유형자산처분손실이 있다.

   기능별 손익계산서를 작성하기가 어렵다는 것은 비용을 기능별로 쪼개

야 한다는 것이다. 물론 비용을 기능별로 분류하는 전산시스템이 구축된 부자회사는 별 어려움이 없겠지만 마케팅에 한 푼이라도 투자해야 하는 회사 입장에서는 회계가 짐을 하나 더 주는 격이다.

기능별 포괄손익계산서의 세부 항목

기능별 포괄손익계산서의 세부항목은 다음과 같다. 참고로 아래의 내용은 반드시 이렇게 해야 하는 것이 아닌 예시에 불과하다. 국제회계기준은 포괄손익계산서의 분류기준에 대해 명확한 규정을 하고 있지 않기 때문이다.

구 분	내 용
수익	상품매출액, 제품매출액, 용역매출액
−매출원가	상품매출원가, 제품매출원가, 용역매출원가
=매출총손익	기능별 포괄손익계산서에서는 반드시 구분해야 함
−판매비	판매비와 관리비를 합쳐서 작성할 수 있을 것으로 보임
−관리비	급여, 퇴직급여, 복리후생비, 접대비, 감가상각비, 지급임차료, 여비교통비, 통신비, 보관비, 연구비, 광고선전비, 지급수수료 등(종전의 판매관리비)
=영업손익	IFRS에서는 구분할 필요가 없으나, 기업의 회계정책상 표시가 가능함(미리 이에 대한 기업의 결정이 필요하다)
+기타수익	유형자산처분이익, 투자부동산처분이익 및 평가이익, 무형자산처분이익, 외환차익, 임대료수입, 수수료수익, 잡이익 등
−기타비용	유형자산처분손실, 투자부동산처분손실 및 평가손실, 무형자산처분손실, 외환차손, 기부금, 잡손실 등
+금융수익	이자수익, 배당금수익, 단기매매금융자산평가이익 및 처분이익, 매도가능금융자산 및 만기보유금융자산처분이익 등
−금융비용	이자비용, 단기매매금융자산평가손실 및 처분손실, 매도가능금융자산 및 만기보유금융자산처분손실 등
±관계기업투자손익	지분법 이익 또는 손실 등
=법인세차감전순손익	
−법인세비용	법인세비용
=당기순손익	
±기타포괄손익	재평가잉여금, 매도가능금융자산평가손익, 확정급여제도의 보험수리적 손익 등
=총포괄손익	당기순손익+기타포괄손익

성격별 비용 자세히 보기

회계 전문가들에 따르면, 기능별 포괄손익계산서보다 성격별 포괄손익계산서가 종전 손익계산서와 가깝다고들 한다. 여기에서 제시하는 두 가지 사례를 통해 성격별 포괄손익계산서의 이해를 높이도록 해보자.

International Financial Reporting Standards

"비용을 기능별로 분류한다는 것은 매출원가를 별도로 표시하는 것으로 받아들이면 될 것 같군요."

김대리가 한강사를 지긋이 바라보며 입을 연다.

"그렇습니다. 기능별 분류방법을 매출원가법으로 부르는 의미가 여기에 있음을 이해하시겠어요? 그 결과 매출원가가 별도로 보고되므로 당기손익을 이해하는 데 기능별 분류가 유용한 것으로 평가받고 있어요."

"그런데 강사님, 기능별 손익계산서를 보니 종전 손익계산서와 비슷한 것 같네요."

이번에는 석민혜가 말을 꺼냈다.

"그럴 수도 있을 겁니다. 그러나 어떤 회계 전문가들은 지금부터 보게 될 성격별 포괄손익계산서와 더 가깝다고 합니다. 하지만 여러분은 이런 것에 개의치 말고 그 둘의 특징을 정확히 이해할 필요가 있습니다."

원래 재무제표라는 것이 회계정보를 어떤 식으로 배치하느냐에 따라 그 형태가 결정되는 일이 많다. 예를 들어 매출원가를 손익계산서에 나타낼 수도 있고 그렇지 않을 수도 있다. 하지만 이렇게 달리 표현한다고 해서 당기순손익이나 총포괄손익이 달라져서는 곤란할 것이다. 지금부터 비용을 성격별로 분류하는 것에 대해 자세히 알아보자.

① 제품과 재공품의 변동

비용을 성격별로 구분할 때 제품(상품)의 변동액을 제조원가(상품구입액)에 가감하여 매출원가를 계산하는 것과 같은 효과를 낸다. 여기서 제품(상품)의 변동액이란 기말제품(상품)재고액에서 기초제품(상품)재고액을 차감한 금액을 말한다. 이 금액이 플러스(+)가 되면(기말재고액이 크면) 변동액을 당기매입액에서 차감시킨다(수익에 가산시키는 것과 같다). 물론 그 반대가 되면 당기매입액에서 가산시킨다(수익에서 차감시키는 것과 같다). 이에 대한 내용은 사례를 통해 살펴보도록 하자.

CASE 1

다음과 같은 세 가지 상황이 있다.

구분	기초재고	당기매입	기말재고	변동액
①	10	100	10	0
②	10	100	20	10
③	10	100	0	(10)

이를 매출원가법으로 표시하면 ①은 100원(10+100−10), ②는 90원 (10+100−20), ③은 110원(10+100−0)으로 표시된다. 그런데 이를 성격

별로 표시하면 '당기매입액±재고변동액' 으로 매출원가를 파악해야 한다. 이렇게 본다면 ①은 재고변동액이 0원이므로 매출원가는 당기매입액인 100원이 된다. ②는 재고변동액이 10원이므로 이를 당기매입액에서 차감하면 90원(100-10)이 되며, ③은 재고변동액이 -10원이므로 이를 당기매입액 100원에 더하면 110원의 매출원가가 나온다. 이처럼 성격별에 의한 매출원가는 기능별에 의한 매출원가 계산법을 풀어헤쳐서 계산하는 것에 불과하다는 사실을 알 수 있다.

② 원재료와 소모품의 사용액

원재료와 소모품의 사용액은 주로 제조업의 제조원가를 말한다. 도매업의 경우라면 당기상품구입액이 대응된다. 내용을 확인하기 위하여 또 하나의 사례를 들어 매출원가 표시방법에 대해 알아보자.

CASE 2

상품을 도매하는 기업이다. 당기매출액 1억 원이고 기초상품재고액은 1,000만 원, 당기매입액은 5,000만 원, 그리고 기말상품재고액은 2,000만 원이라고 할 때 비용을 기능별 및 성격별로 표시해보면?

● **기능별 표시**
매출액 1억 원
-매출원가 4,000만 원
　　기초상품재고액 1,000만 원
　　당기상품매입액 5,000만 원
　　기말상품재고액 2,000만 원
=매출총이익 6,000만 원

● **성격별 표시**
매출액 1억 원

상품의 변동 1,000만 원*
상품매입액 (5,000만 원)*
* 이 들을 합하면 매출원가가
　4,000만 원이 된다

매출원가의 경우 '기초상품재고액+당기상품매입액−기말상품재고액' 으로 계산한다(기능별). 그런데 성격별 분류의 경우 상품의 변동액을 상품매입액에 더해 같은 효과를 나타내게 된다. 여기서 상품변동은 기말재고액에서 기초재고액을 차감하여 계산하는데 사례의 경우 기말재고액이 더 크다. 따라서 상품변동액 1,000만 원을 상품매입액에서 차감을 하는 식으로 표시한다. 이렇게 되면 매출원가가 4,000만 원이 되는 것과 같다. 앞의 둘을 비교해 보면 기능별 표시는 종전 매출원가와 그 계산구조가 같으며, 성격별 표시는 상품의 변동과 매입액을 단순하게 처리하는 방식이다. 국제회계기준에서 새롭게 선보이는 방식이라 할 수 있다.

③ 종업원급여비용

종업원에게 지급된 급여를 말한다. 이에는 단기종업원급여, 퇴직급여, 해고급여 및 기타 장기종업원급여 등이 있다.

④ 감가상각비와 기타상각비

유형자산이나 무형자산에서 발생한 감가상각비를 일컫는다.

⑤ 기타비용

기타비용에는 금융원가, 유형자산처분손실, 투자부동산처분손실 및 평가손실, 무형자산처분손실, 외환차손, 기부금, 잡손실 등이 있다. 기타비용은 종전의 영업외비용을 말한다.

이처럼 비용을 성격별로 분류하면 앞의 기능별보다 미래현금흐름을 예측하는 데 더욱 유용하다. 이 때문에 기능별로 비용을 분류한 기업은 감가상각비, 기타상각비와 종업원급여비용을 포함하여 비용의 성격에 대한 추가 정보를 주석으로 공시하도록 하고 있다. 참고로 K−GAAP에 따른 비용의 분류는 대체로 성격별 분류에 해당한다.

성격별 포괄손익계산서의 세부 항목

성격별 포괄손익계산서의 세부항목을 살펴보면 다음과 같다. 참고로 아래 내용은 반드시 이렇게 해야 하는 것이 아닌 예시에 불과하다. 국제회계기준은 포괄손익계산서의 분류기준에 대해 명확한 규정을 하고 있지 않기 때문이다.

구 분	내 용
수익	상품매출액, 제품매출액, 용역매출액
기타수익	유형자산처분이익, 투자부동산처분이익 및 평가이익, 무형자산처분이익, 외환차익, 임대료수입, 수수료수익, 잡이익 등
제품과 재공품의 변동	기말재고액−기초재고액으로 계산(+가 나면 차감, −가 나면 가산함)
원재료와 소모품비의 사용액	당기에 사용된 원재료비
종업원급여비용	단기종업원급여, 해고급여, 퇴직급여, 장기종업원급여
감가상각비와 기타상각비	유형자산 및 무형자산에 대한 감가상각비
기타비용	금융원가, 유형자산처분손실, 투자부동산처분손실 및 평가손실, 무형자산처분손실, 외환차손, 기부금, 잡손실 등
=법인세차감전순손익	
−법인세비용	법인세비용
=당기순손익	
기타포괄손익	재평가잉여금, 매도가능금융자산평가손익, 확정급여제도의 보험수리적 손익 등
=총포괄손익	당기순손익+기타포괄손익

포괄손익계산서에서 얻을 수 있는 정보들

지금까지 살펴본 포괄손익계산서에는 어떻게 활용해야 좋을까? 차분하게 앉아 꼼꼼하게 살펴본다면 포괄손익계산서 안에 기업의 여러 가지 재무정보가 들어 있음을 알 수 있다. 과연 어떤 정보들이 이 안에 숨어 있는 걸까?

International Financial Reporting Standards

"석민혜씨! 이제 포괄손익계산서가 뭔지 확실히 이해하시겠죠?"

"그럼요, 강사님!"

석민혜가 아주 오랜 만에 큰 목소리로 씩씩하게 대답을 한다.

"그런데 말이죠 강사님, 포괄손익계산서도 재무상태표와 마찬가지로 이를 어떻게 활용하는지가 중요할 것 같습니다. 포괄손익계산서의 형태가 종전과 달라져 이를 해독하는 데에도 여러 가지 문제점이 있을 것 같고 말입니다."

잠자코 있던 김회계 대리가 손에 들고 있던 볼펜을 돌리며 다시 질문의 포화를 열었다.

"좋습니다. 김대리님 말씀처럼 지금부터 포괄손익계산서에서 발견할 수 있는 재무정보를 알아보도록 하겠습니다. 자, 다들 준비되셨나요?"

앞에서 본 포괄손익계산서를 종전 손익계산서 형태와 다시 한번 비교해보자.

[종전 손익계산서]	[기능별 포괄손익계산서]
매출	수익
-매출원가	-매출원가
매출총손익	매출총손익
	+기타수익
-판매관리비	-물류원가
	-관리비
영업손익	-금융원가
+영업외수익	-기타비용
-영업외비용	법인세비용차감전순손익
법인세비용차감전순손익	-법인세비용
-법인세비용	당기순이익
당기순손익	±기타포괄손익
	=총포괄손익

이 둘을 비교해보면 먼저 포괄손익계산서에서는 영업이익이 별도로 표시되지 않는다(물론 실무적으로는 영업이익이 표시되는 경우가 많다). 이렇게 되면 영업이익을 매출액으로 나누는 영업이익률 등을 알 수 없어 수익성을 분석하는 데 한계가 생긴다. 하지만 기타포괄손익이 추가되어 좀더 광범위하게 경영성과를 알 수 있다는 장점이 추가되었다. 그렇다면 앞으로 정보이용자들을 포괄손익계산서에서 어떠한 정보를 추출해야 할까?

첫째, 포괄손익계산서를 이해하기 위해서는 총포괄손익의 개념부터 확실히 정리할 필요가 있다. 앞의 포괄손익계산서상의 총포괄손익이란 소유주(주주)와의 거래로 인한 자본변동을 제외한 모든 자본의 변동을 말한다. 이는 아래 등식처럼 표현할 수 있다.

기초순자산과 기말순자산의 차이 중 소유주와의 거래로 인한 자본변동 (증자 등)을 제외한 부분이 총포괄손익이며, 총포괄손익은 다시 당기순손익과 기타포괄손익으로 분해할 수 있다. 결국 총포괄손익은 종전 당기순이익에 기타포괄손익을 더한 것으로 결론 내릴 수 있다.

둘째, K-IFRS에 따른 손익계산서는 그 형식이 매우 단순하다. 수익, 금융원가, 법인세비용, 당기순손익 등과 같은 표시만 되어 있으면 문제 삼지 않기 때문이다(총비용은 주석 표시 가능). 따라서 본문만 가지고 기업을 분석하는 일은 정말 위험하다. 따라서 주석공시 내용을 반드시 활용할 필요가 있다. 물론 각 기업들이 주석을 얼마나 알차게 공시하느냐가 관건이지만 이를 등한 시한다면 기업의 신뢰성이 떨어지기 때문에 대충하는 식으로 주석을 공시할 기업은 없을 것으로 생각한다.

셋째, 포괄손익계산서에는 당기순손익 밑에 기타포괄손익의 당기 변동액이 포함된다. 그리고 기타포괄손익의 잔액은 재무상태표의 자본항목에 표시된다. 이렇게 작성되는 포괄손익계산서의 형식이 생소하게 느껴질 수도 있다. 그러나 정보의 유용성 증가로 이러한 형태의 포괄손익계산서는 앞으로도 계속 선보일 전망이다. 기타포괄손익도 기업의 순자산 변동에 기여한 것이며, 이에 대한 정보도 정보이용자에게 제공되어야 하기 때문이다.

넷째, K-IFRS에서는 영업손익 구분 표시가 의무사항은 아니다. 따라서 기업은 영업손익을 표시하지 않아도 되지만, 이에 대한 정보의 유용성이 크기 때문에 영업손익을 표시하는 기업들이 많을 것으로 보인다. 하지만 영업손익을 구성하는 항목들이 기업마다 다를 수 있어 이에 대해 주의할 필요가 있다. 어떤 기업들은 동일한 종류의 수익과 비용을 영업손익이 아닌 기타수익이나 기타비용(영업외수익과 영업외비용)으로 처리할 수 있기 때문이다.

다섯째, 비용의 구분방법에 대한 정보도 놓치지 말자.

기능별로 비용을 분류하면 '저 회사는 물류비로 얼마를 쓰고 있는데 얼마의 매출을 달성하고 있구나' 라고 판단할 수 있다. 쉽게 말하면 영업비밀을 손쉽게 획득할 수 있다(이런 관점에서 보면 기업들이 기능별로 비용을 분류할 것 같지는 않다). 성격별로 비용을 분류하는 경우에는 종전과 같은 개념이므로 별로 건질 게 없다.

여섯째, 당기순이익은 중요한 회계정보다.

당기순이익은 기업성장의 원천이 되는 동시에 주주들에 대한 배당재원이 된다. 따라서 이 금액이 크면 기업 가치가 올라가는 것이 보통이다. 다만, 당기순이익이 크다고 해도 이 금액이 바로 현금흐름과 직결되는 것은 아니라는 것 정도는 알아두자. 예를 들어 당기에 순이익이 100억 원이라는 의미가 이 금액을 현금으로 보유하고 있다는 뜻은 아니다. 매출의 일부를 외상매출채권으로 가지고 있으면 그만큼 현금유입이 줄어든 것으로 본다. 이처럼 당기순이익은 실제 현금흐름과 차이가 발생한다. 다만, 당기순이익이 크다는 것은 그만큼 현금유입이 많을 것으로 생각할 수는 있으나 반드시 그렇지만은 않다.

TIPS
생생
회계

이익잉여금의 처분

일반적으로 기업이 벌어들인 이익은 다음과 같이 처분된다.

구분	이익잉여금의 처분	계정과목
사내 유보	법정 적립금	이익준비금, 기타법정적립금
	임의 적립금	사업확장적립금, 감채적립금 등
	미처분이익잉여금	다음 연도로 이월되는 잉여금
사외 유출	배당	현금배당, 주식배당

재무상태표와 포괄손익계산서 작성사례

국제회계기준에 의한 재무상태표와 포괄손익계산서를 작성해 보는 시간을 갖도록 해보자. 결산정리 후 잔액시산표는 아래와 같다. 참고로 여기에 제시하지 않는 상황은 고려하지 않는다. 예를 들면 법인세는 무시한다.

(단위 : 원)

계정과목	차변	대변
현금	14,300,000	
상품	6,000,000	
임차보증금	10,000,000	
토지	22,000,000	
자본금		50,000,000
재평가잉여금		2,000,000
상품매출		15,000,000
상품매출원가	4,000,000	
직원급여	5,000,000	
접대비	500,000	
소모품비	200,000	
판매촉진비	5,000,000	
합계	67,000,000	67,000,000

위에서 제시한 시산표는 차변금액과 대변금액이 일치하는지 검증하는 표를 의미한다. 표를 보면 차변과 대변의 합계가 일치한다. 만약 이 부분이 일치하지 않으면 회계처리에서 오류가 발생했다고 볼 수 있다.

먼저, 포괄손익계산서는 다음과 같다. 참고로 기존 국내회계기준은 손익계산서를 단계별로 매출총손익, 영업손익, 당기순손익 등으로 구분하여 표시하도록 했지만, K-IFRS에서는 수익, 금융비용, 지분법관련손익, 법인세비용, 당기순손익의 최소한의 항목들만 포괄손익계산서에 포함하도록 한다.

[기능별 포괄손익계산서]		[성격별 포괄손익계산서]	
구분	금액	구분	금액
수익	15,000,000	수익	15,000,000
−매출원가	4,000,000	+기타수익	
기초상품재고	0		
당기매입액	10,000,000		
(기말재고액)	(6,000,000)		
=매출총손익	11,000,000	−총비용(매출원가, 임차료, 급여, 이자비용 등)	14,700,000
+기타수익		=법인세비용차감전순손익	300,000
−물류원가, 관리비	10,700,000	−법인세비용	0
−기타비용, 금융원가		=당기순손익	300,000
=법인세비용차감전순손익	300,000	±기타포괄손익	2,000,000
−법인세비용	0	=총포괄손익	2,300,000
=당기순이익	300,000		
±기타포괄손익	2,000,000		
=총포괄손익	2,300,000		

이제, 재무상태표를 만들어보자.

자산		부채	
유동자산		유동부채	
현금	14,300,000	외상매입금	
재고자산	6,000,000	예수금	
단기대여금		단기차입금	
비유동자산		비유동부채	
유형자산		장기차입금	
무형자산		자본	
금융자산		자본금	50,000,000
투자자산		이익잉여금	300,000
임차보증금	10,000,000	기타자본구성요소	
토지	22,000,000	재평가잉여금	2,000,000
자산 계	52,300,000	부채와 자본 계	52,300,000

참고로 재무제표를 읽는 사람들은 전년보다 이익이 축소되지 않았는지, 자산에 비해 이익이 작지 않았는지 등 이익과 관련된 부분을 심도 있게 분석할 필요가 있다. 만일 매출 부진으로 영업이익이 줄었다면 판매관리비를 줄이거나 매출을 늘리는 활동에 돌입해야 한다. 포괄손익계산서상 당기순이익은 미래의 수익력과 현금흐름을 파악할 수 있는 잣대가 된다. 예를 들어 어떤 기업의 당기순이익이 최근 100억 원 대를 달성했다면 앞으로도 특별한 사정이 없는 한 그 정도 이익을 기대할 수 있고, 현금흐름도 양호할 것이라는 사실을 파악할 수 있도록 해준다. 물론 여기서 당기순이익만을 가지고 현금흐름을 예측하는 것은 무리가 따르므로 더욱 정확한 현금흐름을 파악하려면 현금흐름표를 추가로 분석해야 한다.

K-IFRS의 핵심, 공정가치 평가

왜 공정가치가 중요한가?

이 책의 앞 부분에서 잠시 언급한 바 있지만, '공정가치' 란 합리적인 판단력과 거래의사가 있는 독립된 당사자 사이의 거래에서 자산이 교환되거나 부채가 결제될 수 있는 금액을 의미한다. 국제회계기준의 핵심인 공정가치의 모든 내용들을 낱낱이 파헤쳐보자.

International Financial Reporting Standards

 신고수 팀장이 팀원들을 대상으로 교육에 대한 중간 평가를 하고 있다.

"지금까지 공부하시느라 정말 수고 많으셨어요. 이 정도면 국제회계기준의 근간을 충분히 이해했을 거라고 생각합니다. 오늘은 말입니다. 교육이 끝나는 대로 회식자리를 한번 마련할까 해요."

신팀장의 말이 끝나자마자 모두들 기다렸다는 듯이 '와' 하는 함성과 박수를 친다.

"팀장님, 제가 자리에 끼어도 되나요?"

"아이고, 당연하죠. 강사님!"

"감사합니다. 혹시 저는 안 부르시는 줄 알고 잠시 속앓이 좀 했습니다. 하하하!"

"참, 이번 교육과정에 새로운 분이 들어오게 되었습니다. 경영관리부에서 근무하고 있는 박효주 대리입니다. 경영관리팀에서도 회계를 알아야

한다고 해서 그쪽 팀장한테 압력을 받았지 뭐예요. 하하하. 그나저나 같이 공부도 하시고 좋은 관계를 유지했으면 좋겠네요.”

신고수 팀장이 여차저차 박대리가 합류한 과정을 얘기한다.

“사전에 박대리님 얘기를 들었습니다. 기초공부는 되어 있다고요?”

“네, 그렇습니다. 앞으로 잘 부탁드립니다.”

박대리가 환한 표정을 지으며 인사를 한다. 그 순간 지금까지 홍일점으로 관심을 받아왔던 석민혜의 표정이 조금은 어두워지는 듯하다.

“좋습니다. 오늘부터는 조금 새로운 내용을 가지고 공부할 겁니다. 그렇다고 아주 생소한 것은 아니니까 조금만 긴장하시기 바랍니다. 하하하!”

한강사가 잠시 쉬었다가 다시 말을 이어나가기 시작했다.

“이번에 도입된 국제회계기준의 가장 큰 특징은 아마 자산과 부채를 공정가치로 평가한다는 것일 겁니다. 이번 시간에는 이 문제에 대해 깊이 논의해보려 합니다.”

국제은행 교육장에 새로운 교육생 박효주 대리가 합류했다. 교육이 재미있고 효율적으로 이루어질지 한번 지켜보자.

대체적으로 K–IFRS의 핵심은 투자자에게 기업의 재무상황과 내재가치에 대한 의미 있는 투자정보를 제공하는 데 있다. 이를 위해 국제회계기준은 금융자산·부채와 유·무형자산 및 투자부동산에까지 공정가치 측정을 의무화 또는 선택 적용할 수 있도록 하고 있다. 활성화된 시장이 있다면 제3자 간에 거래되는 가격 정도가 이에 해당할 것이다. 그렇다면 이러한 공

'공정가치'에 대해 다시 설명하자면, '합리적인 판단력과 거래의사가 있는 독립된 당사자 사이의 거래에서 자산이 교환되거나 부채가 결제될 수 있는 금액'을 뜻한다.

정가치 문제가 왜 이슈화가 되는지 예를 통해 살펴보도록 하자.

어떤 기업이 여유자금으로 토지와 주식을 구입했다고 가정하자. 여기서 주식은 단기매매를 목적으로 구입한 것이다(이하 단위는 원).

구분	토지	유가증권
구입가액	100,000,000	20,000,000
부대비용	20,000,000	1,000,000

이렇게 자산을 취득하면 일단 취득가액을 정해야 한다.

● **토지구입에 대한 회계처리**

  (차변) 토지 120,000,000 　　　　　　　　 (대변) 현금 120,000,000

● **유가증권구입에 대한 회계처리**

  (차변) 유가증권 20,000,000 　　　　　　 (대변) 현금 20,000,000

  (차변) 비용 1,000,000 　　　　　　　　　 (대변) 현금 1,000,000

국제회계기준에 따르면 토지의 경우 부대비용을 더해 취득가액을 산정한다. 하지만 당기손익인식을 하는 증권(단기매매금융자산)의 경우 당기비용으로 처리하도록 하고 있다. 다만, 매도 가능한 증권이나 만기 보유 목적의 증권은 이를 취득원가에 포함시키도록 하고 있다.

이와 같이 구입에 대한 회계처리가 끝났다고 해보자. 그런데 자산을 보유한 기간 중에 자산의 가치가 변할 수 있다. 예컨대 위에서 말한 자산이 구입한 연도 말에 이르러 그 가치가 다음과 같이 변했다고 하자.

구분	구입가액	연말 평가가액	가치증가액
토지	120,000,000	150,000,000	30,000,000
유가증권	20,000,000	30,000,000	10,000,000

그런데 가치가 변동한 분을 재무제표에 어떻게 반영할 것인가가 상당히 중요해진다. 위의 결과는 기업의 순자산의 변동을 가져온 것에 해당한다. 따라서 정보이용자들에게 유용한 정보를 제공하는 것이 재무제표의 목적이기 때문에 이 부분을 재무제표에 반영하는 것이 타당하다. 그래서 K-IFRS에서는 이를 아래처럼 처리하도록 하고 있다.

● 우선 가치변동분에 대해 재무상태표 항목을 조정한다. 따라서 토지와 유가증권의 기말잔액은 다음과 같이 변한다.

기초	기말
토지 120,000,000	토지 150,000,000
유가증권 20,000,000	유가증권 30,000,000
계 140,000,00	계 180,000,000

● 다음으로 가치증가분을 당기손익항목으로 처리할지 자본항목으로 처리할지를 결정해야 한다. 여기서 문제는 평가이익을 당기손익항목으로 처리하면 이는 배당재원으로 사용할 수 있다는 것이다. 이렇게 되면 기업의 자원이 외부로 유출될 수 있어 기업가치가 하락할 수 있다. 이에 국제회계기준은 토지에 대한 재평가잉여금은 기타자본요소 (기타포괄손익누계액)로 보아 자본항목으로 분류하도록 하고 있다. 평가이익이 당기손익에 반영되어 배당되는 것을 방지하기 위해서다. 하지만 당기손익 인식 금융자산으로 분류된 주식(단기매매금융자산)에 대한 평가손익은 실현된 것으로 보아 당기손익으로 처리한다. 따라서 앞의 유가증권평가이익은 포괄손익계산서상 기타수익으로 처리되어 배당재원으로 삼을 수 있다.

공정가치평가와 목적 적합성 · 신뢰성

자산과 부채에 대해 공정가치를 평가하면 정보의 유용성이 증가한다. 따라서 투자자들이 더 나은 의사결정을 내릴 수 있다. 이러한 회계의 특성을 '목적 적합성'이라고 한다. 그런데 공정가치를 평가하는 과정에서 주관이 개입될 가능성이 높아 자칫 신뢰성을 훼손할 수 있다. 그 동안 우리나라는 목적 적합성보다는 신뢰성 관점에서 공정가치평가를 극히 제한적으로 인정해 왔다. 그러나 국제회계기준은 목적 적합성을 우선 시하므로 이에 대한 실무지식을 함양할 필요가 있으며, 동시에 신뢰성을 지킬 수 있는 자세가 필요하다.

공정가치평가가 필요한 항목들

국제회계기준 도입으로 공정가치평가가 자산과 부채의 모든 항목으로 확대되어 적용된다. 어떤 것들을 강제로 적용해야 하고, 또 어떤 것들을 임의로 적용해도 되는지 본문에서 하나씩 살펴보자.

International Financial Reporting Standards

 "공정가치평가를 중요하게 생각하는 이유를 아시겠죠?"

여전히 열정 가득한 눈빛으로 한강사가 말을 꺼냈다. 그리고 팀원들을 향해 한 가지 질문을 한다.

"앞에서 공정가치는 합리적인 판단력과 거래의사가 있는 독립된 당사자 사이의 거래에서 자산이 교환되거나 부채가 결제될 수 있는 금액이라고 했어요. 그렇다면 이러한 공정가치를 적용하거나 적용할 수 있는 대상에는 어떤 것이 있을까요? 사실 지금까지 이에 대한 내용들을 가끔씩 말씀드리기는 했는데 말입니다."

"솔직히 말해서 공정가치가 뭔지 이를 어떻게 측정하는지 잘 모르겠습니다. 또 어떤 항목을 대상으로 해야 하는지, 그리고 반드시 의무적으로 해야 하는지 아니면 임의적으로 할 수 있는지도 가늠이 잘 안 되네요."

김회계 대리였다.

"아, 오늘 새로 오신 박대리님은 어떠세요?"

"호호, 저야 뭐...네...저도 잘 모르죠."

박효주 대리가 한참을 헤맨다. 그때 석민혜가 뭐가 재미있는지 "까르르" 하고 큰 소리로 웃는다.

"좋습니다. 지금부터 김대리님이 제시한 궁금증을 하나씩 풀어보도록 하죠."

공정가치는 뭐고 어떻게 측정할까?

국제회계기준에서 제시한 공정가치란 '합리적인 판단력과 거래의사가 있는 독립된 당사자 간에 거래될 수 있는 교환가격'★을 말한다. 이러한 공정가치는 구체적인 금액으로 평가해야 하는데 시장거래가 활발히 일어나면 이를 구하는 일이 어렵지 않다. 그러나 세상에 하나밖에 존재하지 않는 자산이나 보이지 않는 무형자산 등을 측정하기란 결코 쉽지 않은 것이 현실이다. 따라서 이러한 가치측정 과정에서 왜곡이 발생하면 그 재무제표는 신뢰성을 잃을 가능성이 높다. 이 점이 상당히 골치 아프게 만든다. 그래서 K-IFRS는 토지와 건물에 대해서는 전문자격이 있는 평가인이 정한 감정가액을 공정가치로 삼도록 한다. 그리고 기계장치나 설비 등은 각 자산의 사용 정도를 반영한 감정에 의한 시장가격을 말한다. 그런데 여기서 감정 주체는 누구를 말하는 것인지 이에 대한 구체적 언급이 없어 관련 업계 간 다툼이 발생하고 있다. 감정 평가를 담당하게 되면 막대한 수수료를 얻을 수 있기 때문이다. 이런 민감한 문제에 대해서는 감독기관이 폭넓게 의견을 수렴하

여 국제회계기준 취지에 맞는 지침을 빨리 정해야 할 것으로 보인다.

공정가치를 적용하는 항목들

그나저나 앞의 공정가치는 해당 자산이나 부채가 시장에서 얼마나 평가받는지 이를 측정하여 재무제표에 반영하는 것을 의미하는 정도로 해석할 수 있다. 그렇다면 K-IFRS에서는 어떤 자산과 부채를 대상으로 공정가치 평가를 의무화하고 있을까? 주요 항목별로 자세히 살펴보자.

첫째, 금융자산과 금융부채는 원칙적으로 공정가치평가가 적용된다. 금융자산 중 유가증권은 단기매매금융자산(당기손익인식금융자산으로 불리기도 함), 매도가능금융자산, 만기보유금융자산으로 크게 구분할 수 있는데, 이 중 단기매매금융자산과 매도가능금융자산은 공정가치로 평가하도록 하고 있다(강제사항). 그리고 만기보유금융자산은 원가로 측정한다(강제사항). 한편 금융부채의 경우도 공정가치로 평가하는 것이 타당하다. 특히 퇴직급여부채의 경우 미래에 발생할 퇴직연금을 현재 시점을 기준으로 할인하여 퇴직급여로 계상한다. 이러한 공정가치평가로 인해 재무제표 정보의 유용성이 증가된다.

둘째, 유·무형자산의 경우 원가모형이나 재평가모형 중 하나를 회계정책으로 선택하여 평가할 수 있도록 하고 있다(임의사항). 원가모형은 취득가액을 기준으로, 재평가모형은 공정가치로 재평가한 금액을 장부가액으로 하는 방법을 말한다. 유·무형자산 중 무형자산을 공정가치로 평가하기란 쉽지가 않다. 무형자산을 객관적으로 가치가 얼마다라고 평가를 하려면 그에 대한 근거를 대야 하는데 이게 쉽겠는지 한 번 생각해보자. 물론 이것을 전문적으로 할 수 있는 툴(Tool)이 있다면 모르겠지만…. 하지만 유형자산은 시세 등이 존재하기 때문에 회사가 정책적으로 공정가치로 재평가할 수 있다.

셋째, 투자부동산의 경우 원가모형 또는 공정가치모형 중 하나를 선택하여 평가할 수 있도록 하고 있다(임의사항). 투자부동산은 대개 임대용 빌딩을 말하며 시세가 변동하므로 이러한 시세를 측정하여 이를 장부에 반영하도록 한다. 이렇게 하는 것이 투자자 등에게 유용한 정보가 제공되기 때문이다. 참고로 투자부동산에 대해 공정가치모형이 적용되는 경우 평가손익은 모두 당기손익에 반영된다. 앞의 유형자산은 자본항목으로 처리된다. 여기서는 두 자산의 평가차익에 대한 회계처리방법은 차이가 난다는 것 정도만 기억하자.

이외에도 재고자산의 경우 표준원가법의 평가결과가 실제 원가와 유사한 경우 표준원가측정방법을 사용할 수 있다. 종전 회계기준은 실제 원가만 인정했다. 또한 매각예정 비유동자산의 경우 종전 회계기준은 장부가액으로 측정하여 감액 여부를 판단했으나, 국제회계기준에서는 순공정가치와 장부금액 중 적은 금액으로 측정한다. 이러한 내용들도 모두 국제회계기준이 공정가치를 상당히 중요하게 보고 있다는 것을 말해준다.

TIPS
생생
회계

토지에 대한 공시지가도 공정가치로 볼 수 있을까?

물론이다. 기업은 재평가 시 전문 자격이 있는 평가인의 감정뿐 아니라 토지에 대한 개별공시지가 또는 건물이나 차량 등에 대한 지방세 시가표준액 등 정부의 각종 고시금액이나 시장의 객관적인 시세표 등이 공정가치와 대체로 유사하다고 판단되는 경우 이를 재평가액으로 사용할 수 있도록 한다. 다만, 어느 정도의 금액이 공정가치와 대체로 유사한지에 대해서는 재평가 대상 자산의 금액적 중요성 등 종합적인 상황을 고려하여 기업이 판단해야 한다.
참고로 정부가 발표한 자료를 사용하는 경우에는 평가에 따른 돈이 지출되지 않으므로 기업으로서는 한번 검토해볼 만하다.

공정가치평가와 재무영향

공정가치평가는 부채비율, 주가, 기업의 신뢰성 등에 긍정적인 영향을 미친다. 그러나 자기자본이익률의 하락, 감가상각비의 증가, 세무조정의 어려움, 감정평가에 소요되는 비용의 지출 등은 단점으로 지적된다.

International Financial Reporting Standards

 잠시 숨을 고르는 측면에서 공정가치평가제도가 우리 기업에 어떤 영향을 주는지 알아보자. 사실 지금까지 우리나라는 대부분의 항목에 대해 공정 가치를 적용하기 위한 노력을 해왔다. 예를 들어 상장주식의 경우에는 시세가 존재하기 때문에 기말에 평가를 하여 그 결과를 재무제표에 반영했다. 하지만 부동산의 경우에는 감정평가를 받기 전에는 이를 평가하는 것이 상당히 문제가 되었다. 자칫 악용의 소지도 있고 돈이 들어가기도 하고, 그리고 세금계산이 복잡하게 되었기 때문이다.

그런데 K-IFRS는 부동산도 적극적으로 평가하는 것이 기업의 가치를 제대로 파악할 수 있다고 한다. 그 결과 많은 기업들이 부동산에 대해 미리 재평가를 해왔다. 그렇다면 이런 공정가치평가가 기업에 어떤 영향을 주는지 구체적으로 정리해보자.

첫째, 재평가로 가치가 증가하면 부채비율이 축소될 수 있다. 예를 들어

부동산을 재평가했는데 아래와 같이 재평가잉여금이 발생했다고 하자.

● (차변) 자산 10억 원	● (대변) 재평가잉여금 10억 원

여기서 재평가잉여금 10억 원은 당기손익과 무관하며 자본항목의 하나인 기타포괄손익누계액으로 처리된다. 따라서 다음과 같은 식에서 보는 것처럼 자본항목이 늘어나므로 당연히 부채비율이 축소된다.

$$부채비율 = \frac{총부채}{자본(\uparrow)} \downarrow$$

둘째, 재평가 결과 주당 순자산 가치가 높아지고 PBR이 낮아져 기업의 가치가 증가될 수 있다. PBR은 주가를 1주당순자산으로 나눈 비율인데, 재평가로 1주당순자산가치가 높아지면 PBR이 낮아진다. 이렇게 PBR이 낮아진다는 것은 주가가 1주당순자산가치보다 낮게 형성되어 있다는 의미이므로 주식이 저평가되었음을 의미한다. 따라서 이러한 내용을 아는 투자자는 이 주식에 기꺼이 투자를 하여 차익을 얻으려고 한다.

$$PBR = \frac{주가}{1주당\ 순자산(\uparrow)} \downarrow$$

위의 내용을 좀더 쉽게 이해하기 위하여 예를 하나 들어 살펴보자.

어떤 기업의 주식이 주당 5,000원으로 20만 주를 발행했다. 그리고 재무상태표가 다음과 같을 때 주가가 적정하게 형성되었는지 알아보자.

자산		부채	10억 원
투자주식	10억 원		
투자부동산	5억 원	자본금	10억 원
기타자산	5억 원	기타자본	5억 원
자산 계	25억 원	부채와 자본 계	25억 원

먼저 1주당 순자산가치를 계산하면 다음과 같다. 아래에서 순자산 '15억 원'은 자산에서 부채를 차감한 자본을 뜻한다.

1주당 순자산가치=15억 원/20만주=7,500원

그런데 앞의 자산 중 투자주식과 투자부동산을 재평가하면 10억 원이 증가한다고 하자. 그렇게 되면 1주당 순자산가치는 다음처럼 올라간다.

1주당 순자산가치=25억 원/20만주=12,500원

따라서 현재의 주가가 12,500원보다 낮게 형성되어 있다면 향후 주가는 상승할 가능성이 있다. 재평가 전의 주가는 저평가되어 있다는 것을 암시한다.

셋째, 재평가는 상당히 고난위도의 회계상 거래다. 따라서 이 시스템을 도입한다면 그 기업에 대한 재무제표 및 공시내용에 대한 신뢰도가 높아질 가능성이 크다. 쉽게 말하면 알짜배기 회사가 이런 평가를 하므로 이런 평가를 한다는 것 자체에 의해 이익을 볼 수 있다는 것이다.

그런데 자산재평가는 위와 같은 좋은 점도 있지만 본질적으로 경영의 성과와 관련이 없어 재평가잉여금을 당기순이익으로 처리할 수 없다. 그

★ 자기자본이익률(ROE)
참고로 '자기자본이익율'은 순이익을 자기자본으로 나눈 비율이다.

결과 재평가가 이익의 변화와 관계없이 자본만 증가시키기 때문에 자기자본이익률(ROE)★이 하락할 수 있다. 이는 자기자본, 즉 주주들의 돈의 효율적으로 사용되지 못함을 의미한다. 이 지표는 보통 기업의 수익성을 평가하는 자료로 사용된다. 즉 자기자본이 순이익을 내는 데 얼마나 공헌했는가를 나타내며 20% 이상이면 양호하다고 판단한다.

★ 이연법인세 자산·부채
이연법인세는 기업회계와 세무회계의 차이로 인하여 발생한 일시적 차이를 조정하는 항목이다. 이 차이가 만약 미래에 발생하는 세금을 적게 내주는 효과가 있다면 이연법인세자산(비유동자산)으로, 세금을 더 내는 효과가 있다면 이연법인세부채(비유동부채)로 처리한다.

이외에 재평가로 인해 순이익이 감소할 수도 있다. 재평가로 인해 장부가액이 늘어 감가상각비가 늘어날 수도 있기 때문이다. 또한 재평가에 의해 기업회계와 세무회계 간의 차이가 발생하면 이에 대해서는 이연법인세 회계★를 적용해야 한다. 한편 재평가하는 과정에서 분식이 발생할 수도 있으며 세무신고 시 까다로운 세무조정 작업을 해야 하고 재평가 시스템을 유지하는 데 막대한 돈이 들 수도 있다. 실제 회계나 세무 분야에서 근무하는 실무자들은 부동산 재평가에 따른 세무조정으로 인해 두 손도 모자라 두발까지 들기도 한다.

궁극적으로 이러한 재평가 시스템은 궁극적으로 기업의 자금에도 큰 영향을 주기 때문에 도입 전 신중한 의사결정을 내릴 필요가 있다(효익−비용 관계 고려).

LESSON

04

원가 대 재평가, 그리고 공정가치모형의 비교

원가모형, 재평가모형, 공정가치평가모형 간 비교를 해보도록 하자. 사실, 너무나 많은 사람들이 이에 대한
구별을 못하는 실정이다. 그리고 공정가치모형이 금융자산과 투자부동산 등에 적용됨도 함께 살펴보겠다.

International Financial Reporting Standards

"앞에서 자산과 부채를 평가하는 모형은 크게 세 가지로 분류됨을 알았습
니다. 원가모형, 재평가모형, 공정가치모형이죠. 이 중 원가모형은 취득원
가를 기준으로 처리하므로 이를 이해하는 데 문제가 없으나 재평가모형과
공정가치모형은 어떤 차이가 있는지 궁금합니다."

김대리가 공정가치에 관한 공부를 하면서 생긴 궁금증을 한강사에게 물
었다.

"정말 좋은 질문입니다. 아마 다른 분들도 유사한 궁금증을 가지셨을
텐데요. 지금부터 이들 모형에 대해 본격적으로 공부를 시작해보죠."

"강사님, 어떻게 아셨어요? 저도 정말 궁금했거든요."

석민혜가 거들었다.

"민혜씨 이마에 써 있잖아요. 하하하!"

모두가 한바탕 웃고난 후 한강사의 열강이 계속 이어졌다.

지금부터는 공정가치모형을 공부하는 시간이다. 한강사의 말처럼 취득원 가모형은 여태까지 사용되었던 모형이므로 이를 이해하는 것은 문제가 없다. 다만, 재평가모형과 공정가치모형은 공정가치를 가지고 자산을 측정하는 것은 차이가 나지만, 회계처리 방법에서 다소 차이를 보인다. 둘을 구분 해보자. 실무적으로 보면 이를 구별하지 못하는 사람들이 너무나 많다.

원가모형은 취득원가를 고수하는 모형이다

원가모형은 다음과 같이 최초 취득가액을 인식 후에 원가 에서 감가상각누계액과 손상차손누계액★을 차감한 금액을 장부금액으로 하는 방식이다. 즉 처음 취득한 가격을 절대 적으로 고수하는 모형이다.

원가모형 : 취득원가 – 감가상각누계액 – 손상차손누계액

K–IFRS에서는 유·무형자산과 투자부동산에서 이 모형을 적용할 수 있도록 하고 있다. 따라서 '회계가 밥먹여 주나'라고 생각한 기업은 다른 모형은 쳐다볼 필요 없이 이 모형만 사용해도 문제가 없다.

유·무형자산에 대해서는 재평가모형이 적용된다

재평가모형은 재평가일의 유형자산과 무형자산의 공정가치에서 이전의 감가상각누계액과 손상차손누계액을 차감한 재평가금액을 장부금액으로

하는 방법이다. 이를 요약하면 이렇다.

앞의 원가모형의 취득원가가 재평가모형에서는 공정가치로 바뀌었다. 이렇게 공정가치로 바뀌면 되면 평가차손익이 발생한다. 이에 K-IFRS에서는 재평가모형에 의해 발생하는 평가차익은 원칙적으로 기타포괄손익 (재평가잉여금)에 해당한다. 그리고 평가차손은 당기손실(재평가손실)에 해당한다고 하고 있다. 평가이익은 자본으로, 평가손실은 당기손실로 하는 것은 재무제표를 견고히 하는 관점(보수주의)에서 이해할 수 있다. 참고로 재평가는 보고 기간 말에 자산의 장부금액이 공정가치와 중요하게 차이가 나지 않도록 주기적으로 수행해야 한다. 또한 원가모형을 선택한 경우 공정가치모형으로의 전환이 가능한 반면, 공정가치모형을 선택한 경우 원가모형으로의 전환이 불가능하다. 여기에서는 이런 내용이 있다는 것 정도로만 확인하고 넘어가겠다.

공정가치모형은 금융자산과 투자부동산 등에 적용된다

공정가치모형은 보고 기간 말(통상 12월 31일)에 특정한 자산을 공정가치로 평가하여 평가손익을 재무제표에 반영하는 방법이다. 앞의 재평가 모형은 공정가치 모형처럼 기말에 평가하는 것은 아니라 장부가액과 공정가치의 차이가 의미가 있을 때 마다 수행되는 것이 일반적이다. 공정가치모형은 금융자산과 투자부동산 등에 적용된다. 금융자산 중 단기매매금융자산과 매도가능금융자산은 공정가치로 평가해야 하지만, 투자부동산은 앞의 원가모형과 다음의 공정가치 모형 중 하나를 선택하여 평가할 수 있다.

공정가치모형 : 보고 기간 말 공정가치로 평가

금융자산 중 단기매매금융자산과 투자부동산이 공정가치로 평가되는 경우 그 변동으로 발생한 손익은 발생한 기간의 당기손익에 반영한다. 유형자산을 재평가하는 경우 손실은 당기에 반영하나 이익은 자본으로 반영하는 것과 다소 차이가 난다. 이외 매도가능금융자산에서 발생하는 평가손익은 자본항목인 기타포괄손익으로 처리한다.

위의 내용 중 다소 생소한 부분은 역시 투자부동산에 대한 내용일 것이다. 투자부동산에 대한 평가손익을 모두 당기에 반영하기 때문이다. 사옥의 일부를 임대하고 있는 기업들이 잘 알아둬야 한다.

TIPS
생생
회계

원가모형, 재평가모형과 공정가치모형의 비교

원가모형, 재평가모형, 공정가치모형을 비교하면 다음과 같다. 이 중 평가손익을 어떻게 처리하는지에 관심을 갖기 바란다.

구분	대상	감가상각	자산손상	평가손익처리
원가모형	유형·무형·금융·투자자산	○ (단, 금융자산은 제외)	○	–
재평가모형	유형·무형자산	○	○	• 평가익 : 자본 • 평가손실 : 당기손익
공정가치모형	금융자산, 투자자산	×	○ (공정가치평가 시 투자부동산은 제외)	• 평가익 : 당기손익 또는 자본 • 평가손 : 당기손익 또는 자본

* 매각 예정 비유동자산은 자산손상에 관한 회계처리가 적용되지 않음(기준서 제1036호)

원가모형 회계처리 사례

원가모형은 취득원가를 고수하는 모형이다. 사업연도 중에 자산가치가 증가하더라도 이를 재무제표에 반영하지 않는다. 그러나 손상차손액은 재무제표에 반영해야 한다. 이런 내용들을 중점적으로 살펴보자.

International Financial Reporting Standards

"여러분 표정을 보아하니 평가모형에 대한 개념이 아직 정립되지 않은 듯 보이네요. 새로운 내용이라 낯설어 그럴 거라 생각은 듭니다만….."

한강사가 조금은 근심 어린 얼굴로 팀원들을 바라보며 말을 했다.

"강사님, 이렇게 해보면 어떨까요?"

"박효주 대리님, 좋은 제안이 있나 보죠?"

"그런 건 아니지만…. 일단 앞에서 살펴본 세 가지 모형에 대한 사례를 하나씩 들어 설명하시면 어떨까요? 그렇게 하면 차이를 좀더 잘 이해할 수 있을 것 같아요."

"저도 그렇게 생각합니다."

석민혜가 단호한 말투로 끼어들었다. 여기서 밀리면 안 된다는 각오를 하면서 말이다.

"아, 좋은 아이디어입니다. 두 분의 의견대로 한번 해보도록 하겠습니다."

한강사는 세 가지 모형에 대한 사례들을 하나씩 살펴보기로 했다. 먼저 원가모형에 대한 자료를 제시했다.

원가모형 회계처리 예시

(주)정상의 자산취득에 대한 자료는 다음과 같다.

- A : 20△1년 초 1,000,000원을 주고 기계장치를 구입하였다. 이 기계장치의 내용연수는 4년, 잔존가치는 200,000원으로 추정되었다.
- B : 20△1년 초 임대용 건물을 10,000,000원(토지가액 제외)에 구입하였다. 이 건물의 내용연수는 20년이며, 잔존가치는 없는 것으로 추정되었다.

위의 자료를 바탕으로 원가모형에 의한 회계처리를 해보면 아래처럼 나타낼 수 있다.

① A자산(기계장치-유형자산)

- 20△1년 초 구입 시 회계처리
  (차변) 기계장치 1,000,000   (대변) 현금 1,000,000
- 20△1년 말 감가상각비 회계처리
  (차변) 감가상각비 200,000   (대변) 감가상각누계액 200,000
  * 감가상각비=(1,000,000−200,000)÷4년

이렇게 원가모형을 채택한 결과 A자산의 20△1년 말 재무제표는 다음

과 같다.

- **재무상태표**
  유형자산(A) 1,000,000
  <u>감가상각누계액 (200,000) 800,000</u>
- **포괄손익계산서**
  감가상각비 200,000

② B자산(임대용 건물–투자부동산)

- **20△1년 초 구입 시 회계처리**
  (차변) 투자부동산 10,000,000   (대변) 현금 10,000,000
- **20△1년 말 감가상각비 회계처리**
  (차변) 감가상각비 500,000   (대변) 감가상각누계액 500,000
  * 감가상각비 = (10,000,000−0) ÷ 20년

이렇게 원가모형을 채택한 결과 B자산의 20△1년 말 재무제표는 다음과 같다.

- **재무상태표**
  유형자산(A) 10,000,000
  <u>감가상각누계액 (500,000) 9,500,000</u>
- **포괄손익계산서**
  감가상각비 500,000

원가모형은 이처럼 당초 취득한 가액을 기준으로 회계처리를 하는 방법이다. 따라서 보유하고 있는 기간 중 가치변동분을 원칙적으로 반영하지 않는다. 다만, 원가모형을 채택하는 경우라도 자산의 진부화 및 시장가치의 급격한 하락 등으로 자산의 회수가능액이 장부금액에 크게 미달한다면 장부금액을 회수가능액으로 조정하고 그 차액을 손상차손으로 처리해야 한다. 이는 보수주의 관점하에서 장부가액을 조정하는 것이다. 그리고 여기서 손상차손은 즉시 당기손익으로 인식한다. 예를 들어 앞서 예로 든 A

자산의 20△1년 말 회수가능액이 700,000원이라고 하면 아래처럼 손상차손이 발생한다.

- (차변) 기계장치손상차손 100,000
- (대변) 손상차손누계액 100,000
* 손상차손 = 장부가액(취득가액 − 감가상각누계액) − 회수가능액
  = (1,000,000 − 200,000) − 700,000 = 100,000

이를 재무상태표와 포괄손익계산서로 나타내면 다음과 같다.

- **재무상태표**
  유형자산(A) 1,000,000
  감가상각누계액 (200,000)
  손상차손누계액 (100,000) 700,000

- **포괄손익계산서**
  감가상각비 200,000
  손상차손   100,000

손상차손을 인식한 후 회수가능액을 회복하는 경우에는 일정한 방법으로 환입해야 한다. 내용이 다소 복잡할 수 있으니 별도로 살펴보고자 한다.

재평가모형 회계처리 사례

재평가모형은 공정가치제도의 핵심이라고 부를 만하다. 이에 대한 이해를 돕기 위해 회계처리 사례를 하나 제시한다. 본문에서 소개하는 사례를 통해 재평가모형에 대한 개념을 잡기 바란다.

International Financial Reporting Standards

"원가모형은 말씀대로 이해하기가 쉬운 거 같습니다. 제발 재평가모형이나 공정가치모형도 이 정도 수준이라면 좋을 텐데요!"

김회계 대리가 말을 했다.

"하하하! 저도 김대리님의 바람대로 되었으면 좋겠다고 생각합니다. 자, 과연 그렇게 될는지 한번 살펴보도록 하죠!"

한강사가 위트 넘치는 말로 응수한다.

재평가모형은 공정가치제도의 핵심이다. 그러니 상장기업에 몸담고 있든 아니든 임원이든 아니든 회계실무자이든 아니든 모든 사람들이 반드시 알고 있어야 할 주제다. 자, 공부할 준비가 되었다면 이제 본격적으로 시작해보자.

재평가모형은 재평가일 현재 시점에 공정가치로 장부가액을 정하는 방법이다. 이모형은 유형자산과 무형자산에 적용되며 이들 자산은 주로 영업활동에 사용되므로 재평가 전에 감가상각비를 계상한다는 점이 특징이다. 한편 재평가와 관련된 회계처리방식은 원가모형보다 조금 더 복잡하다. K-IFRS에 의한 회계처리방식을 요약하면 다음과 같다.

재평가와 회계처리

① **재평가 증가 시 : 기타포괄손익**

(차변) 유형자산 ×××   (대변) 재평가잉여금 ×××
                                (기타포괄손익)

그런데 만약 동일한 유형자산에 대해 이전에 당기손익으로 인식한 재평가감소액이 있다면 그 금액을 한도로 재평가증가액만큼 당기손익으로 인식함에 유의해야 한다.

(차변) 유형자산 ×××   (대변) 재평가잉여금 ×××
                                (기타포괄손익)
                                재평가이익 ×××
                                (기타수익)

② **재평가 감소 시 : 당기손실**

(차변) 재평가손실 ×××   (대변) 유형자산 ×××
       (당기손실)

그런데 만약 유형자산의 재평가로 인해 인식한 재평가잉여금(기타포괄손익)의 잔액이 있다면 그 금액을 한도로 재평가감소액을 재평가잉여금(기타포괄손익)에서 차감함에 유의한다.

(차변) 재평가잉여금 ×××   (대변) 유형자산 ×××
       (기타포괄손익)
       재평가손실 ×××
       (당기손실)

③ **처분 시 : 공정가치평가 후 처분손익계상**

일단 처분 시에는 처분 시점의 공정가치와 장부가액을 비교하여 그 차액을 당기손익에 반영한다. 만일 위의 공정가치와 장부가액이 동일하다면 다음과 같이 회계처리한다.

(차변) 현금 ×××   (대변) 유형자산 ×××

참고로 자본항목에 남아 있는 재평가잉여금은 다음과 같이 이익잉여금으로 대체할 수 있다. 이 부분이 K-GAAP와 차이가 있는 내용이다.

(차변) 재평가잉여금 ×××   (대변) 이익잉여금 ×××

이러한 회계처리 내용은 쉽게 접근을 하기가 힘든 것이 사실이다. 그래서 부득이 사례를 통해 위의 내용을 이해하는 편이 좋을 것 같다.

재평가모형 회계처리 예시

위너스그룹이 보유한 유형자산의 정보는 다음과 같다. 이 기업은 유형자산에 대해서 재평가모형을 채택하고 있다.

- 20△1 초 당초 취득금액 1억 원
- 20△1 말 평가액 1억 2,000만 원
- 20△2 말 평가액 8,000만 원
- 20△1 말 감가상각비 2,000만 원
- 20△2 말 감가상각비 3,000만 원
- 20△3 초 처분가액 9,000만 원

위자료를 바탕으로 재평가모형에 의한 회계처리를 하면 아래와 같다. 단, 이연법인세는 무시한다.

① 20△1 초 : 취득금액 1억 원

- (차변) 자산 100,000,000
- (대변) 현금 100,000,000

② 20△1년 말 : 평가액 1억 2,000만 원

- **감가상각비 계상**
  (차변) 감가상각비 20,000,000*   (대변) 감가상각누계액 20,000
  *자료상 가정

20△1년 말의 경우 감가상각을 적용한 후의 공정가치는 1억 2,000만 원이고 그 당시 장부가액은 8,000만 원(=1억 원-2,000만 원)이므로 4,000만 원의 재평가차익이 발생했다. 따라서 다음처럼 회계처리한다. 참고로 재평가일 시점의 감가상각누계액은 제거하여 순장부가액을 재평가금액으로 한다.

- (차변) 유형자산 20,000,000
  감가상각누계액 20,000,000
- (대변) 재평가잉여금 40,000,000
  (기타포괄손익)

위 ②의 회계처리를 재무상태표와 포괄손익계산서에 반영하면 이렇다.

재무상태표		포괄손익계산서	
자산 유형자산 120,000,000	부채	비용 감가상각비 20,000,000	수익
	자본 재평가잉여금 40,000,000	이익 −20,000,000	

* 기타포괄손익 40,000,000 구분표시

③ 20△2년 말 : 평가액 8,000만 원

- **감가상각비 계상**
  (차변) 감가상각비 30,000,000*   (대변) 감가상각누계액 30,000,000
  * 자료상 가정
- **재평가에 대한 회계처리**
  (차변) 감가상각누계액 30,000,000   (대변) 유형자산 40,000,000
  재평가잉여금 10,000,000

20△2년 말 장부가액은 1억 2,000만 원에서 감가상각누계액 3,000만 원을 차감한 9,000만 원이다. 그런데 20△2년 말의 공정가치가 8,000만 원 이므로 차액 1,000만 원만큼 공정가치가 하락했다. 따라서 이 평가손실 1,000만 원을 당기의 비용으로 처리한다. 하지만 해당자산에서 발생한 기타포괄손익(재평가잉여금)이 있는 경우에는 이를 먼저 사용하므로 위와 같이 회계처리한다. 그 결과 공정가치 하락에 의해 손실이 발생하지 않는다. 위 결과를 반영한 20△2년 말의 재무제표는 다음과 같이 나타낼 수 있다.

재무상태표		포괄손익계산서	
자산	부채	비용	수익
유형자산	자본	이익	
80,000,000	재평가잉여금		
	30,000,000	* 기타포괄손익 30,000,000 구분표시	

④ 20△3년 초 : 처분가액 9,000만 원

이제 재평가한 자산을 처분할 때의 회계처리 내용을 살펴보자. 자산을 처분하면 처분가액과 장부가액 차이만큼 처분손익이 발생한다. 20△2년 말의 장부상의 금액은 8,000만 원이고 9,000만 원에 처분하므로 다음과 같이 1,000만 원의 처분이익이 발생한다.

- (차변) 현금 90,000,000
- (대변) 유형자산 80,000,000
  유형자산처분이익 10,000,000

그런데 여기서 한 가지 의문이 생긴다. '이 처분자산과 관련된 재평가잉여금이 3,000만 원은 다음과 같이 회계처리해야 하지 않을까?'하는 궁금함이다.

- (차변) 현금 90,000,000
  재평가잉여금 30,000,000
- (대변) 유형자산 80,000,000
  유형자산처분이익 40,000,000

즉 해당 자산이 처분이 되었으므로 이 자산과 관련된 재평가잉여금을 처분 시 반영하여 처분손익에 반영해야 하지 않는가 하는 것이다.

이러한 회계처리 방식은 지금까지 국내기준들이 채택했던 방식과 일치한다. 하지만 K-IFRS에서는 처분 시 남아 있는 재평가잉여금은 처분 시 반영을 하지 않고 이익잉여금으로 대체하는 것으로 얘기하고 있다. 재평가잉여금이 처분손익에 반영되어 당기손익을 왜곡(조작 가능성)하는 것을 방지하기 위해서란다. 하지만 이 부분은 실무적으로 논란이 많아 이에 대한 검토가 더 진행될 것으로 보인다. 이에 대한 자세한 내용은 한국회계기준원 등의 홈페이지를 통해 확인하기 바란다.

공정가치평가모형 회계처리 사례

공정가치평가의 이해를 돕기 위해 회계처리 사례를 하나 제시한다. 본문에서 소개하는 사례를 통해 공정가치평가에 대한 개념을 잡기 바란다.

International Financial Reporting Standards

 "재평가모형이 참 재미있다는 생각이 듭니다."

김회계 대리가 자신 있는 목소리로 말을 했다.

"앞으로 많은 공부가 필요할 겁니다. 재평가모형이 재무제표에 미치는 영향이 매우 크기 때문이죠. 이번에 공부한 재평가모형에 대한 회계처리는 돌아가셔서 꼭 복습하시기 바랍니다."

"넷!"

석민혜가 큰 소리로 답변을 하자 금방 교육장 분위기가 웃음소리로 변한다.

"석민혜씨의 실력이 일취월장하는 것 같아 매우 기쁩니다. 조만간 회식 때 특별 안주를 주문해드릴게요. 하하하!"

한강사가 분위기 반전을 시키려고 우스갯소리를 했다.

이어 한강사는 주로 투자부동산에 대한 공정가치모형을 소개하기 시작

했다. 금융자산 등에 대해 적용되는 공정가치모형은 별도로 알아보기로
했다.

투자부동산에 대한 공정가치 모형은 내용이 아주 단순하다. 공정가치평가
로 발생되는 평가손익은 당기손익에 반영된다.

공정가치모형 회계처리 예시

좋은기업에서 보유한 투자용 건물과 토지가 있다. 이 기업은 투자부동산
인 건물과 토지에 대해 공정가치모형으로 평가한다.

구분	취득가액 취득일 : 20△1년 초	공정가치 보고기간 말	
		20△1년 말	20△2년 말
A(건물)	20억 원	25억 원	18억 원
B(토지)	200억 원	150억 원	210억 원

① A(건물)

보고 기간 말에 공정가치가 변동했다면 회계처리를 어떻게 해야 좋을지
살펴보자. 참고로 투자부동산에 대해 공정가치모형을 채택한다면 감가상
각비를 계상할 필요가 없으며 관련 평가손익은 당기손익에 반영된다.

● 20△1년 말 : 공정가치가 20억 원에서 25억 원으로 5억 원 증가한 경우
　(차변) 건물 500,000,000　　　　　　(대변) 재평가이익 500,000,000
　　　　　　　　　　　　　　　　　　　　　　(당기손익)

재무상태표		포괄손익계산서	
자산 투자부동산(건물) 25억 원	부채	비용 이익 +5억 원	수익 기타수익 5억 원
	자본		

- **20△2년 말 : 공정가치가 25억 원에서 18억 원으로 7억 원 감소한 경우**

  (차변) 재평가손실 700,000,000   (대변) 투자부동산 (건물) 700,000,000

  (당기손익)

재무상태표		포괄손익계산서	
자산 투자건물 18억 원	부채	비용 평가손실 7억 원 이익 −7억 원	수익
	자본		

② B(토지)

토지의 경우도 평가손익을 위와 같이 당기손익으로 처리한다. 구체적인 회계처리는 생략한다.

참고로 투자부동산은 취득원가를 고수하는 원가모형을 채택할 수 있다. 이 때에는 다음과 같은 점에 주의할 필요가 있다.

- 감가상각대상자산은 유형자산과 마찬가지로 감가상각해야 한다. 원가모형은 취득원가를 고수하므로 감가상각비를 차감해야 재무상태가 공정가치에 근접해지기 때문이다.
- 투자부동산의 공정가치는 주석으로 공시해야 한다. 따라서 기업이 투자부동산에 대해 원가모형을 채택하는 경우라도 주석을 보면 공정가치에 대한 정보를 알 수 있다(실무적으로 투자부동산이 있는 경우 공정가치 평가 업무량이 증가할 것으로 예상된다).

공정가치평가와 관련된 몇 가지 쟁점들

공정가치평가는 기업의 재무제표 내용을 바꾸고, 세금에 영향을 준다. 그러나 배당에는 영향을 주지 않는다. 이러한 내용과 아울러 재평가와 관련된 여러 가지 내용들을 Q&A를 통해 알아보자.

International Financial Reporting Standards

 "공정가치평가가 재무제표 작성에 깊숙이 개입되는 것 같아 앞으로 이 부분이 핵심이 될 것 같습니다. 그렇죠. 강사님?"

한강사의 강의를 묵묵히 듣고만 있던 신고수 팀장이 한마디 거들었다.

"물론입니다. 공정가치로 자산과 부채를 평가하면 그만큼 기업의 실체를 좀더 잘 파악할 수 있을 겁니다. 그러나 공정가치평가는 앞에서 지적했듯이 분식회계의 수단으로 사용될 수도 있어요. 바로 이런 점을 경계해야 겠지요."

"네, 그렇군요. 잘 알겠습니다. 지금까지 공정가치에 대해 배웠는데, 이제부터는 어떤 내용들을 공부할 계획인가요?"

신팀장이 계속 질문을 던지고 있다.

"다음 시간부터는 재무상태표와 포괄손익계산서의 각 계정과목에 대해 세부적으로 공부할 예정입니다. 계정과목별로 어떤 내용이 바뀌었는지를

알아야 실무에 적용할 수 있고 또 법인세나 재무제표 분석도 할 수 있을 겁니다."

"좋습니다. 이제 약속한 대로 회식하러 갑시다. 오늘 사장님한테 특별 보너스를 두둑하게 받았습니다. 국제은행의 인재들이 국제회계를 공부하는데, 가만히 있을 수 없다고 금일봉을 하사하셨습니다."

한강사는 신팀장의 얘기를 끝으로 오늘의 수업을 마무리 지으려 했다. 바로 그 순간 김대리가 손을 번쩍 들었다.

"강사님, 공정가치제도 도입으로 세금 등에도 많은 영향을 미칠 것 같은데 공부가 미진했던 것들을 중심으로 한번 깔끔하게 정리해주셨으면 합니다."

그러자 여기저기서 '우우' 하는 소리가 들린다. 하지만 한강사는 김대리의 청을 뿌리칠 수 없어 급한 불을 끈다는 심정으로 몇 가지 정도만 설명하기 시작했다.

첫째, 재무제표의 내용이 바뀐다.

공정가치로 자산과 부채를 평가하는 것은 손익계산서 중심에서 재무상태표 중심 회계로의 이동을 의미한다. 그만큼 자산과 부채가 중요해졌다는 얘기다. 그 결과 평가범위가 확대되고 그에 따라 재무수치가 변동되어 기업의 주요 재무요소인 이익과 자기자본에 영향을 미칠 가능성이 높아졌다. 다만, 공정가치평가는 임의적으로 선택할 수 있으므로 기업 간이나 시계열 비교 시에는 이러한 점을 충분히 고려할 필요가 있다.

둘째, 평가차익에 대한 배당 여부를 살펴보자.

공정가치제도의 도입에 따라 발생하는 평가차익에 대해서는 이를 당기손익으로 처리하느냐 또는 자본항목으로 처리하느냐에 따라 배당 여부가 달라진다. 당기손익으로 처리하면 배당할 수 있으나 자본항목으로 처리되면 배당할 수 없다. 투자부동산에서 발생한 평가이익이나 단기매매금융자산에서 발생하는 평가이익은 당기손익으로 처리되며, 유·무형자산에서 발생하는 평가차익은 자본항목(기타포괄손익)으로 처리된다.

셋째, 평가손익과 세금과의 관계는 아래와 같다.

공정가치제도의 도입에 가장 큰 걸림돌은 세금문제다. 평가손익을 과세상의 소득으로 보면 이에 대해서도 세금을 부과하므로 재평가차익 발생하는 기업으로서는 미실현이익에 과도한 세금유출이 발생하여 기업 가치가 하락할 수도 있다. 이에 대한 현행 세법의 입장을 회계기준 등과 비교하면 다음과 같다.

K-GAAP	Local GAAP	K-IFRS	현행 세법	개정 방향
역사적 원가 평가 중심	공정가치평가 확대 *투자자산, 단기금융자산 등	좌 동	평가 손익을 원칙적으로 불인정	현행 유지

기업의 세금을 다루는 법인세법은 과세의 공평성을 위해 평가손익을 원칙적으로 허용하지 않는다. 공정가치평가를 하는 기업과 그렇지 않은 기업 간의 공평성 문제가 발생할 수 있으며, 평가 과정에서 왜곡이 발생할 가능성이 높기 때문이다. 따라서 기업이 공정가치제도를 도입한 경우라면 부득이 세무조정을 통해 회계이익과 과세소득을 일치시켜야 한다. 세무조정은 기업회계상의 당기순이익을 세법상 과세소득으로 바꾸는 작업을 말한다. 세무조정 등을 포함한 세법 관련 내용은 부록에서 다루고 있다.

재평가와 관련된 Q&A

재평가와 관련하여 알아두면 유용할 내용들을 문답 형식으로 정리했다.

Q. 재평가모형은 반드시 채택해야 하나요?

A. 그렇지 않다. 유형자산의 후속측정과 관련하여 기업은 각자의 선택에 따라 원가모형으로 회계처리를 할 수도 있고, 재평가모형을 적용하여 회계처리할 수도 있다.

Q. 모든 유형자산에 대해 재평가모형을 적용해야 하나요?

A. 모든 유형자산에 대해 재평가모형을 적용할 수도 있고 그렇지 않을 수도 있다. 따라서 기업의 상황에 따라 토지·건물·기계장치 등 몇 가지 분류로 나누어 그 중 특정 분류에 대해서만 재평가모형을 적용할 수도 있다. 가령 토지와 건물에 대해서는 재평가모형을 적용하고 기계장치나 비품에 대해서는 원가모형을 적용할 수 있다. 다만, 기업이 특정 분류의 유형자산에 대해 재평가모형을 적용한 경우 그 분류 내에 있는 모든 유형자산을 재평가해야 한다. 예를 들어 성격과 용도가 유사한 토지 10필지를 보유한 기업이 공정가치가 증가한 1필지만 재평가하고 공정가치가 감소한 나머지 9필지는 재평가하지 않는 방법은 인정되지 않는다.

Q. 재평가는 반드시 결산일에 수행해야 하나요?

A. 재평가모형을 선택한 기업이 자산의 공정가치와 장부금액 사이에 유의적인(의미 있는) 차이가 발생하여 재평가를 수행해야 한다면 반드시 결산일 현재에 재평가를 수행해야 하는 건 아니다.

Q. 정부고시금액 등도 활용할 수 있나요?

A. 그렇다. 하지만 그러한 재평가 결과가 결산일 현재의 공정가치와 유의적으로 다르다면 재평가일과 결산일 사이에 발생한 시장상황의 변화 등을 고려하여 재평가 결과에 공정가치가 반영되도록 조정해야 한다.

Q. 그렇다면 유형자산에 대한 재평가는 매년 실시해야 하나요?

A. 재평가의 빈도는 재평가되는 유형자산의 공정가치 변동에 따라 달라진다. 재평가된 자산의 공정가치가 장부금액과 중요하게 차이가 난다면 추가적인 재평가가 필요하다. 유의적이고 급격한 공정가치의 변동 때문에 매년 재평가가 필요한 유형자산이 있는 반면, 공정가치의 변동이 경미하여 빈번한 재평가가 필요하지 않은 유형자산도 있다. 즉 3년이나 5년마다 재평가하는 것으로 충분한 유형자산도 있게 마련이다.

Q. 재평가모형을 선택한 경우 공정가치가 하락하면 이를 장부에 반영해야 하나요?

A. 그렇다. 과거 자산재평가법에 의한 재평가제도에서는 공정가치가 증가된 경우만 재평가에 해당되었지만, K-IFRS 재평가모형은 공정가치가 증가했거나 감소했을 때 모두가 재평가에 해당된다.

Q. 기업이 기존 국내회계기준에서 2008년 말 개정된 유형자산의 재평가모형을 적용하고 있습니다. IFRS 도입 시 원가모형으로 변경할 수 있나요?

A. 변경할 수 있다. K-GAAP에 따른 유형자산의 회계정책과 무관하게 IFRS 도입 시 유형자산에 대해 분류별로 원가모형이나 재평가모형을 적용하는 것을 다시 선택할 수 있다. 전환일 이전 과거회계기준(K-GAAP)에 따른 유형자산의 재평가액이 재평가일의 공정가치와 유사한 경우 동 가액을 전환일의 간주원가로 사용하고, 그 이후 원가모형을 채택할 수 있다.

자산손상 회계에 대하여

자산을 보유한 기간 중에는 자산손상이 발생할 수 있다. 자산손상은 자산의 장부금액이 회수가능액을 초과하는 장부가액의 차액을 말한다. 이러한 자산손상은 기업의 재무제표에 심각한 영향을 줄 수 있다. 따라서 K-IFRS에서는 이에 대해 비교적 소상한 정보를 제공하기를 요구한다. 참고로 손상은 자산의 가치가 하락하는 현상을 말하며, 감가상각비는 자산가치의 하락이 아닌 원가배분 과정을 말한다. 이하에서 자산손상회계에 대해 알아보겠다. 참고로 말하자면 이와 관련된 회계 처리는 난이도가 높은 쪽에 속한다. 실무자가 아니면 내용을 건너뛰어도 상관 없다.

자산손상평가 대상과 시기

자산손상평가가 필요한 자산은 다음과 같이 상각자산과 비상각자산이다. 상각자산은 감가상각을 해야 하는 자산으로서 이에는 대표적으로 유형자산이 있다. 그리고 비상각자산은 감가상각을 할 수 없는 자산으로서 대표적으로 영업권이 있다(영업권은 K-IFRS에 따라 감가상각자산에서 비상각자산으로 바뀌었음에 주의하기 바람). 아래의 표를 보면 상각자산의 경우에는 자산손상의 징후가 있을 경우에만 손상평가를 하며, 비상각자산은 매년 손상평가를 의무적으로 수행한다.

구분	종류	손상평가 시기
상각자산	유형자산, 상각하는 무형자산(내용연수가 있는 무형자산)	자산손상의 징후가 있을 경우에만 손상평가
비상각자산	영업권, 상각하지 않는 무형자산 (내용연수가 비한정인 무형자산) 등	자산손상의 징후와 관계없이 매년 손상평가를 수행해야 함(의무).

* 재고자산, 이연법인세자산, 공정가치로 측정되는 투자부동산, 매각예정 비유동부동산 등은 손상평가에서 제외됨(기준서 제1036호. 이들에 대해서는 별도의 평가방법이 마련되어 있거나 손상평가의 실익이 없기 때문)

자산손상의 징후

일반적으로 기업들은 매년 보고 기간 말마다 자산손상을 시사하는 징후가 있는지의 여부를 검토해야 한다. 자산손상의 징후로는 다음과 같은 것들이 있다.

외부정보	내부정보
① 시장가치의 하락	⑤ 진부화 또는 손상
② 기술, 경제, 법률적 환경요인의 변화	⑥ 사업중단, 처분, 구조조정계획
③ 이자율의 상승, 요구수익률의 증가	⑦ 예상되는 향후 성과의 하락 등
④ 회사의 순자산장부가액이 시가총액을 초과하는 경우	

만약 이러한 징후가 있다면 당해 자산의 회수가능액을 추정해야 한다. 그리고 사용을 중지하고 처분대상인 자산은 사용을 중지한 시점부터 감가상각을 중지하고 그 상태로 둔다.

자산손상의 측정

자산손상은 장부가액에서 회수가능액을 차감하여 계산한다. 여기서 회수가능액은 사용가치와 순공정가치 중 큰 금액을 말한다. 이러한 내용을 식으로 표현하면 아래와 같다.

> · 손상차손액=장부가액−회수가능액
> * 회수가능액=Max[사용가치, 순공정가치]

실무적으로 사용가치는 자산의 매각액에서 처분부대원가를 차감하여 계산하고 순공정가치는 미래현금흐름을 현재 시점에서 할인한 가치로 따진다. 회수가능액은 상당히 주관적인 요소가 많이 개입될 수 있어 회계전문가와 상의하는 편이 좋을 것이다. 참고로 사용가치나 순공정가치 중 하나 이상이 장부가액을 상회하면 손상차손이 발생하지 않는다는 점도 함께 알아두도록 하자. 둘 중 큰 금액이 회수가능액이 되기 때문이다.

손상차손익의 인식과 측정

자산의 회수가능액이 장부금액에 미달되면 장부금액을 회수가능액으로 감소시키며, 감소액은 손상차손으로 반영한다. 그리고 이 금액은 당기손익으로 처리한다. 이는 자산과 이익의 과대계상을 방지하는 보수주의 회계처리와 관련이 있다.

- (차변) 손상차손 ×××
  (기타비용)
- (대변) 손상차손누계액 ×××

이를 재무제표로 나타내면 다음과 같다.

재무상태표		포괄손익계산서	

자산
（손상차손누계액
×××）
	부채	비용
		  손상차손 ×××
		이익
		  −손상차손 ×××
			수익

	자본		

한편, 유형자산에 대해 재평가모형을 적용하는 경우에는 당해 자산에서 발생한 재평가잉여금을 먼저 감소시키고 부족한 금액은 손상차손으로 인식한다. 앞의 내용과 다소 다른 점에 유의하기 바란다.

- (차변) 재평가잉여금 ×××
  (기타포괄손익누계액)
  손상차손　　×××
  (기타비용)
- (대변) 손상차손누계액 ×××

이외에 손상차손을 인식한 경우로서 감가상각비를 어떤 방식으로 계상하는지 궁금할 수 있다. 이에 대해 국제회계기준은 손상차손을 인식한 후에 감가상각비를 조정하도록 하고 있다. 예를 들어 손상차손을 인식한 후 자산의 장부가액이 1억 원이고 잔존가치가 없으며 잔여 내용연수가 20년이라면 다음과 같이 감가상각비를 계상한다. 단, 정액법을 사용한다.

- (차변) 감가상각비 5,000,000*
  * (1억 원−0원)/20년 = 500만 원

- (대변) 감가상각누계액 5,000,000

손상된 부분이 회복되는 경우, 손상차손을 인식을 했는데 그 뒤에 손상된 부분이 회복된 경우가 발생할 수 있다. 이러한 상황에서는 영업권을 제외한 자산의 손상차손환입은 즉시 당기손익으로 인식한다.

- (차변) 손상차손누계액 ×××

- (대변) 손상차손환입 ×××
  (기타수익)

다만, 영업권을 제외한 환입액으로 증가된 장부금액은 손상차손을 인식하지 않았다면 계상되었을 기말장부가액을 초과할 수 없다. 이에 대한 내용은 아래 사례를 통해 확인하기 바란다. 다만, 재평가모형을 채택한다면 다음과 같이 재평가되는 자산의 손상차손환입을 재평가증가액으로 처리한다.

- (차변) 자산 ×××

- (대변) 재평가잉여금 ×××
  (기타포괄손익누계액)

환입액에 대한 회계처리 사례

어떤 기업에서 1억 원짜리 기계장치를 도입했다. 이 기계의 내용연수는 10년이며 잔존가치는 없다. 그런데 이 기계가 다음 해 말 순공정가치가 8,000만 원으로 하락했고, 그 다음 해에는 순공정가치가 9,000만 원이 되었다. 이에 대해 회계처리를 하면? 단, 이 기업은 원가모형을 채택하고 있다.

- 당초 구입 시
  (차변) 기계장치 100,000,000   (대변) 현금 100,000,000

- **도입 첫해 감가상각비 계상**

  (차변) 감가상각비 10,000,000*   (대변) 감가상각누계액 10,000,000

  * (1억 원－0원)/10년=10,000,000

- **도입 첫해 손상검토**

  (차변) 손상차손 10,000,000*   (대변) 손상차손누계액 10,000,000

  *손상차손=장부가액(1억 원 － 1,000만 원 = 9,000만 원) － 회수가능액(8,000만 원) = 1,000만 원

- **그 다음 해 감가상각비 계상**

  (차변) 감가상각비 8,888,888*   (대변) 감가상각누계액 8,888,888

  * 장부가액/변경된 잔존 내용연수=(취득가액 100,000,000－감가상각누계액 10,000,000－손상차
    손누계액 10,000,000)/(10년－1년)=80,000,000/9년

- 그 다음 해 손상회복 검토

  이 부분에 대한 회계처리는 신중할 필요가 있다. 그래서 다음과 같이 접근
  하기로 한다.

  ① 이자산의 회복된 가치는 9,000만 원이다.

  ② 그 다음 해 말의 장부가액을 계산한다. 이는 손상을 적용한 후의 금액에
     서 새로운 내용연수 등에 의해 계산된 감가상각누계액을 차감하여 계산
     한다.

- 80,000,000－8,888,888=71,111,112

  ③ 손상차손이 적용되지 않았을 경우의 장부가액은 다음과 같다.

- 취득가액 100,000,000－감가상각누계액 20,000,000*=80,000,000

  *[(100,000,000－0)/10년]×2년=20,000,000

  ④ 위 ③에서 ②를 차감한 8,888,888원(80,000,000－71,111,112)을 환입시
     킨다.

- (차변) 손상차손누계액 8,888,888   • (대변) 손상차손환입 8,888,888
  (기타수익)

단, 이렇게 환입으로 인해 장부금액이 늘어나지만 앞의 ①보다 초과할 수 없다. 이를 재무상태표로 확인하자.

기계장치	100,000,000	←	당초 취득금액
(−) 감가상각누계액	(18,888,888)	←	10,000,000(첫해)+8,888,888(그 다음해)
(−) 손상차손누계액	(1,111,112)	←	10,000,000(첫해)−8,888,888(다음해 환입분)
손상차손환입 후			
장부가액	80,000,000		

다음 해의 공정가치가 9,000만 원이나 손상차손환입 후의 장부가액이 8,000만 원이므로 K-IFRS 조건을 만족하게 된다.

TIPS 생생회계

자산손상 회계

자산손상에 대한 회계의 내용을 국제회계기준과 국내기준을 비교하면 다음과 같다.

구분	K-IFRS 제1036호	K-GAAP
손상차손 측정방법	• MAX[회수가능가액, 장부금액] • 인식단계와 측정단계를 구분하지 않음	• 유형자산 손상차손에 대해 인식단계와 측정단계를 구분·측정 −인식단계 : 장부금액이 '할인되지 않은 미래 현금흐름총액'을 초과할 때 인식 −측정단계 : 회수가능액이 장부금액에 미달하는 금액으로 측정 • 다른 자산은 인식단계와 측정단계가 구분되지 않음
자산손상 검토 시기	매 결산일에 검토의무	손상징후 발생 시 자산손상 검토의무
현금창출 단위*의 개념	창출하는 현금유입이 다른 자산이나 자산집단으로부터의 현금유입과 거의 독립적으로 구별되는 식별가능한 최소자산집단을 현금창출 단위로 정의	중단사업에 의한 중단사업에 속하는 자산손상 여부 검토 시만 사용

* 현금창출 단위는 다른 자산이나 자산집단에서의 현금유입과는 달리 거의 독립적인 현금유입을 창출하는 식별가능한 최소 자산집단을 말한다. 가령 어떤 기업이 유통업을 하면 점포 단위가 이 단위가 된다. K-IFRS에서는 개별 자산의 회수가능액을 추정할 수 없는 경우에는 그 자산이 속하는 현금창출 단위를 식별하고 회수가능액을 측정하여 손상검사를 수행하도록 하고 있다. 조금 어려운 개념이기 때문에 이 부분과 관련해서는 회계전문가와 상의하여 문제를 해결하기 바란다.

Section 6

보유주식과
연결재무
제표

유가증권과 회계상 쟁점

일반 사람들이 유가증권에 대한 회계처리 내용을 알기란 쉬운 일이 아니다. 여기서는 유가증권의 분류와 평가방법, 평가손익을 재무제표에 올리는 방법, 지분법회계를 적용하거나 연결재무제표를 작성해야 하는 특정 기업의 사례 등을 중심으로 살펴본다.

International Financial Reporting Standards

 "여러분, 전 시간에 너무 고생이 많으셨습니다. 공정가치평가제도가 만만치 않은데 모두들 잘 견디신 것 같습니다."

한강사가 앞 시간에 공부한 내용들을 되새기며 인사말을 대신했다.

"아닙니다. 그에 대한 스트레스는 회식 때 풀어서인지 다 잊었습니다."

석민혜가 밝은 표정을 지으며 말을 한다.

"민혜씨, 혹시 다 까먹은 것은 아니죠? 하하하."

"아…. 아닙니다. 안 잊어먹으려고 노래방에서도 얌전히 있었던 걸요. 호호!"

"푸하하! 하여간 민혜씨가 없었다면 우리 교육장이 너무 썰렁했을 겁니다. 자, 그럼 오늘은 국제회계기준의 또 하나의 핵심인 보유주식에 따른 회계처리 내용을 살펴보겠습니다."

한강사가 새로운 주제로 교육을 다시 시작하고 있었다.

"기업은 여유 돈으로 주식이나 채권에 투자하거나 또는 기업을 세워 규모를 확대할 수 있습니다. 그런데 이러한 거래에서는 여러 가지 회계상 문제가 발생합니다. 예를 들면 보유한 주식을 유동자산으로 처리할지 비유동자산으로 처리할지, 그리고 시가가 변동할 경우 그 평가이익을 어떻게 처리해야 좋을지, 더 나아가 지분법을 적용해야 할지 연결재무제표를 작성해야 할지 등에 대해 정확히 판단을 내릴 필요가 있습니다. 물론 우리가 공부하는 회계기준은 국제회계기준이니 이에 맞춰 공부해야 하고요."

교육생들은 호기심 반 걱정 반으로 한강사를 뚫어지게 쳐다보고 있었다.

사실 회계전문가 아닌 이상 유가증권에 대한 회계처리 내용을 완벽히 이해하기란 상당히 어려운 일이다. 가령 A기업이 B기업을 지배하면 연결재무제표를 작성해야 하며, 연결재무제표를 작성하지 않는 경우라면 지분법 적용을 검토해야 한다. 이외에 개별 유가증권에 대한 평가를 어떻게 하고 그에 관련된 평가이익을 어떻게 처리해야 하는지도 그렇다. 그러나 이런 문제에 대해 차근차근 접근하면 생각보다 어렵지 않다고 느껴질 수도 있다. 지금부터 기업이 보유하고 있는 주식과 채권에 관한 주요 회계처리 내용을 살펴보도록 하자.

첫째, 유가증권의 분류는 어떻게 될까.

유가증권(지분증권과 채무증권)은 단기매매금융자산, 매도가능금융자산, 만기보유금융자산 중의 하나로 구분할 수 있다. 그런데 이 중 단기매매금융자산은 단기간 내 매매차익을 목적으로 취득하고 빈번하게 거래되므로 유동자산으로 분류하는 것이 타당하다. 만기보유금융자산은 만기가 확정된 채무증권으로서 그 증권을 만기까지 보유할 적극적인 의도(만기까지의 보유 여부를 정하지 않으면 보유할 적극적인 의도가 없음)와 능력이 있는 경우 이로 분류된다. 이 증권은 투자자산으로 분류가 된다. 한편 단기매매금융자산이나 만기보유금융자산으로 분류되지 않은 증권은 매도가능금융자산으로 분류되며 이 또한 투자자산으로 분류가 된다. 유가증권을 단기에 매매할 것인지 아닌지 등은 회사가 정책적으로 지정하겠지만 이에 대한 근거가 없다면 재무제표를 신뢰할 수 없다. 그래서 K-IFRS는 지정한 근거를 충분히 확보하도록 요구하고 있다. 참고로 앞의 만기보유금융자산이나 매도가능금융자산 중 재무보고일(12월 31일)로부터 1년 내에 만기가 도래하는 등의 사유가 발생하면 투자자산이 아닌 유동자산으로 분류한다.

둘째, 유가증권의 평가방법에 대해 알아보자.

유가증권은 원칙적으로 공정가액으로 평가한다. 다만, 만기보유금융자산(채무증권)과 시장성이 없는 지분증권(예 : 비상장주식)은 예외적으로 원가로 평가할 수 있다. 이러한 자산들은 시가를 알 수 없기 때문이다.

셋째, 평가손익을 재무제표에 어떤 방식으로 올리는지 알아보자.

단기매매금융자산에 관련된 평가손익은 당기에 실현되므로 당기손익으로 인식하는 것이 타당하다. 그렇다면 매도가능금융자산이나 만기보유금융자산의 평가손익은 어떻게 처리할까? 우선 투자자산으로 분류되는 매도가능금융자산에 대해 공정가액으로 평가한 손익은 당기에는 미실현손익에 해당한다. 이에 따라 매도가능금융자산평가이익은 자본항목 중 기타포괄손익으로 인식하게 된다. 한편 만기보유금융자산은 채무증권으로서 원가법으로 평가하므로 평가손익을 인식하지 않는다.

넷째, 특정한 기업에 대해 지분을 일정 비율 이상 보유하면 지분법회계를 적용하거나 연결재무제표를 작성해야 한다. 예를 들어 A기업이 B기업이 발행한 주식을 50% 초과하여 보유하고 있는 경우에는 원칙적으로 A기업이 B기업의 재무제표를 본인의 것과 연결하여 재무제표를 작성해야 한다. 하나의 재무제표로 실적을 발표하는 것이 경제적 실질에 맞기 때문이다. 그리고 지분율이 20% 초과 50% 이하인 경우에는 피투자회사에 대해 지분법을 적용하여 피투자회사의 순자산변동을 투자회사의 재무제표에 반영한다.

유가증권에 대한 회계상 쟁점 중 가장 이슈가 되는 것은 지분율에 따른 회계처리방법이다. 특히 연결재무제표가 주재무제표가 되다 보니 이를 어떻게 넘느냐가 관건이다.

TIPS
생생 회계

유가증권 분류와 용어

유가증권 중 비유동자산에 포함되는 매도가능금융자산은 비교적 장기간 보유하면서 매매가 가능한 금융자산을 말한다. 반면 만기보유금융자산은 만기 때까지 보유한 자산을 말한다. 일반적으로 매도가능금융자산은 보통 주식과 채권이 해당되지만 만기보유금융자산은 채권에만 해당되는 경우가 일반적이다. 매도가능금융자산은 경영자의 판단이 상당히 중요할 수 있다. 위의 내용은 아래처럼 요약할 수 있다.

구분*	재무상태표 표시	유가증권 구분	
		주식	채권
단기매매금융자산	유동자산	○	○
매도가능금융자산	비유동자산	○	○
단기보유금융자산	비유동자산	×	○

* 지분법 적용, 연결대상 기업의 주식은 관계기업투자주식으로 분류
참고로 국제회계기준에 따르면, 유가증권은 크게 당기손익인식금융자산, 매도가능금융자산, 만기보유금융자산으로 분류하고 있다. 이 중 당기손익인식금융자산은 실무적으로 단기매매금융자산으로 부르기도 한다. 이 책에서는 당기손익인식금융자산보다는 단기매매금융자산이란 용어를 주로 사용하고 있다.

단기매매금융자산과 실현손익

단기매매금융자산의 기말 평가 시 발생한 평가손익은 당기손익에 반영된다. 그리고 이 손익 중 이익은 배당재원으로도 사용할 수 있다. 단기매매금융자산의 주요 핵심 회계처리 내용을 살펴보자.

International Financial Reporting Standards

 "이제 앞에서 살펴본 단기매매금융자산에 대한 세부적인 회계내용을 살펴보겠습니다. 이 자산은 주로 시세차익을 위해 보유한 것이므로 이와 관련된 평가손익은 모두 당기손익으로 처리됨에 유의하시기 바랍니다."

한강사는 본격적으로 유가증권에 대한 회계처리 문제를 강의하기 시작했다.

유가증권 중 유동자산에 포함되는 단기매매금융자산(당기손익인식금융자산)은 언제라도 이를 매도함으로써 일정한 시세차익을 얻기 위한 목적으로 보유하는 자산이다. 따라서 이 자산은 언제든 현금화가 가능하므로 유동자산으로 분류된다.

취득원가의 처리

금융자산의 취득원가는 공정가치로 처리되는 것이 원칙이다. 즉 해당 자산을 취득하면서 지불한 금액 상당액을 자산으로 처리한다. 그런데 이때 한 가지 실무적으로 쟁점이 발생한다. 그것은 다름 아닌 부대비용을 어떻게 처리하는가 하는 문제다. 국제회계기준에 따르면, 단기매매금융자산의 경우에는 부대비용을 당기비용으로 처리한다. 예컨대 구입가액이 1,000만 원이고 취득부대비용이 100만 원이라면 다음과 같이 회계처리한다.

> • (차변) 단기매매금융자산 10,000,000   • (대변) 현금 11,000,000
>   취득부대비용(당기비용) 1,000,000

참고로 비유동자산에 포함되는 매도가능금융자산 등의 경우에는 취득부대비용을 공정가치에 가산하여 측정한다. 앞의 경우와 같은 금액이 발생했다고 하자.

> • (차변) 매도가능금융자산 11,000,000   • (대변) 현금 11,000,000

기말의 유가증권의 평가와 재무제표

이제 유가증권을 중도에 처분하는 것이 아니라 기말까지 보유한다고 하자. 이 경우 기말 시점에서 보면 취득가격과 시가가 차이가 나는 것이 일반적이다. 국제회계기준은 이러한 단기매매금융자산에 대해 공정가치로 평가하도록 하고 이와 관련하여 발생한 손익은 당기손익에 반영하도록 하고 있다.

① 공정가치가 상승한 경우

공정가치가 취득원가에 비해 상승하는 경우에는 기말시점의 평가이익을 기타수익에 반영한다. 기타수익은 영업외수익을 처리하는 항목이다. 평가이익이 1,000만 원이라면 아래처럼 회계처리한다.

● (차변)	● (대변)
단기매매금융자산 1,000,000	단기매매금융자산평가이익 1,000,000

이렇게 회계처리한 결과 재무제표는 아래처럼 구성된다.

재무상태표		포괄손익계산서	
자산	부채	비용	수익
단기매매금융자산 1,000,000	자본	이익 1,000,000	기타수익 1,000,000

② 공정가치가 하락한 경우

공정가치가 취득원가에 비해 하락한다면 평가손실을 기타비용에 반영한다. 기타비용은 영업외비용을 처리하는 항목이다. 평가손실이 100만 원이라고 가정하자.

● (차변)	● (대변)
단기매매금융자산평가손실 1,000,000	단기매매금융자산 1,000,000

이렇게 회계처리한 결과 재무제표는 다음과 같이 구성된다.

재무상태표		포괄손익계산서	
자산	부채	비용	수익
단기매매금융자산 −1,000,000	자본	기타비용 1,000,000	
		이익 −1,000,000	

단기매매금융자산을 매도하는 경우

보유하고 있던 단기매매금융자산을 매각한 때에는 처분대가와 장부금액의 차이를 단기매매금융자산처분손익으로 인식한다. 예를 들어 단기매매금융자산이 1억 원이고 처분가액이 1억 2,000만 원이라면 다음과 같이 회계처리한다.

- (차변)
  현금 120,000,000

- (대변)
  단기매매금융자산 100,000,000
  단기매매금융자산처분이익 20,000,000

이처럼 단기매매금융자산에 대한 회계처리는 그렇게 어렵지 않다. 그래서 실무적으로 여기에서 막히는 경우는 없다.

매도가능금융자산의 평가손익 처리

매도가능금융자산의 평가손익은 기타자본구성요소에 순액으로 표시된다. 이는 배당재원으로 삼을 수 없다.
만기보유금융자산은 공정가치평가제도가 적용되지 않는다. 이런 내용에 관심을 갖고 본문을 살펴보자.

International Financial Reporting Standards

 "뭐, 단기매매금융자산에 대한 회계내용은 생각보다 어렵지 않네요. 평가
손익은 모두 당기에 실현된 것으로 처리하면 되니…"

김대리가 말을 했다.

"그렇습니다. 하지만 지금부터 살펴볼 매도가능금융자산과 만기보유금
융자산은 만만하지 않을 테니 좀더 신경 써주시기 바랍니다."

팀원들은 이번에는 또 어떤 내용이 나올까 몹시 기대하는 눈치였다.

이제 매도가능금융자산과 만기보유금융자산에 대한 회계처리 내용을 살
펴보자. 앞에서 보았듯이 취득 때 발생하는 부대비용은 모두 원가에 포함
된다는 것은 알았다. 따라서 지금부터는 기말 평가방법에 집중해 살펴보

기로 한다.

매도가능금융자산의 기말평가

금융상품은 공정가치로 측정하므로 주식 같은 매도가능금융자산도 공정가치로 기말에 평가한다. 다만, 시장가격이 없고 공정가치를 신뢰성 있게 측정할 수 없는 채권 같은 지분증권은 원가로 평가할 수밖에 없다. 그런데 이 과정에서 발생하는 매도가능금융자산평가손익은 당기순익에 반영되지 않고 서로 상계되어 재무상태표의 자본항목인 기타자본구성요소에 순액으로 표시된다. 내용의 이해를 돕기 위해 사례를 들어 이 문제를 풀어보도록 하자.

CASE

어떤 기업이 매도가능금융자산을 20△1년 초 10,000,000원에 구입했다. 이에 대한 평가손익이 다음과 같을 때 질문에 답하라.

자료

구분	20△1년 12월 31일	20△2년 12월 31일
기말평가액	7,000,000	15,000,000

질문 1

20△1년 말에 재무상태표와 포괄손익계산서는?

20△1년 말의 경우 당초 구입가격보다 300만 원만큼 공정가치가 줄어들었다. 따라서 이에 대해서는 다음과 같이 회계처리한다.

- **(차변)**
  매도가능금융자산평가손실 3,000,000
  (기타포괄손익누계액)
- **(대변)**
  매도가능금융자산 3,000,000

그 결과 재무상태표와 포괄손익계산서는 아래처럼 변한다.

〈재무상태표〉

20△1년 초		20△1년 말	
자산 매도가능금융자산 10,000,000	부채 자본	자산 매도가능금융자산 7,000,000	부채 자본 매도가능금융자산 평가손실(3,000,000)

〈포괄손익계산서〉

포괄손익계산서	
당기순이익	
±기타포괄손익	(3,000,000)
총포괄손익	

질문 2

20△2년 말에 재무상태표와 포괄손익계산서는?

20△2년 말에는 20△1년 말보다 공정가치가 800만 원 증가하였다. 이런 때에는 다음과 같이 회계처리한다.

- (차변)
  매도가능금융자산 8,000,000
- (대변)
  매도가능금융자산평가손실 3,000,000
  (기타포괄손익누계액)
  매도가능금융자산평가이익 5,000,000
  (기타포괄손익누계액)

그 결과 재무상태표와 포괄손익계산서는 아래처럼 변한다.

〈재무상태표〉

20△1년 말		20△2년 말	
자산 매도가능금융자산 7,000,000	부채 자본 매도가능금융자산 평가손실(3,000,000)	자산 매도가능금융자산 15,000,000	부채 자본 매도가능금융자산 평가이익 5,000,000

〈포괄손익계산서〉

포괄손익계산서	
당기순이익	
±기타포괄손익	8,000,000*
총포괄손익	

* 당기말 공정가치－전기말 공정가치=15,000,000－7,000,000=8,000,000
참고로 포괄손익계산서상의 기타포괄손익은 당기 발생분을, 재무상태
표상의 기타포괄손익은 누계액을 말한다.

위의 사례에서 보듯이 매년 공정가치의 변동은 순액으로 정리된다. 평
가이익이 발생하면 그 전에 평가손실과 상계를 하고 평가손실이 발생하면
그 전에 발생한 평가이익과 상계한다는 것이다.

만기보유금융자산의 기말평가

채권은 보통 원리금을 상환하는 만기가 있다. 따라서 재무상태표일로부터 만
기가 1년 이상인 채권은 투자자산인 만기보유금융자산으로 분류가 된다. 그런
데 이러한 채권은 주식처럼 시장에서 거래되는 것이 아니기 때문에 일반적으
로 시세를 알 수 없다. 따라서 앞의 주식처럼 공정가치평가 규정을 적용받지
않는다. 참고로 채권을 발행한 회사가 부도가 나는 등 채권상환을 할 수 없는
경우가 있다. 이런 상황에서는 손상이 발생하므로 앞에서 본 손상회계를 적용
해야 한다. 참고로 단기매매금융자산의 경우 공정가치로 평가한 결과를 당기
손익에 반영하므로 손상차손을 인식할 필요가 없다. 그러나 매도가능금융자
산과 만기보유금융자산은 원칙적으로 손상평가를 해야 하는 것이 원칙이다.

지분법 적용주식과 종속회사 주식의 평가방법

보통 피투자기업이 발행한 주식의 20~50% 이하를 점유하고 있으면 지분법을 적용하여 재무제표를 작성하게 된다. 이 주식을 점유하는 이유가 바로 피투자회사에게 투자하여 이익을 얻고자 하는 의도가 있기 때문이다. 이런 관점에서 지분법을 적용해야 하는 주식에 대해서는 지분법에 의해 주식이 자연스럽게 평가되므로 공정가치로 평가할 필요가 없고 원가법(취득원가 고수)으로 인식한다. 참고로 지분법은 피투자기업 경영성과 중 투자기업의 지분해당액을 투자기업의 당기손익에 반영하는 방법이다. 예를 들어 투자기업이 피투자기업의 지분 중 80%를 소유하고 있는데 피투자기업의 당기순이익이 1억 원이라면 이 중 80% 해당액인 8,000만 원을 지분법이익으로서 투자기업의 당기손익에 포함시킨다. 한편 지분율이 50% 초과하는 경우에는 원칙적으로 지배회사가 연결재무제표를 작성해야 하는데 이 경우에도 주식에 대한 평가가 불필요하다.

LESSON 04

달라진 매도가능금융자산의 처분손익계산

매도가능금융자산의 평가손익인 기타포괄손익의 처리를 두고 많은 혼란이 발생하고 있다. K-GAAP와 K-IFRS 제1039호에서는 해당 자산의 제거 시 처분손익에 가감하나, 2010년에 제정된 K-IFRS 제1109호에서는 계속 자본항목에 남겨두라고 한다. 다만, 이는 아직 적용시기가 구체적으로 결정되지 않았으므로 당분간은 제1039호에 따라 처리해야 한다.

International Financial Reporting Standards

 이제 앞의 매도가능금융자산을 처분하는 경우의 회계처리 문제를 살펴보자. 매도가능금융자산의 평가액을 국내회계기준과 국제회계기준에서는 어떤 식으로 처리하는지 눈여겨보기 바란다.

만일 20△3년 초에 당해 유가증권을 1,600만 원에 매도했다고 하자. 이 경우 회계처리 및 재무제표의 모습은 어떻게 변할까?

국내회계기준에 의한 경우

종전 국내회계기준에 따르면 자본항목으로 남아 있는 평가손익은 해당 금융자산 처분 시 처분손익에 가감하였다. 213쪽의 사례를 이 기준에 따라 적용하면 다음과 같이 회계처리한다.

매도가능금융자산평가이익 500만 원이 처분이익으로 실현되어 당기손익에 반영된다.

K-IFRS 제1039호에 의한 경우

2009년에 개정된 K-IFRS 제1039호에 따르면 매도가능금융자산의 공정가치 변동에 의한 기타포괄손익은 해당 금융자산이 제거되는 시점에 당기손익으로 재분류한다. 따라서 이러한 회계처리방식은 앞의 K-GAAP와 같다. 다만, 2010년에 제정된 제1109호가 적용(2013년 적용 예상)되면 앞의 기타포괄손익은 당기손익으로 재분류될 수 없다.

K-IFRS 제1109호에 의한 경우

2010년 2월에 제정된 국제회계기준 제1109호에 따르면 기말에 평가한 금액과 처분 시의 공정가치가 다른 경우에는 먼저 공정가치로 평가한 후에 처분손익을 인식하도록 하고 있다. 그리고 매도가능금융자산평가손익은 처분 시에 제거되지 않고 자본항목으로 계속 인식된다. 앞의 예로 살펴보면 다음과 같다.

① 처분 시점에 공정가치로 재측정할 때의 회계처리

- **(차변)**
  매도가능금융자산 1,000,000*
- **(대변)**
  매도가능금융자산평가이익 1,000,000

* 처분 시 공정가치 16,000,000−20△2년 말 평가액15,000,000=1,000,000

② 처분 시점의 회계처리

- **(차변)**
  현금 16,000,000
- **(대변)**
  매도가능금융자산 16,000,000

이제 처리기준이 바뀌는 경우 기업에 어떤 영향을 주는지 결론을 내려 보자.

먼저 종전 회계처리방식에 따르면 평가손익이 처분손익에 가감되어 600만 원의 당기순이익이 발생했다. 이 손익은 실현되었으므로 이에 대해서는 주주에게 배당할 수 있게 된다. 하지만 국제회계기준 제1109호에 따르면 매도가능금융자산의 평가손익은 처분 시에도 자본항목에 남게 된다. 그 결과 실현된 이익이 없으므로 배당의 대상이 되지 않으며 자본구조를 충실히 지켜낼 수 있게 된다. 참고로 사례의 경우 처분 후 남아 있는 매도가능금융자산평가이익은 500만 원과 처분 시 발생한 100만 원 등 총 600만 원이 된다.

한편 매도가능금융자산의 처분과 관련하여 수수료가 발생했다면 이는 당기손익에 반영된다. 예컨대 앞에서 처분 시 수수료가 100만 원 발생했다면 다음과 같이 회계처리한다.

- **(차변)**
  현금 15,000,000
  금융자산처분손실 1,000,000
- **(대변)**
  매도가능금융자산 16,000,000

그리고 매도가능금융자산에서 배당금이 발생하는 경우에는 이는 당기이익으로 인식한다. 일반적으로 배당결의시점이 수익인식시점이 된다.

IFRS를 알아야 회계가 보인다!

앞에서 보면 매도가능금융자산에서 발생하는 기타포괄손익은 K-IFRS(제1039호)에서도 해당 금융자산이 제거 시 처분손익에 가감되어야 한다. 다만, 2013년부터 적용이 예상되는 K-IFRS 제1109호는 처분손익에 가감할 수 없다. 따라서 금융자산의 기타포괄손익누계액을 어떤 식으로 처리하느냐에 따라 재무제표의 모양새나 배당 등의 내용이 달라질 수 있음에 유의하자.

TIPS
생생
회계

유가증권의 재분류

유가증권의 보유의도와 보유능력에 변화가 있어 재분류가 필요한 경우에는 다음과 같이 처리한다.

① 단기매매금융자산은 다른 범주로 재분류할 수 없으며, 다른 범주의 유가증권의 경우에도 단기매매금융자산으로 재분류할 수 없다. 다만, 더 이상 단기간 내의 매매차익을 목적으로 보유하지 않는 단기매매금융자산은 매도가능금융자산이나 만기보유금융자산으로 분류할 수 있으며, 단기매매금융자산이 시장성을 상실한 경우에는 매도가능금융자산으로 분류해야 한다.
② 매도가능금융자산은 만기보유금융자산으로 재분류할 수 있으며 만기보유금융자산은 매도가능금융자산으로 재분류할 수 있다.
③ 유가증권과목의 분류를 변경할 때에는 재분류일 현재의 공정가치로 평가한 후 변경한다.

보유지분에 따라 지분법과 연결이 결정된다

특정 기업에 대해 보유하고 있는 지분비율이 일정 비율 이상이 되면 지분법을 적용하거나 연결재무제표 작성을 검토해야 한다. 그렇다면 어떤 기준으로 이러한 방법들을 적용할까? 그 내용을 살펴보도록 하자.

International Financial Reporting Standards

 "지금까지 주로 기업이 보유한 주식에 대한 계정과목 분류와 그에 대한 평가방법 등에 대해 알아보았습니다. 이해가 잘되셨는지요."

"강사님, 대강은 알 수 있었지만 여전히 궁금한 것이 많아요. 예를 들어 어떤 기업이 시세차익을 목적으로 주식을 취득했다면 이는 단기매매금융자산인지 매도가능금융자산인지 이를 어떻게 구분하라는 건지 잘 모르겠습니다."

박효주 대리였다.

"그럴 수 있습니다. 그래서 회사의 경영진과 실무자, 그리고 전문가 등이 이런 문제를 잘 풀어낼 필요가 있겠죠. 이론적으로 말씀드리면 앞에서 본 매도가능한 유가증권은 공정가치의 변동을 기타포괄손익으로 처리하겠다는 취소 불가능한 선택을 기업이 미리 해야 매도가능금융자산으로 처리할 수 있습니다. 이러한 내용은 공시제도를 통해 확인되어야 하고 또 주석으로도 기재되어야 하는 것이죠."

이에 다시 박대리가 입을 열었다.

"아하, 그러니까 단기매매증권으로 하든 매도가능증권으로 한든 기업이 알아서 구분하라는 것이군요. 물론 그에 대한 근거를 준비해야 하고요."

한강사는 박대리의 의문점을 하나씩 해결하고 있었다.

"강사님, 빨리 진도나 나가시죠?"

석민혜가 다소 지루했는지 독촉을 했다.

"좋습니다. 지금부터는 지분법과 연결에 대한 기초내용을 검토하도록 하겠습니다. 먼저 그림을 하나 소개합니다."

```
                                          ┌─────────────────────────┐
                                          │  지배력                  │
                                          │  • 종속기업              │
                                          │  • 연결                  │
                        ┌─────────────────┤                         │
                        │ 중대한(유의적인) │                         │
                        │    영향력        │                         │
                        │  • 관계기업      │                         │
                        │  • 지분법        │                         │
        ┌───────────────┤                  │                         │
        │ 영향력 없음   │                  │                         │
        │ • 공정가치 등 │                  │                         │
        └───────────────┴──────────────────┴─────────────────────────┘
        0%             20%               50%                      100%
```

그림을 보면 일반적으로 특정 기업의 지분율이 20%가 안 되는 경우에는 그 기업에 대해서는 영향력을 미칠 수 없다고 본다. 따라서 단순 투자관점에서 시세차익을 목적으로 하는 것으로 보아 앞에서 본 것처럼 공정가치로 평가하여 개별재무제표에 인식하면 된다. 그런데 문제는 지분율이 점

차 올라가는 경우다. 지분율이 커지면 투자기업의 재무정책
이나 기타 영업정책 등에 대한 영향력이 증대될 수밖에 없기
때문이다.

먼저, 피투자기업에 대한 지분율이 50%를 초과하거나 종
속기업을 통하여 간접으로 지분율 50%를 초과하여 소유하
고 있는 경우에는 그 기업을 지배한 것으로 보아 원칙적으로
지배기업이 연결재무제표를 작성해야 한다. 지배관계가 성
립하면 경제적 실질 관점에서 이 둘의 재무제표를 연결하여 재무제표를
공시하는 것이 타당하다. 다만, 실무적으로 50%를 초과하더라도 연결에
서 제외되거나 50% 미만을 보유하더라도 연결에 포함되는 경우가 있는
점에 주의하자.

다음으로, 지분율이 20~50% 사이에 걸쳐 있으면 어떻
게 할까? 이런 경우에는 상대방 회사에 대해 중대한 영향
력 또는 유의적인 영향력을 미칠 수 있는지를 살펴볼 필요
가 있다. 이러한 영향력이 있다면 지분법★을 적용해야 하
기 때문이다. 참고로 지분율이 20% 미만인 경우에도 영향
력을 발휘할 수 있는 정황상의 증거가 있는 경우 적용이 가능하며, 반대로
20% 이상인 경우에도 이런 영향력을 발휘할 수 없다면 지분법을 적용하
지 않는다.

실무적으로 지분법과 연결회계 적용 대상자를 가르는 것이 두부 자르듯
이 되지를 않는다. 지분율 조건이 충족되지 않더라도 대상자로 분류되는
경우도 있고 조건을 충족하더라도 제외되는 경우가 있기 때문이다.

따라서 이러한 문제는 정책과 관계가 있기 때문에 관리자들이 이에 대
한 업무를 직접 챙기는 것이 좋을 것으로 판단된다.

참고로 국내회계기준은 개별재무제표 하에서는 종속기업과 관계기업에

여기서 지배라는 것은 상대
방 회사의 재무나 영업정책
을 결정할 수 있는 능력을
말한다. 즉 지배회사가 마
음먹은 대로 피지배회사(종
속회사)를 다룰 수 있다는
것을 의미한다.

★ 지분법
'지분법'이란 피투자기업(관계
회사라고도 함)의 이익이나 손
해를 투자기업이 주식을 가지
고 있는 지분율만큼 투자금액
에 반영하는 제도다.

대해 모두 지분법을 적용하기 때문에 앞에서 본 '중대한 영향력'의 개념에 '지배력'이 포함된 반면, IFRS에서 종속기업은 연결재무제표 작성 시 연결대상이 될 뿐 지분법을 적용하여 평가하지 않기 때문에 지배력과 중대한 영향력을 별도 구분하고 있다.

TIPS
생생
회계

종속기업에 대한 지분법 적용 등

지배회사의 종속기업에 대한 지분법 적용 등에 대한 내용을 국제회계기준과 종전 국내회계기준을 비교하면 다음과 같다.

구분	K-IFRS	K-GAAP
종속기업에 대한 지분법 적용 여부	·종속기업에 대해서는 연결재무제표를 작성하므로 지분법을 적용하지 않음. ·지배회사의 별도재무제표 : 종속기업에 대해 원가법 또는 공정가치법 적용(연결재무제표가 주재무제표가 됨에 따라 지분법을 적용하지 않음)	지배기업의 개별재무제표에서 종속기업에 대해 지분법 적용함. 투자자가 직접 또는 지배·종속회사를 통하여 간접으로 피투자자의 의결권 있는 주식의 20% 이상을 보유
중대한 영향력 판단	투자자가 직접 또는 간접(예 : 종속기업을 통하여)으로 피투자자의 의결권 있는 주식의 20% 이상을 소유	

참고로 앞에서 보면 '중대한 영향력'에 대한 판단기준이 종전과 달라졌다. 국제회계기준에서는 중대한 영향력을 판단함에 있어 투자자가 직접 또는 자신의 종속회사를 통하여 간접으로 투자한 의결권만 포함하며, 자신의 지배회사를 통해 간접으로 투자한 의결권은 포함하지 않고 있다. 사례를 들어보자.

지배회사가 종속회사 A의 지분을 100% 보유하고 있다. 그리고 A회사는 B회사의 지분을 60% 가지고 있다. 또한 A회사는 C회사에 15%, B회사도 C회사에 10%를 가지고 있다고 하자. 이 외에 지배회사는 D회사에 10%의 지분을 가지고 있다. 이러한 내용을 그림으로 표현하면 오른쪽과 같다. 지배구조가 매우 복잡해 보이는 케이스다. 그렇다면 이러한 상황에서 재무제표는 어떻게 작성해야 할까?

첫째, 지배회사(최상위지배기업)가 연결재무제표를 작성한다고 할 때 A와 B회사에 대해서는 지배회사가 연결재무제표를 작성해야 한다. A회사는 직접으로 지배, B회사는 종속회사 A를

통해 B의 주식의 50%를 초과하여 주식을 소유하고 있으므로 연결대상이 된다.

둘째, 지배회사가 보유하고 있는 C회사의 주식에 대해서는 지분법을 적용하여 평가해야 한다. 지배회사가 직접 보유(15%) 하거나 종속회사 B를 통해 보유(10%)한 주식의 합계액이 25%로서 20%를 초과하므로 지분법을 적용하게 된다.

셋째, D기업은 직접 또는 종속기업을 통한 지분이 10%에 불과하므로 연결이나 지분법 적용 대상이 아니다. 따라서 이 주식이 단기매매 목적이든 아니든 공정가치로 평가하게 된다.
참고로 K-IFRS에 의하면 중간 지배기업인 A기업도 연결재무제표를 작성해야 한다(K-GAAP와 다른 부분임). 실무적으로 어려운 부분이니 전문가와 함께 판단해보기 바란다.

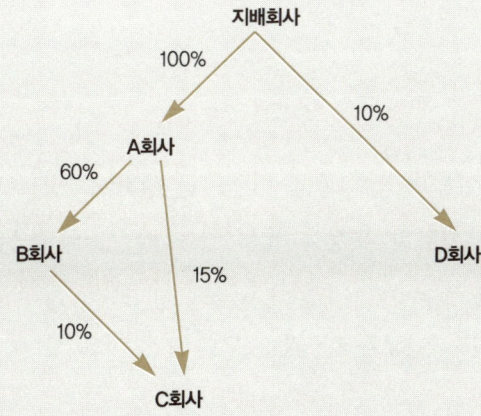

관계회사와 지분법 회계

이제 지분법에 대한 회계처리 문제에 대해 살펴볼 차례다. 본문에서 제시하는 사례들을 통하여 지분법의 주요 회계처리 문제에 대해 차근차근 알아보고 그 내용을 이해하도록 하자.

International Financial Reporting Standards

 "회계란 녀석, 파고들면 들수록 참 어렵다는 생각이 드시죠?"

한강사가 잔뜩 심각한 표정을 짓고 있는 팀원들의 주의를 환기하고자 노력하고 있다.

"강사님, 저 역시 이해가 안 되는 부분이 많네요. 잠시 쉬었다가 하면 안 될까요?"

신고수 팀장이 머리를 식힐 겸 휴식시간을 요청했다.

"좋습니다. 일단 10분 정도 휴식하겠습니다."

신팀장을 비롯한 팀원들은 달콤한 자판기 커피를 한 잔씩 마시며 머리를 식히고 있었다.

"민혜씨, 어때요? 교육은 들을 만한가?"

"당연하죠 팀장님. 이래 봬도 대학 시절엔 회계를 부전공했는데, 학점이 정말 좋았다니까요. 기억이 가물가물한 내용들도 많지만 교육이 큰 도

움이 됩니다."

"하하, 그렇다면 다행이군. 그나저나 휴식시간이 끝나가는데, 김대리가 안 보이는군. 김회계 대리 어디 갔나?"

"팀장님, 아까부터 머리가 아프다고 하더니 아마 약을 사 먹으러 잠시 나간 모양이네요. 자기는 회계 체질이 아니라고 하던데요. 호호호!"

박효주였다. 그때 한강사가 팀원들 앞에 나타나 격려의 말을 건넨다.

"여러분 조금만 더 힘냅시다. 눈앞이 고지인데 여기서 멈출 수는 없잖아요."

한강사의 격려에 팀원들은 다시 마음을 다잡고 수업에 임하고 있다.

지금부터는 지분법에 대한 회계처리 문제를 살펴보자.

지분법은 지분법적용투자주식을 취득할 때 취득원가로 인식하고, 취득시점 이후 발생한 지분변동액을 당해 지분법적용투자주식에 가감하여 보고하는 회계처리 방법이다. 이렇게 하는 이유는 주식투자를 통해 피투자회사에 대한 중대한 영향력을 행사함으로써, 두 회사 간 거래를 통한 재무제표의 왜곡을 방지하기 위한 목적이 있다.

 IFRS를 알아야 회계가 보인다!

예를 들어 두 회사 간에 거래를 통해 매출을 부풀리고 그 재무제표로 투자받거나 대출을 받게 되면 사회적으로 문제가 될 수 있다. 지분법 회계는 이러한 문제점을 예방하려는 목적이 있다. 또한 지분법의 적용으로 피투자회사의 순자산 변동이 투자회사의 투자계정에 반영될 수 있기 때문에 이 계정이 소유지분의 실질 가치를 나타낼 수 있으며, 피투자회사의 경영성과가 투자회사의 개별재무제표에 반영될 수 있기 때문에 결국 투자회사가 개별재무제표의 유용성을 증대시킬 수 있다는 점에 근거를 두고 있다.

이제 조금 전에 잠시 살펴본 지분법에 대해 더욱 자세히 알아보는 시간이다.

지분법의 주요 회계처리

투자회사는 피투자회사의 주식을 취득할 때 원가로 회계처리한다. 그리고 기말 결산 후 피투자회사가 당기순이익을 보고할 때나 이에 대한 이익을 투자회사의 재무제표에 반영한다. 한편 투자회사와 피투자회사 간에 내부 거래가 있다면 미실현손익을 제거해야 한다. 지분법에 대한 주요 회계처리를 살펴보면 다음과 같다.

① 투자회사가 주식을 취득할 때

- (차변) 관계회사투자주식 ×××   • (대변) 현금 ×××

여기서 투자주식은 취득원가로 처리된다.

② 당기순이익 보고 시

- (차변) 관계회사투자주식 ×××   • (대변) 지분법이익 ×××

예를 들어 피투자회사의 당기순이익이 10억 원이고 이 회사에 대한 지분율이 30%라면 차변에 투자주식이 3억 원이 늘고, 대변에 지분법이익이 3억 원이 늘어난다. 이 지분법이익은 당기순이익을 구성하게 된다. 이러한 내용을 재무제표에 표시하면 다음과 같다. 참고로 국제회계기준이 적용되는 투자회사가 지분법을 적용하는 경우 피투자회사도 K-IFRS를 적용해야 한다.

재무상태표		포괄손익계산서	
자산 투자주식 +300,000,000	부채 자본	비용 이익 +300,000,000	수익 +300,000,000

③ 내부 거래가 있는 경우

투자회사 및 지분법피투자회사 간의 내부거래가 발생하면 미실현손익이 발생한다. 따라서 관계회사 간에 내부거래가 있으면 당기순이익 보고 시 지분법 이익에서 내부거래 미실현이익을 제거한다. 이에 대해서는 아래 사례를 참조하자.

CASE 1

A사는 B사의 주식 30%를 보유 중이며, A사가 소유 중인 토지(장부가액 100억 원)를 B사에 150억 원에 매각하고 계속 B사가 보유하고 있다면 제거해야 할 내부 미실현이익은 얼마인가?

- 내부거래에 의한 A사의 토지처분이익 50억 원
- A사가 B사 주식에 대한 지분법 적용 시 제거해야 할 내부 미실현이익
  - 토지처분이익(50억 원)×A사의 B사에 대한 지분율(30%)=15억 원

A사가 해당 토지를 50억 원에 매각했으나 이 중 15억 원은 내부거래에 해당한다. 따라서 다음과 같이 15억 원을 A사의 이익에서 차감한다.

- (차변)
지분법이익 1,500,000,000
- (대변)
관계회사투자주식 1,500,000,000

A사, B사, C사의 지분관계는 다음과 같다. C사가 A사에게 토지(장부가액 100억 원)를 150억 원에 매각하고, 계속 A사가 보유하고 있는 경우 A사가 B사 주식에 대한 지분법 적용 시 제거해야 할 내부 미실현이익은 다음과 같다.

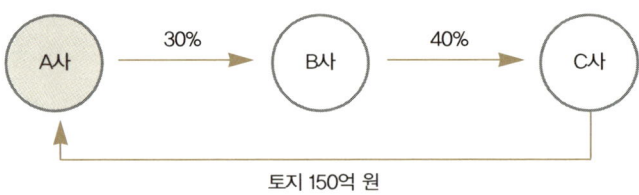

토지 150억 원

- 내부거래에 의한 C사의 토지처분이익 50억 원
- A사의 B사 주식에 대한 지분법이익
  - C사 토지처분이익 50억 원×B사의 C사에 대한 지분율 40%×A사의 B사에 대한 지분율(30%)=6억 원
- A사가 B사 주식에 대한 지분법 적용 시 제거해야 할 내부 미실현이익
  - C사 토지처분이익 50억 원×(B사의 C사에 대한 지분율 40%×A사의 B사에 대한 지분율 30%)=6억 원

지분법은 우리나라가 국제회계기준을 도입하기 전에도 광범위하게 채택한 회계제도다. 투자회사가 기업에 투자하여 이익을 낸 경우, 이를 배당받을 때 수익으로 인식할 수도 있겠지만 '중대한 영향력'을 확보한 경우라면 피투자회사의 순자산 변동이 있을 때마다 이를 투자회사의 재무제표에 반영하는 것이 목적적합한 정보를 제공해 준다. 이러한 정보는 투자자

등에게 유익한 것으로 받아들여지고 있다. 이에 대한 신문기사 하나를 소개한다.

· ● ·

금호석유화학, 지분법 평가익 늘어….

한국투자증권은 8일 금호석유 (72,000원 △2500 3.6%)화학에 대해 "자회사 영업호조에 따른 지분법 평가익이 늘어나고 영업 호조가 이어질 것"이라며 매수 추천 의견에 목표가 9만 원을 제시했다. 금호석유화학 3분기 영업이익은 908억 원으로 기존 예상치 850억 원을 넘어섰다. 다만 컨센서스인 952억 원보다는 낮은 수준이다. 신은주 한국증권 연구원은 "합성고무 부문이 2분기 이후 시작된 재고조정 영향으로 이익이 감소했다"며 "합성고무 부문의 재고 조정에 따른 가격 하락은 8월 중순 회복돼 4분기 이후 이익 증가세가 나타날 것"이라고 밝혔다. 합성고무 부문 외에 합성수지와 열병합 부문은 전분기 대비 이익 상승세를 보였다. 각각 전분기 대비 20%대의 높은 이익 증가세를 보였다. 더욱 주목할 것은 자회사 금호피앤비로부터의 지분법 이익이다. 신 연구원은 "2분기엔 금호피앤비로부터 지분법 이익이 190억 원이었으나 3분기엔 382억 원 수준이었다"며 "금호피앤비가 생산하는 BPA, 페놀체인의 가격이 급등해 4분기에도 이 같은 자회사 실적 호조가 이어질 것"이라고 전망했다.

〈머니투데이〉, 2010. 10. 8.

· ● ·

지분법 관련 용어정리

① '지분법피투자회사'는 투자회사가 중대한 영향력을 행사할 수 있는 지분법 적용대상 피투 자회사를 말한다.

② '중대한 영향력'은 투자회사가 피투자회사의 재무정책과 영업정책에 관한 의사결정에 실 질적인 영향을 미칠 수 있는 능력을 말한다.

③ '지분법'은 지분법 적용투자주식을 취득할 때 원가로 인식하고, 취득시점 이후 발생한 지 분변동액을 당해 지분법 적용투자주식에 가감하여 보고하는 회계처리방법을 말한다.

④ '지분변동액'은 지분법피투자회사의 순자산 변동액 중 투자회사의 지분율에 해당하는 금 액을 말한다.

⑤ '투자차액'은 피투자회사의 식별가능한 순자산의 공정가액 중 투자회사가 취득한 지분율 에 해당하는 금액과 취득대가의 차액을 말한다.

⑥ '종속회사'는 연결재무제표 작성에 관한 기업회계기준에서 규정하는 바에 따라 투자회사 에 의하여 지배받는 회사를 말한다.

⑦ '지배'는 투자회사가 경제적 효익을 얻기 위하여 피투자회사의 재무정책과 영업정책을 결 정할 수 있는 능력을 말한다.

지분율 50% 초과와 연결회계

K-IFRS는 일반적으로 지분율(50% 초과) 기준과 실질 지배력 기준으로 지배회사를 파악한다. 연결범위에 대해서는 상당히 고난도의 판단을 내려야 하므로 실무 적용 시 주의해야 한다. 본문에서 이와 같은 내용들을 위주로 살펴보겠다.

International Financial Reporting Standards

 ## 연결재무제표의 작성자

연결(連結)은 각 개별회사의 재무제표를 합한다는 의미다. 그렇다고 무조건 합하는 것은 아닐 것이다. 그렇다면 연결재무제표는 누가 작성하고 작성범위는 어떻게 될까?

우선 연결재무제표는 지배회사가 연결실체★ 내의 개별재무제표를 항목별로 합산하여 작성한다. 여기서 지배회사는 하나 이상의 다른 회사를 지배하는 회사다. 이에 맞서

> ★연결실체
> '연결실체'란 지배회사와 종속회사로 이루어지는 경제적 실체를 말한다. 외감법 및 동 법시행령에서 지배-종속관계를 규정한 경우에는 그 규정에 따른 지배-종속회사로 이루어진 실체를 의미한다.

종속회사는 지배회사의 지배를 받는 회사다. 이러한 연결재무제표에 대해 K-IFRS에서는 다음과 같이 지분율 기준과 실질 지배력 기준으로 지배회사를 파악한다. 연결범위에 대해서는 상당히 고난도의 판단을 내려야 하므로 실무 적용 시 주의할 필요가 있다.

구분	기존 회계기준의 연결범위	국제회계기준의 연결범위
지배력 기준	· 지분율 기준 –50% 초과 소유 –30% 초과 최대주주 · 실질지배력 기준	· 지분율 기준 –50% 초과 소유 –30% 기준 없음(다만, 지분율 50% 미만이더라도 '실질적 정황 De Facto Control'에 의한 지배개념 도입 검토 중) · 실질지배력* 기준(기존의 기준과 큰 차이가 없음)
연결제외 대상	외감법 시행령에서 자산 100억 원 미만, 당좌거래정지회사, 청산·휴업 중인 회사 등을 제외토록 규정	자산규모, 법인격과 상관없이 모든 종속기업이 연결범위에 포함. 자산 100억 원 미만, 법인격 없는 조합, 파트너십, 특수목적회사(SPE) 등도 연결가능함.

* 실질지배력 : 다른 투자자와의 약정으로 과반수의 의결권을 행사할 수 있는 경우 등을 말함

연결재무제표 작성방법

실무적으로 연결재무제표 작성은 회계업무를 업(業)으로 하는 사람들 정도만 할 수 있을 정도로 생각보다 쉽지 않는 것이 현실이다. 이하의 내용들은 연결재무제표를 어떻게 작성하는지 순서를 대략적으로 표시한 것에 불과하다.

첫째, 지배회사의 종속회사에 대한 투자계정과 종속회사 자본 중 지배회사지분을 상계 제거한다. 종속회사의 순자산 중 소수주주지분은 연결재무제표에서 자본으로 분류하며 별도의 과목으로 표시한다. 소수주주지분은 지배회사의 지분 외의 지분들을 말한다.

둘째, 종속회사가 우선주를 발행한 경우에는 우선주의 특성을 고려하여 종속회사의 자본을 보통주주지분과 우선주주지분으로 나누어 회계처리한다.

셋째, 연결실체 내 회사 간 거래에서 생긴 자산·부채의 기말 잔액, 수익·비용과 배당금을 포함한 내부거래는 모두 제거한다. 내부거래에서 발생한 손익이 재무상태표일 현재 연결실체 내 회사의 보유자산 장부금액에 반영된 금액도 전액 제거한다. 다만, 내부거래미실현손실이 자산손상에 관한 기업회계기준에 따른 손상차손에 해당한다면 당기손실로 인식한다. 다음 사례를 보자(사례가 어렵다고 느껴지면 건너뛰어도 상관없다).

CASE

20△1년 1월 1일 A사는 B사 주식의 70%를 취득하였고, B사는 C사 주식의 50%를 취득하여 A사와 B사 간 및 B사와 C사 간에는 지배·종속관계가 성립되었다. 20△1년도에 A사는 B사에 원가 500,000원의 상품을 600,000원에 매출하였으며, B사는 같은 해에 동 상품을 750,000원에 외부로 판매하였다. 20△1년도에 C사는 A사에 원가 300,000원의 상품을 375,000원에 매출하였으며, A사는 같은 해에 동 상품 중 225,000원에 해당하는 부분을 외부에 280,000원에 매출하였고, 150,000원에 해당하는 부분은 기말 재고자산으로 보유하고 있다.

20△1년 12월 31일 연결재무제표를 작성하기 위한 내부거래 및 미실현손익 제거분개는 다음과 같다.

① A사와 B사 간 내부매출거래 및 미실현손익 제거

●(차변)	●(대변)
매출 600,000주1)	매출원가 600,000
매입채무 600,000	매출채권 600,000

주1) A사의 내부매출액과 B사의 외부매출원가를 상계 제거하고, 양사의 내부 매출채권과 매입
채무를 상계 제거함. 내부거래 대상 재고자산이 같은 회계기간에 외부에 판매되었으므로
제거할 내부거래 미실현손익은 없음.

② C사와 A사 간 내부매출거래 및 미실현손익 제거

● (차변)
매출 375,000^{주1)}
매입채무 375,000

● (대변)
매출원가 375,000
매출채권 375,000

주1) C사의 내부매출액과 A사의 외부매출원가 및 기말재고자산 원가에 해당하는 금액을 상계
제거하고, 양사의 내부 매출채권과 매입채무를 상계 제거함.

● (차변)
매출원가 30,000^{주2)}
소수주주지분 19,500^{주3)}

● (대변)
재고자산 30,000
이익잉여금 19,500

주2, 3) 내부거래 대상 재고자산 중 일부분이 A사의 기말재고자산으로 남아 있으므로 이에 대
한 내부거래 미실현손익 제거와 함께 이 미실현손익 중 소수주주지분만큼 소수주주지
분에서 차감함.
주2) 기말재고자산 중 미실현이익 : 150,000 × 매출총이익률 20%(= 75,000/375,000) =
30,000
주3) 미실현이익 중 소수주주지분 : 30,000×[1−(70%×50%)] = 19,500

넷째, 연결재무제표는 지배회사의 재무상태표일을 기준으로 작성된 종
속회사의 신뢰성 있는 재무제표를 사용하여 작성한다. 종속회사의 재무상
태표일이 지배회사의 재무상태표와 다른 경우에는 지배회사의 재무상태
표 현재의 신뢰성 있는 종속회사 재무제표를 사용한다. 다만, 종속회사의
재무상태표일과 지배회사의 재무상태표일의 차이가 3개월 이내라면 종속

회사의 재무상태표일에 작성된 신뢰성 있는 재무제표를 사용할 수 있다.

다섯째, 유사한 상황에서 발생한 동일한 거래나 사건에 대하여는 종속회사의 회계정책이나 회계추정방법을 지배회사의 회계정책이나 회계추정방법과 일치하도록 적절히 수정하여 연결재무제표를 작성한다.

여섯째, 종속회사의 손실 등으로 소수주주지분이 '0' 이하가 될 경우에는 '0' 이하의 부분을 부(-)의 소수주주지분으로 하여 자본에서 차감하는 형식으로 표시한다. 이때 계약 등으로 부(-)의 주주지분에 대해 지배회사와 소수주주의 부담을 달리 정한 경우에는 그 계약 등의 내용에 따라 부(-)의 소수주주지분을 산정한다.

연결재무제표 관련 용어정리

① '연결재무제표'는 연결실체의 재무상태, 경영성과, 자본변동 및 현금흐름에 관한 정보를 제공하기 위하여 지배회사가 작성하는 재무제표를 말한다.

② '연결실체'는 지배회사와 종속회사로 이루어지는 경제적 실체를 말한다. 다만, 외감법 및 동법시행령에서 지배·종속관계를 규정한 경우에는 그 규정에 따른 지배·종속회사로 이루어진 실체를 말한다.

③ '지배회사'는 하나 이상의 다른 회사를 지배하는 회사를 말한다. 다만, 외감법 및 동법시행령에서 지배·종속관계를 규정한 경우에는 그 규정에 따른 지배회사를 말한다.

④ '종속회사'는 지배회사의 지배를 받는 회사를 말한다. 다만, 외감법 및 동법시행령에서 지배·종속관계를 규정한 경우에는 그 규정에 따른 종속회사를 말한다.

⑤ '지배력'은 경제활동에서 효익을 얻기 위하여 회사의 재무정책과 영업정책을 결정할 수 있는 능력을 말한다.

⑥ '지배회사지분'은 종속회사의 경영성과와 순자산 중에서 지배회사가 직접 또는 다른 종속회사를 통하여 간접적으로 소유하는 부분을 말한다.

⑦ '소수주주지분'은 종속회사의 경영성과와 순자산 중에서 지배회사지분이 아닌 지분을 말한다.

⑧ '내부거래 미실현손익'은 연결실체 내 회사 간 거래에서 발생한 손익 가운데 대차대조표일 현재 연결실체의 외부에 판매, 처분, 감가상각 또는 자산손상 등으로 소멸되지 않고 남아 있는 보유자산의 장부금액에 반영된 손익을 말한다.

연결재무제표와 재무적 영향

연결재무제표는 종속회사의 재무제표를 지배회사의 재무제표에 연결하여 작성되는 재무제표를 말한다. 이러한 연결재무제표는 개별재무제표와는 달리 재무적인 파급효과가 상당할 수 있다. 이하에서는 연결재무제표의 장·단점 등을 포함하여 재무적인 영향에 대해 정리해보겠다.

1. 연결재무제표의 장점
K–IFRS에서는 연결재무제표가 주재무제표가 됨에 따라 다음과 같은 점들이 장점으로 부각된다.

첫째, 자회사를 통한 회계분식 유인이 감소할 수 있다. 예컨대 모회사가 실적이 필요한 경우 자회사를 매개로 하여 매출과 매입을 조절하여 의도한 이익 수준이나 자산규모를 재무제표로 계상할 수 있다. 하지만 연결재무제표의 경우 내부거래는 제거되므로 이러한 폐단이 일부분 없어질 수 있다.

둘째, 지배구조의 개편을 촉진시킬 가능성이 높다.
연결재무제표가 주재무제표가 됨에 따라 실적이 나쁜 종속회사가 있다면 이에 대한 재무내용이 지배회사에 반영되므로 지배회사의 재무제표가 볼품없어질 수 있다. 따라서 지배회사는 실적이 나쁜 회사들을 과감히 정리할 가능성이 높다. 이와 반대로 실적이 좋은 회사를 포함시키기 위해 지분을 추가로 취득하는 일이 일어날 수도 있다.

셋째, 해외의 기업과 동등한 잣대로 취급을 받는다.
지금까지 우리나라는 개별재무제표를 작성한 후 연결재무제표를 작성하여 외국의

투자자 등을 맞이하였다. 하지만 연결의 범위 등이 국제회계기준과 차이가 나는 등 여전히 코리아 디스카운트 신세를 면치 못하였다. 이러던 것이 앞으로는 국제회계기준 채택으로 상당 부분 개선될 전망이다.

2. 연결재무제표의 단점

연결재무제표가 주재무제표로 안착되기 위해서는 몇 가지 고민할 내용들이 있다.

첫째, 연결재무제표가 투자자 등에게는 여전히 이해가 어렵다.
지금까지 개별재무제표에 익숙했던 이해관계자들에게 다소 생소한 연결재무제표가 선보이다 보니 이를 둘러싼 여러 가지 문제점이 노출될 가능성이 높다. 가령 앞으로 투자자들은 연결재무제표를 가지고 투자분석을 해야 하지만 이의 작성과정을 알기가 힘들뿐 아니라 그 결과를 해석하는 것도 쉽지 않은 게 현실이다. 이는 연결재무제표가 갖는 한계에서 기인한다.

둘째, 연결범위가 적정한지에 대한 논란이 있다.
지분율이 50% 안 되는 경우 연결범위에서 제외되는 것이 원칙이나 예외적으로 실질 지배력이 있는 경우에는 연결범위에 포함시키고는 있다. 다만, 실무적으로 실질 지배력이 있는지의 여부를 판단하는 것이 말처럼 쉽지 않다. 우리나라의 경우 몇 %의 지분만을 가지고도 기업을 좌지우지 하는 일도 많아 이런 현실을 무시한 연결재무제표도 자칫 정보의 왜곡을 가져다줄 수 있다.

셋째, 재무제표 분석에도 한계가 발생한다.
지금까지 증권가 등에서는 기업에 대한 재무분석을 개별재무제표를 위주로 해왔는데 앞으로는 연결재무제표를 가지고 해야 한다. 하지만 아직 이에 대한 인프라가 구축되지 않아 여전히 개별재무제표를 통해 정보를 해석하거나 연결재무제표상 연결이익 정도의 한정된 정보를 이용할 수밖에 없다는 한계가 있다. 참고로 개별재무제표를 통해 분설할 때 지배회사의 별도재무제표가 종전 지분법손익이 반영된 개별재무제표와 차이가 있으며(∵K–IFRS에서는 지배회사가 연결재무제표 작성을 하고 별도재무제표를 만들 때 지분법적용을 하지 않도록 함), 당해 연도 별도재무제표와 전년도 개별재무제표 간의 시계열분석(예: 증감분석 등)이 여의치 않을 수 있음에 유의해야 한다.

3. 재무적인 영향

연결재무제표가 주재무제표가 되면 그동안 개별재무제표 위주로 분석되던 관행이 연결재무제표로 바뀔 것으로 보인다. 예상해 볼 수 있는 재무적인 내용들은 다음과 같다.

첫째, 자산규모가 늘어난다. A회사와 B회사의 자산이 합해지기 때문이다. 물론 지배회사의 투자주식과 종속회사의 자본은 상계처리된다.

둘째, 부채 규모는 종속회사의 상황에 따라 달라질 것이다. 종속기업에 내부거래가 아닌 부채가 있다면 당연히 부채규모가 증가한다.

셋째, 매출액은 증가한다. 물론 지배회사와 종속회사 간 내부거래는 상계제거된다.

넷째, 순이익도 종속회사의 상황에 따라 달라질 것이다. 종속회사가 벌어들인 이익이 크다면 연결재무제표상 순이익도 증가한다.

다섯째, 연결에 따라 세금은 어떻게 달라지는지 살펴보자.
현재 법인세법은 모회사와 완전지배관계(지분율 100%)에 있는 자회사에 대해서는 연결납세제도를 선택할 수 있도록 하고 있다. 따라서 지분율을 충족하지 못한 경우에는 개별회사가 주체가 되어 세금을 내야 한다. 참고로 이 제도는 모(母)회사와 자(子)회사가 경제적으로 결합된 경우, 경제적 실질에 따라 해당 모회사와 자회사를 하나의 과세 단위로 보아 소득을 통산하여 법인세를 과세하는 제도다.

생생
회계

연결재무제표 표시방법

종속회사가 없는 경우와 있는 경우로 나눠 연결재무제표의 표시방법을 살펴보자.

연결대상 유무	종전 국내회계기준		국제회계기준	
	개별 F/S	연결 F/S	개별 F/S	연결 F/S
연결대상 종속회사가 없는 회사	작성(관계회사→지분법)	N/A	작성(관계회사→지분법)	N/A
연결대상 종속회사가 있는 회사	작성(관계/종속회사→지분법)	작성(관계회사→지분법, 종속회사→연결)	개별재무제표의 작성은 각 국의 선택사항임(∵ 연결이 주재무제표화)*	작성(종속회사→연결, 관계회사→지분법)

* 연결대상 종속회사가 있는 지배회사는 연결재무제표와 함께 별도재무제표 방식으로 개별재무제표를 작성해야 한다. 이 경우 관계회사 · 종속회사에 대한 투자자산은 원가법 또는 공정가치법 중에서 하나를 선택하여 평가할 수 있다. 지배회사의 경우 연결재무제표가 주재무제표가 되므로 별도재무제표에 대해서는 복잡하게 지분법을 사용하지 않도록 하고 있다.

※ 개별재무제표와 별도재무제표의 구분
－개별재무제표 : 종속기업 등의 참여자로 투자지분을 소유하지 않는 기업의 재무제표(아래 별도재무제표와 구별됨에 유의)
－별도재무제표 : 지배기업 등이 투자자산에 대해 피투자자의 보고된 성과와 순자산에 근거하지 않고 직접적인 지분투자에 근거한 회계처리로 표시한 재무제표

| 회계 고수가 되기 위한 Book In Book | 변화무쌍한 자본항목

Section 7

달라진
주요
재무상태표
항목

금융자산 · 금융부채의 구분

K-IFRS에서 정의하는 금융자산(financial asset)이란 일단 현금과 금융상품을 말한다. 여기서 금융상품 (financial instrument)은 금융기관이 취급하는 상품뿐 아니라 기타의 것들도 포함한다. 이 금융상품을 가지고 있으면 금융자산, 지급할 의무가 있다면 금융부채로 분류된다. 금융상품 분류방법 등에 대하여 자세히 알아보자.

International Financial Reporting Standards

 지금까지 신고수 팀장을 비롯한 팀원들은 국제회계기준에 대해 많은 것들을 알게 되었다. 한강사는 국제회계기준이 왜 도입되었는지, 변동된 재무제표의 내용은 어떤지, 그리고 공정가치평가뿐 아니라 유가증권에 대한 수업을 상당히 수준 높게 진행하였다. 그 결과 팀원들은 국제회계기준에 대한 전체적인 틀을 이해할 수 있었다. 그러나 아직 해결해야 할 문제들도 상당히 많다. 예컨대 세부적인 계정과목의 이해나 세금처리 등이 그렇다. 한강사는 계정과목을 재무상태표와 포괄손익계산서의 항목으로 나눠 더욱 자세히 살펴보기로 했다.

"여러분, 주말은 잘들 보내셨나요? 요즘 날씨도 좋아 바깥에서 활동하기 좋은 것 같은데 잘들 보내셨습니까?"

"네에…."

교육생들이 다소 힘없는 소리로 대답을 하고 있었다.

"여러분 목소리를 들어보니 월요병이란 걸 실감할 수 있겠군요. 하하하. 자, 조금만 더 힘내자고요. 오늘부터는 각 계정과목 위주로 회계상 쟁점에 대해 알아보도록 하겠습니다. 어떤 계정과목들은 종전의 규정과 차이가 많으니까 주의 깊게 보셔야 할 것입니다. 그렇다고 너무 걱정하지 않으셔도 됩니다. 지금부터는 앞에서 공부했던 내용을 확인하는 정도라고 생각하면 됩니다. 산행으로 비교하면 내리막을 걷는 것과 같죠."

"강사님, 어떤 분들은 내리막길이 더 힘들다던데요. 사실 그래서 더욱 긴장이 됩니다."

오늘도 적막한 강의실 분위기를 막내격인 석민혜가 휘어잡는다.

"역시 민혜씨가 분위기 메이커라니까요. 그나저나 주말 동안 민혜씨의 진지한 수업 태도가 내내 떠올랐는데, 오늘도 기대됩니다. 하하하!"

한강사와 팀원들은 이런저런 담소를 나누었다. 그러고는 본격적으로 계정과목에 대하여 공부하기 시작했다.

지금부터는 재무상태표와 포괄손익계산서의 각 계정과목을 세부적으로 살펴보자. 특히 국내회계기준과 우리나라가 도입한 국제회계기준상에 차이가 나는 부분을 유심히 살펴볼 필요가 있다. 먼저 재무상태표상 계정과목 중 많은 사람들이 헷갈려하는 금융자산(또는 금융부채)부터 이해해보자.

우선 K-IFRS에서 정의하는 금융자산(financial asset)이란 일단 현금과 금융상품(financial instrument)★을 말한다.

> ★ 금융상품
> 여기서 말하는 금융상품(financial instrument)은 금융기관이 취급하는 상품뿐 아니라 기타의 것들도 포함한다. 국제회계기준의 특징 중 하나다.

특이하게 매출채권이나 대여금 같은 것도 금융자산의 범위에 포함된다 (단, 재무제표에 표시할 때에는 매출채권 등으로 표시함).

다음으로, 부채는 금융부채와 비금융부채로 구분할 수 있다. 이 중 금융부채에 대해 국제회계기준은 부채정의를 충족하는 계약상 의무로서, 현금 등의 금융자산으로 결제되는 것을 말한다. 이에는 매입채무나 차입금, 미지급금 등 대부분의 현금으로 결제되는 부채가 포함된다. 비금융부채는 이와 관계없는 부채를 말한다. 위의 내용을 정리하면 자산과 부채를 아래와 같이 분류할 수 있다.

구분	자산		부채	
	유동자산	비유동자산	유동부채	비유동부채
금융상품	현금및현금성자산			
	수취채권(매출채권, 대여금)	수취채권(장기성 매출채권, 장기성 대여금)	매입채무	장기성매입채무
			미지급비용	
	유가증권(단기매매금융자산)	유가증권(매도가능금융자산, 만기보유금융자산)	단기차입금	장기차입금, 사채
비금융상품	선급금, 선급비용, 재고자산	유형자산, 무형자산, 투자자산	선수금, 선수수익 등	

"아하, 국제회계기준에 의하면 금융상품은 금융기관에서 취급하는 상품만 들어가는 게 아니네….."

김회계 대리가 교육받던 도중 혼잣말을 한다.

"그렇습니다. 국제회계기준에서는 거래당사자 간에 금융자산과 금융부채 또는 지분상품을 발생시키는 모든 계약을 금융상품으로 정의하기 때문에 이런 결과가 나옵니다."

귀가 예민한 한강사가 김회계 대리의 말을 듣고는 맞장구를 쳤다.

"그런데 내용이 조금은 어렵네요. 금융자산과 금융부채는 그렇다고 해도 지분상품이라니…."

박효주 대리였다.

"뭐, 앞으로 차츰 보시면 이해가 될 겁니다. 지분상품은 보통 주식을 의미한다고 보면 됩니다."

"그나저나 이렇게 용어부터 명확히 구별이 안 되니 저 같은 사람들이 너무나 혼란스럽습니다. 사실 국제회계기준 도입되었다고 관련 자료를 다운로드 받았는데, 이게 한국말인지 외국말인지 잘 모르겠더라고요."

어딘가 모르게 주눅 든 목소리로 박효주 대리가 말을 했다.

"효주씨 마음 충분히 이해가 됩니다. 그 이유를 말씀드리면 영문을 우리나라 말로 억지로 직역해서 그렇다고 합니다. 그래서 어떤 분들은 차라리 영어로 작성된 원문을 보는 것이 이해가 더 쉽다고도 하더군요. 이런 부분은 개선해야겠죠. 국제회계기준의 도입이 유용한 정보의 제공인데, 이를 이해하는 것도 벅차면 유용한 정보의 제공과는 거리가 멀겠죠."

한강사가 약간 푸념 섞인 말로 국제회계기준의 문제점을 하나 지적하고 있었다.

"아무래도 국제기준은 돈을 좋아하나 봅니다. 금융을 별도로 뽑아 자산과 부채처리를 하니…. 호호호!"

석민혜가 다소 엉뚱한 말을 했다.

"풉~정말 그런 거 같네요. 자, 정리하겠습니다. 여러분은 금융자산의 정의 이런 거에 너무 신경 쓰지 말고 종전과 큰 차이가 없으니 안심하고 계정과목을 다루시기 바랍니다."

금융상품의 종류

자산에 해당하는 금융상품은 크게 현금과 수취채권, 그리고 유가증권으로 구분할 수 있다. 그리고 유가증권은 또다시 다음처럼 구분할 수 있다. 참고로 이러한 계정과목 분류나 계정과목명은 기업이 자체적으로 판단하여 재무제표에 반영할 수 있는 것이 원칙이다.

- 단기매매증권(또는 단기매매금융자산)
- 매도가능증권(또는 매도가능금융자산)
- 만기보유증권(또는 만기보유금융자산)

금융자산의 측정방법

금융자산의 측정방법으로는 크게 두 가지가 있다. 첫 번째는 공정가치로 측정하는 것이고, 두 번째는 원가로 측정하는 것이다. 이와 관련한 상세한 내용에 대해 함께 살펴보도록 하자.

International Financial Reporting Standards

 "금융자산과 금융부채의 분류를 보니 막연하게 생각했던 내용들이 어느 정도 정리되는 것 같군요."

역시 교육생들 중 내공이 가장 깊은 신고수 팀장이었다.

"그렇습니다. 특이하게 국제회계기준에서는 금융상품을 금융기관이 취급하는 상품이 아닌 것까지 포함하고 있어요. 이는 그만큼 금융상품을 중요하게 본다는 뜻입니다. 이는 현금흐름과도 관련 있기 때문이죠. 예컨대 금융자산에서 금융부채를 차감하면 순금융자산을 계산할 수 있어요. 그런데 순금융자산이 부족하면 자금흐름이 좋지 않다는 것이 나타나는 겁니다."

"강사님! 금융자산을 이렇게 분류했다면 이제 보유 중에 평가손익이 발생할 텐데 이에 대한 처리문제도 살펴보았으면 합니다."

오늘은 왠지 컨디션이 좋아 보이는 김회계 대리였다.

"좋습니다. 일단 측정 목적상 금융자산을 다시 분류해 보겠습니다. 아시다시피 금융자산은 크게 현금과 금융상품을 말합니다. 여기서 현금은 현금성 자산 그러니까 취득 당시 만기가 3개월 이내에 도래하는 단기금융상품까지 포함한 것이죠. 그리고 금융상품은 다음과 같이 공정가치로 평가하는 것과 원가로 평가하는 것으로 구분할 수도 있습니다."

한강사는 이에 대해 자세히 설명하기 시작했다.

금융자산은 크게 현금과 금융상품으로 구분된다. 여기서 금융상품은 수취채권뿐만 아니라 증권시장 등에서 유통되는 유가증권도 포함된다. 그런데 이러한 금융상품은 공정가치로 측정하는 것과 원가(상각후 원가)로 측정하는 것으로 나눌 수도 있다. 이런 구분은 절대적인 것이 아니므로 학습용 정도로만 생각해도 문제가 없을 것 같다(현재 금융상품에 대한 회계 처리방법이 제대로 되어 있지 않고 있다. 조만간 이에 대한 처리방법이 확실하게 정리될 것으로 예상해본다).

공정가치로 측정하는 금융자산

이는 계약상 현금흐름을 수취하는 것이 아닌 시세차익 등을 얻기 위해 보유하는 금융자산을 말한다. 이에는 단기매매금융자산(유동자산 중 주식, 채권 등)과 매도가능금융자산(비유동자산 중 주식) 등이 있다.

① 단기매매금융자산

단기매매금융자산(K-IFRS에서는 당기손익인식금융자산이라고 함)은 단기적 시

세차익을 얻기 위해 보유한 금융자산을 말하며 보고기간 말의 공정가치에 의해 평가한다. 이때의 평가이익은 당기손익으로 처리한다. 보통 어떤 기업이 단기적인 주식이나 채권 등에 투자한 경우가 이에 해당한다. 이에 대한 회계처리 방법은 이미 앞에서 살펴보았다.

② 매도가능금융자산

매도가능금융자산(기타포괄손익인식금융자산으로 불리기도 함)은 언제든지 매도가 가능한 주식을 말하나 단기매매목적이 아니어야 한다. 그리고 최초 인식시점에 후속적인 공정가치 변동을 기타포괄손익으로 표시하겠다는 취소 불가능한 선택을 회사가 입증해야 이 자산으로 분류된다. 매도가능금융자산의 기말평가 시 발생한 평가손익은 기타포괄손익으로 처리된다. 이에 대한 자세한 회계처리도 역시 앞에서 살펴보았다.

상각후 원가로 측정하는 금융자산

이 자산의 유형은 계약상 현금흐름을 수취하는 것에 해당되어야 한다. 금융기관에서 취급하는 상품, 수취채권(외상매출채권 등), 만기보유목적금융자산(국공채 등) 등이 해당된다. 예를 들어 채권은 대표적으로 현금흐름을 수취하는 것에 해당한다. 이러한 자산들에 대해서는 상각후원가로 측정한다. 여기서 '상각후 원가'란 유효이자율법에 의해 계산한 금액을 자산과 이자수익 등으로 처리하는 방법을 말한다. 이 방법은 상각과정을 거쳐 당기손익을 인식한다(실무적으로 이에 대한 회계처리를 하려면 유효이자율법에 의한 상각표를 만들어야 하는 등 재무관리 실력이 있어야 한다). K-IFRS 제1039호에서는 금융자산을 당기손익금융자산, 매도가능증권, 만기보유증권, 대여금 및 수취채권으로 분류하지만, 제1109호에서는 공정가치측정금융자산과 상각후측정금융자산으로 분류한다(제1109호는 2013년쯤 적용될 것으로 예상됨).

이상의 내용을 그림으로 나타내면 아래와 같다.

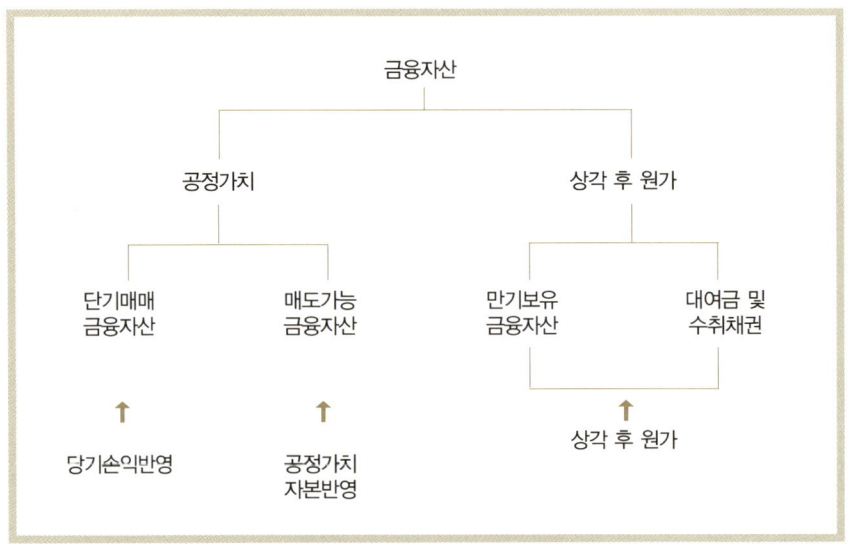

이제 위의 내용을 요약해보자.

금융자산은 크게 현금(현금성자산 포함)과 금융상품으로 분류되는데, 금융상품은 크게 공정가치로 측정하는 것(단기매매금융자산, 매도가능금융자산)과 상각후원가로 측정하는 것(만기보유금융자산, 대여금 및 수취채권) 등으로 구분할 수 있다.

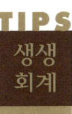

종전 국내회계기준과 국제회계기준의 계정분류 비교

종전 국내회계기준에서는 다음과 같이 계정분류를 했다.

유 동 자 산 ─── 당좌자산(현금, 매출채권, 대여금, 단기매매금융자산 등)
　　　　　└── 재고자산
비유동자산 ─── 투자자산(장기매출채권, 매도가능금융자산, 만기보유금융자산 등)
　　　　　├── 유형자산(건물 등)
　　　　　└── 무형자산

이처럼 국내회계기준에서는 현금이나 매출채권 또는 단기매매금융자산 등은 모두 당좌자산으로 분류했다. 그러나 K-IFRS에서는 이러한 항목들은 모두 금융자산으로 분류한다. 따라서 유동자산의 경우 당좌자산이 금융자산으로 분류가 된다고 이해할 수 있다. 그런데 비유동자산의 경우에는 당좌자산이라는 것이 없으며 K-IFRS에서 금융자산으로 분류되는 장기매출채권이나 매도가능금융자산 등은 국내회계기준의 경우 투자자산으로 분류되었다.

재고자산은 어떻게 달라지는가?

비금융자산 가운데 재고자산에 대하여 알아본다. 국제회계기준에 따른 재고자산의 처리방법은 어떻게 달라질까? 표준원가법 허용, 후입선출법 폐지, 저가법에 의한 재고자산 평가 등을 중심으로 살펴보자.

International Financial Reporting Standards

"휴~정말 회계라는 녀석, 정말 끝이 없네요. 강사님은 분명 산을 내려가는 것이라고 하셨는데, 제 생각은 아직도 산을 올라가는 느낌입니다. 특히 국제회계기준이 도입된 직후라서 그런지 더 헷갈리네요."

박효주 대리가 조금은 자신 없어 보이는 목소리로 말을 했다.

"충분히 이해가 됩니다. 우선 종전 회계기준의 내용뿐 아니라 국제회계기준도 알아야 하니 그럴 수밖에 없죠."

한강사가 말을 이어받았다.

"이제 비금융자산에 대해 공부하겠습니다. 사실 이에 대해서는 앞에서 대략 살펴보았기 때문에 너무 걱정하지 않아도 됩니다. 우선 재고자산★부터 알아보겠습니다."

★ 재고자산
'재고자산' 이란 정상적인 영업과정에서 판매를 위하여 보유하거나 생산과정에 있는 자산 등을 의미한다.

K-IFRS에 의한 재고자산의 내용이 종전 국내회계기준과 어떤 차이가 있는지를 살펴보자.

표준원가법이 허용된다

종전 국내회계기준은 표준원가제도를 채택한 기업도 실제 원가로 보고하도록 요구했다. 그러나 K-IFRS에서는 표준원가법의 적용결과인 표준원가가 실제 원가와 '유사한 경우' 표준원가법을 사용하여 재고자산을 측정할 수 있도록 하였다. 그렇게 함으로써 표준원가법을 사용하는 기업이 공표용 재무제표를 작성하면서 조정해야 하는 부담이 줄어들 것으로 보인다. 하지만 표준원가법을 사용하더라도 실제 원가를 사용하여 재고자산을 측정해온 현재의 회계실무와 큰 차이는 나타나지 않아 재무제표의 기간별 비교가능성에 미치는 영향은 적을 전망이다.

후입선출법이 폐지되었다

종전 국내회계기준은 기말재고자산평가 시 후입선출법 적용을 허용했으나, K-IFRS에서는 이를 허용하지 않는다. 후입선출법(LIFO, last- in first-out)은 '나중에 매입된 재고자산이 먼저 매출된다'는 가정하에 재고자산을 평가하는 방법을 말한다. 그렇다면 K-IFRS에서는 왜 이 방법을 허용하지 않을까? 그 이유 중 하나는 바로 손익조작을 방지하기 위해서다. 가령 가격이 상승되는 품목을 구입하여 판매한다고 하자. 후입선출법은 나중에 들어온 물건이 먼저 팔린다고 가정하므로 이 경우 매출원가가 상승하고 그에 따라 이익이 축소될 수 있다. 또 궁극적으로 법인세도 줄어든다. IFRS 후입선출법이 이익을 왜곡시키므로 이를 폐지한 것이다.

저가법에 의한 재고자산평가

상품이나 제품을 쌓아두고 판매하는 회사에서는 보유한 재고자산 가격이 순실현가능가치(=예상판매가격−예상추가원가 등)보다 하락하는 일이 종종 발생한다. 이 같은 상황에서는 가치하락분을 재고평가손실로 계상하여 회계처리한다(이를 '저가법'이라고 한다). 이러한 회계처리방법은 국내에서도 진즉부터 사용하여 왔으나 K−IFRS에서는 더욱 더 많이 등장할 전망이다.

● (차변) 재고자산평가손실 ×××　　　● (대변) 재고자산평가충당금 ×××

여기서 재고자산평가손실은 매출원가로 분류되는 것이 일반적이다. 참고로 다음과 같은 사유가 발생하면 재고자산 시가가 원가 이하로 하락할 수 있다.

● ● ●

후입선출법 폐지…. 정유사 비상?

"IFRS, 후입선출법 적용기업, '비상' 걸려"

지금까지 선입선출법 등을 사용해왔던 기업은 국제회계기준이 도입되더라도 별 문제가 발생하지 않지만, 후입선출법을 적용해왔던 기업은 재고자산 평가방법을 변경해야 한다. GS칼텍스는 제품, 재공품, 원재료, 상품 등을 후입선출법으로 처리하고 있다. S-Oil도 재고자산을 후입선출법으로 처리하며, 현대오일뱅크는 원재료에 대해 월간 후입선출법으로 처리하는 등 대부분의 정유사가 재고자산을 후입선출법으로 처리하고 있다. GS칼텍스 관계자는 "정유사의 경우 유가 변동이 크기 때문에 최근에 구입한 원유를 원가로 산정하는 후입선출법을 선택한 것 같다"며 "국제회계기준 도입으로 재고자산 평가방법을 변경하면 당기순이익이 변하게 될 것"이라고 밝혔다. 예컨대 우산을 파는 기업이 재고자산을 2003년에 300개를 1,000원씩에, 2007년에 500개를 2,000원씩에, 2009년에 200개를 3,000원씩에 구입했고, 올해 200개의 우산을 팔았다고 한다면 어떻게 될까? 이 기업이 후입선출법으로 재고자산을 처리하고 있다면, 올해 매출원가는 가장 최근에 구입한 재고자산이 나갔다고 가정해 60만 원(200개 × 원가 3,000원)이 되지만, 선입선출법으로 재고자산을 처리하고 있다면, 매출원가는 20

만 원(200개 × 원가 1,000원)이 된다. 이 기업이 올해 우산을 개당 5000원씩에 팔았다면, 총 매출액은 100만 원. 다른 영업외이익이 없다면, 후입선출법으로 했을 때 당기순이익은 40만 원이 되지만, 선입선출법으로 했을 때는 당기순이익이 80만 원이 된다.

"재고자산 평가방법 변경하면 稅부담 늘어"

일반적으로 기업들이 후입선출법으로 매출원가를 계산하게 되면, 선입선출법으로 계산했을 때보다 당기순이익이 줄어들게 된다. 물가상승으로 인해 최근에 구입한 재고자산이 과거에 구입했던 재고자산보다 더 비싸 매출원가가 더 높게 계산되기 때문이다. 이에 따라 후입선출법으로 재고자산을 처리하던 기업들이 국제회계기준으로 재고자산 평가방법을 변경하게 되면 당기순이익이 늘어나 법인세 부담이 증가하게 될 것이라는 추측이 많다. 현행 세법은 지금의 기업회계기준과 똑같이 선입선출법, 후입선출법 등 다양한 방법의 재고자산 평가방법을 인정하고 있다. 그러나 국제회계기준은 후입선출법을 인정하지 않아, 후입선출법을 적용하고 있는 기업은 재고자산 평가방법을 변경할 수밖에 없다. 기업회계상 선입선출법이나 이동평균법을 적용하고, 다시 세법에서는 후입선출법을 적용하는 복잡한 세무조정을 하는 것보다 재고자산 평가방법을 변경하는 것이 기업 입장에서는 더 수월하기 때문. 정찬우 삼일회계법인 회계사는 "미국은 재고자산 평가방법 변경으로 인한 현금지출세액 증가분을 4년간 이연하고 있다"며 "후입선출법 적용 법인이 선입선출법 등 다른 방법으로 변경 시 과세특례제도를 신설할 필요가 있다"고 밝혔다.

〈조세일보〉, 2009. 6. 8.

재고자산과 이익조정

매출원가는 다음과 같이 계산된다. 도매업의 경우 기초재고액에 당기매입액을 더한 상태에서 기말재고액을 차감하면 된다. 물론 이 방법은 포괄손익계산서상의 매출원가법, 즉 비용을 기능별로 분류하는 방법에 해당한다.

도매업	제조업
기초상품재고액	기초제품재고액
+ 당기상품매입액	+ 당기제품제조원가
− 기말상품재고액	− 기말제품재고액
= 매출원가	= 매출원가

이 매출원가를 계산하는 구조에서 보면 매출원가는 주로 기초재고와 당기매입액, 그리고 기말재고액이 얼마나 큰가에 따라 달라진다. 따라서 만일 어떤 기업이 이익을 조정하고 싶다면 다음과 같이 하면 된다.

구분	이익을 과다계상한다(=매출원가를 줄인다)	이익을 과소계상한다(=매출원가를 늘린다)
기초재고액	적게 기록	많게 기록
당기매입	적게 기록	많게 기록
기말재고액	많게 기록	적게 기록

기초재고액과 당기매입을 실제보다 많이 기록하면 이 중 대부분은 매출원가에 포함된다. 따라서 매출원가가 늘어날 것이다. 하지만 기말재고는 앞의 것과 정반대 효과를 낸다. 즉 기말재고는 기초재고액과 당기매입 중에서 매출원가로 처리되지 않고 남아 있는 자산이므로 이 금액이 적을수록 매출원가가 커지는 것이다. 여기서 기말재고를 계산하기 위해서는 기말재고자산을 어떤 기준으로 평가하는지가 중요하다. 실무상 많이 사용하는 선입선출법과 총평균법을 살펴보자

① 선입선출법
선입선출법(FIFO, first-in first-out)은 '먼저 매입된 재고자산이 먼저 매출된다' 는 가정하에 재고자산을 평가하는 방법이다. 따라서 먼저 매입된 재고자산 순으로 매출원가를 계산하고 최근 매입된 재고자산이 기말재고로 보고된다.

② 총평균법 : 이 방법은 기초재고와 당기에 구입 또는 제조한 것이 평균적으로 팔렸다고 본다. 따라서 기초재고와 당기 구입 또는 제조원가의 합계를 수량으로 나눠 개당 원가를 구하고 여기에다 기말재고수량을 곱해 기말재고가액을 계산한다.

달라진 유형자산의 회계

기업회계에서 유형자산이 차지하는 비중은 상당히 크다. 제조업이든 서비스업이든 유형자산을 많이 보유하고 있는 경우가 많기 때문이다. 그렇다면 유형자산은 무엇을 의미할까? 이에 대해 좀더 구체적으로 살펴보도록 하자.

International Financial Reporting Standards

 "재고자산은 생각보다 쉬웠을 겁니다. 그래서 지금부터는 곧바로 이번에 상당히 많이 바뀐 유형자산에 대한 내용을 살펴보겠습니다."

한강사였다.

"강사님, 우리는 이미 유형자산에 대한 공정가치평가를 공부했잖습니까?"

"그렇죠. 그런데 왜 그러시죠?"

석민혜 질문에 한강사가 재차 물었다.

"그야 거기에 대해서는 공부를 많이 한 터라 건너뛰어도 될 것 같아서요. 오늘은 빨리 마치고 집에 일찍 들어가려고요. 가족들과 식사 모임이 있어요."

"푸흡~ 민혜씨, 이를 어쩌죠? 그것 말고도 따져볼 내용들이 너무나 많습니다."

한강사는 조금은 놀리는 듯한 표정과 말투로 석민혜에게 화답했다.
"그렇다면 할 수 없지요. 수업 진행하시지요, 강사님!"

기업이 제품생산 활동을 수행하기 위하여 투자한 설비의 규모와 무형의 지적자산에 대한 투자규모는 기업의 성장잠재력을 판단하는 중요한 정보에 해당한다. 이번에는 유형자산★에 대해 국제회계기준이 국내회계기준과 어떤 차이가 나는지 정리하자.

> ★ 유형자산
> 유형자산은 기업 본연의 영업활동을 수행하기 위해 장기간 활용하는 영업자산 중 형체가 있는 자산을 의미한다.

첫째, 유형자산도 보유 중에 가치가 변동할 수 있다. 따라서 가치변동분을 어떻게 처리하느냐가 관건이 될 수 있는데, K-IFRS에서는 원가모형과 재평가모형 중 하나를 선택하여 평가할 수 있다. 원가모형은 취득원가를 고수하는 것이고 재평가모형은 공정가치를 평가하여 재무제표에 올리는 것이다. 이에 대한 회계처리는 제5장에서 자세히 살펴보았으므로 여기에서는 생략한다. 재평가모형을 채택한 경우에는 공정가치의 변화를 지속적으로 점검하기 위해 프로세스 구축이 필요하다. 이런 시스템을 구축하기 위해서는 당연히 막대한 자금이 들 수 있다.

둘째, 감가상각제도가 상당히 많이 변경되었다.
감가상각비를 계상할 때 필요한 내용연수와 잔존가치, 그리고 감가상각 방법을 매년 말에 재검토해야 한다. 재검토한 결과 내용연수와 잔존가치가 종전과 달라졌다면 회계추정의 변경으로 보아 새로운 수치로 바꾼 후 이를 근거로 감가상각비를 계산하여 이를 재무제표에 반영해야 한다(이러한 회계처리 방법을 회계에서는 '전진법'이라고 한다). 이와 함께 감가상각방법을 변경하는 경우에도 회계추정의 변경으로 보아 회계처리를 전진적으로 처리한다. 감가상각방법의 변경은 임의로 하는 것이 아니라 소비형태가 변동되었다는 근거를 마련해야 한다. 특히 잔존가치를 매년 말 검토하므로 내구성이 긴 자산에 대해서는 감가상각비 계상연수가 늘어날 가능성이 높다. 감가상각비를 처리하는 연수가 늘면 매년 계상할 수 있는 감가상각비가 줄어 초기에 당기순이익이 증가하는 효과가 발생한다. 감가상각비 제도의 변경은 세금부담에 직격탄을 줄 수 있다. 이와 관련된 신문기사를 뒤에 실었다.

CASE 1

어떤 기업에서 1억 원의 기계장치를 구입한 후 5년 정액법으로 상각했다. 장부가액이 8,000만 원인 상태에서 이 기계에 대한 내용연수가 아직 8년이 남아 있는 것으로 추정된다면 회계처리를 어떻게 할까?

● (차변)	● (대변)
감가상각비 10,000,000*	감가상각누계액 10,000,000
* 80,000,000/8년=10,000,000	

전진법은 과거의 회계처리를 무시하고 현재 상태의 조건으로 회계처리를 하는 방법이다. 장부가액은 8,000만 원이고 내용연수가 8년이며 정액법(매년 균등액을 상각하는 방법)으로 감가상각하므로 감가상각비는 1,000만 원이 된다.

셋째, 자본적 지출이라는 용어가 사라졌다.

K-IFRS(기준서 제1016호)에서는 취득 후 사후적 원가를 별도의 용어를 사용하지 않으며, 최초 취득 시 원가를 자산으로 인식하는 경우와 동일한 인식기준을 적용하도록 하고 있다. 반면 종전 기업회계기준서 제5호에서는 '자본적 지출'이라는 별도의 용어를 사용했으며, 최초 취득 시 원가를 자산으로 인식하는 것과 다른 인식기준을 규정하고 있다(실무적으로 달라진 부분은 없다).

넷째, 금융비용의 자본화의 내용이 바뀌었다.

자산의 취득이나 건설 등과 관련하여 차입금이 발생하면 이에 대한 이자를 취득원가로 처리할 것인가 비용으로 처리할 것인가를 결정해야 한다. 이에 대해 국내회계기준은 원칙적으로 기업이 알아서 처리하도록 하였으나, K-IFRS은 취득원가에 포함하는 것으로 규정하고 있다. 따라서 K-IFRS를 적용받으면 차입원가에 대해 자본화를 해야 하므로 관련 업무가 증가될 수 있다. 자본화란 차입원가(이자비용)를 당기비용이 아닌 자산으로 처리하는 것을 말한다.

●　●　●

국제회계기준 도입에 따라 기업 부담완화 법인세법 손질

정부가 국제회계기준(IFRS) 도입에 따라 기업의 세금 부담이 늘어나지 않도록 법인세법 규정을 보완키로 했다. 기획재정부는 30일 한국채택-국제회계기준(K-IFRS) 도입으로 기업의 회계기준이 이원화됨에 따라 조세 부담의 차이가 발생하지 않도록 법인세법을 개정한다고 밝혔다. 개정방안의 핵심은 오는 2011년부터 상장사 및 금융회사에 대해 도입이 의무화되는

K-IFRS가 기존의 회계기준(K-GAAP) 세법과 기준이 달라 발생할 수 있는 기업들의 납세불확실성, 일시적인 법인세 증가 등을 완화해주겠다는 것이다. 개정안에 따르면 기업들의 최대 관심사인 유형자산 감가상각은 특례를 신설해 2013년 말 취득분까지는 기존 감가상각방법을 허용하기로 했다. 그간 기업들은 개별기업이 판단해 감가상각방법을 선택해 '신고조정'을 해왔다. 하지만 K-IFRS에서는 신고조정이 아닌 국제기준에 맞춰 감가상각비를 '결산조정' 하도록 돼 있다. 결산조정을 하면 신고조정에 비해 감가상각비가 적어 기업들의 법인세 부담이 일시적으로 급증하는 불합리한 점이 있어왔다. 또한 기업이 오는 2013년까지 취득한 유형자산을 감가상각하는 세무조정을 할 때 한시적으로 '신고조정'을 허용하기로 했다. 대손충당금이 일시적으로 늘어나 기업의 세금부담이 늘어나는 것을 방지하기 위해 일시 환입액은 2년간 유예한 후 기업 이익에 반영하기로 했다. 아울러 현행 세법에서 은행 익익 기업의 외화자산 손익을 인정하지 않는 부분을 손질해 일반 기업의 외화자산의 환산손익도 인정해주기로 했다. 기업의 세무조정 부담을 최소화한다는 원칙 아래 외화환산 차익의 경우 원화ㆍ기능통화ㆍ표시통화 환산방식 중 하나를 선택하도록 하고 과세표준 계산방식도 신설하기로 했다. K-IFRS 적용 첫해 대손충당금의 일시환입액은 법인세법상 과세소득 산출 시 이익으로 처리하지 않도록(익금불산입)해 제도전환 과정에서 기업에 일시적으로 세부담이 증가하는 것을 방지할 계획이다. 재정부는 법인세법 개정안을 공청회 등을 거쳐 오는 9월 열리게 되는 정기국회에 제출할 예정이다. 개정법률은 올해 사업연도 과세표준 신고분부터 적용해 K-IFRS를 조기에 도입한 기업이 개정법률을 적용받을 수 있도록 추진하고 법안 통과 후 2010년 사업연도 과세표준 신고분부터 적용한다는 방침이다.

〈경제투데이〉 2010. 6. 30.

● ● ●

투자부동산과 공정가치평가

K-IFRS 제1040호에서는 임대수익이나 시세차익 목적으로 보유한 부동산 모두를 투자자산으로 분류하고 있다. 그리고 이 자산에 대해서는 원가모형 또는 공정가치모형 중에서 하나를 선택하여 평가할 수 있도록 하고 있다.

International Financial Reporting Standards

 알짜배기 회사들은 사옥의 일부를 임대한다. 이렇게 하여 얻는 수익은 회사의 기타수익으로 처리된다.

이러한 임대용 부동산에 대해 그동안 국내회계기준은 임대수익을 얻기 위한 목적으로 보유한 부동산에 대해서는 상각후원가로, 시세차익 목적으로 보유하고 있는 부동산에 대해서는 취득원가로 평가해왔다. 임대수익용 부동산은 유형자산으로 분류하고 감가상각비를 계상한 후의 금액을 장부가액으로 하였으며, 시세차익 목적의 부동산은 투자자산으로 분류하고 당초 취득가액을 장부가액으로 처리했다.

그렇다면 우리나라가 도입한 국제회계기준에서는 이 부분을 어떻게 처리할까? 함께 내용을 살펴보도록 하자.

투자부동산의 평가방법

그동안 기업이 보유하고 있는 투자부동산은 취득원가로 평가했다. 즉 취득 후에 가격이 변하더라도 재무제표상 금액은 취득가액으로 일정했다. 그런데 최근 한국채택-국제회계기준은 임대용 부동산을 포함한 투자부동산에 대해 감가상각을 적용한 후의 원가와 시장가격(공정가치)으로 평가한 가격 중 하나의 방법을 선택하도록 하고 있다. 내용을 정리하면 이렇다.

보유목적	기업회계기준서 제1040호(K-IFRS)	K-GAAP
임대*	원가(상각후 원가) 또는 공정가치	원가(상각후 원가)
시세차익		취득원가
리스 이용자의 운용리스 부동산에 대한 권리 인식	일정요건 충족 시 투자부동산으로 인식	운용리스 부동산에 대한권리를 자산으로 인식할 수 없으며, 운용리스 비용은 기간비용 처리

* 종전 국내회계기준에서는 유형자산으로 분류되나 K-IFRS에서는 이를 투자자산의 분류하고 있다(임대용). 일부를 사용하고 일부를 임대하는 경우에는 사용하고 있는 부분은 유형자산으로, 임대하고 있는 부분은 투자자산으로 구분하여 장부에 반영해야 한다. 이러한 구분은 면적비율 등으로 하면 문제가 없을 것이다.

투자부동산에 대한 회계처리

기업이 투자부동산에 대해 원가법으로 회계처리할 때에는 유형자산에 대한 원가법과 동일하게 회계처리한다. 유형자산에서 살펴본 원가법은 당초 취득가액에서 감가상각누계액과 손상차손누계액을 차감한 금액을 장부가액으로 하는 방법이다. 참고로 기업이 투자부동산에 대해 원가법을 채택한 경우에는 해당 자산의 공정가치를 주석으로 공시해야 한다. 따라서 투자부동산은 이래저래 공정가치에 관한 정보가 필요하다는 결론이 나온다. 한편 투자부동산을 공정가치 모형으로 평가하는 경우로서 평가손익이 발생하면 이는 모두 당기손익에 반영된다. 이를 회계처리로 표현하면 다음과 같다.

- **투자부동산의 공정가치 > 장부금액**
  (차변) 투자부동산 ×××   (대변) 투자부동산평가이익 ×××
                                      (기타수익–당기손익)

- **투자부동산의 공정가치 < 장부금액**
  (차변) 투자부동산평가손실 ×××   (대변) 투자부동산 ×××
         (기타비용–당기손익)

참고로 공정가치모형을 채택하면 원가모형과는 달리 감가상각비를 계상하지 않는다. 감가상각을 한 후 평가하나, 감가상각을 하지 않고 평가하나 궁극적으로 당기손익에 미치는 영향이 동일하기 때문이다.

IFRS를 알아야 회계가 보인다!

주석공시의 차이 | 종전 기업회계기준에서는 토지(유형자산의 토지, 투자자산의 투자부동산)에 대하여 공시지가를 공시하도록 되어 있었다. 하지만 기업회계기준서 제1040호에서는 공정가치로 평가하여 인식하지 않은 투자부동산(토지, 건물)에 대하여 공정가치를 주석으로 공시하도록 요구한다. 참고로 정부가 발표한 개별공시지가도 공정가치로 인정될 수 있다.

구분	K-IFRS 제1040호	종전 기업회계기준서 제19호
주석공시	공정가치로 평가하여 인식하지 않은 투자부동산(토지, 건물)에 대하여 공정가치 주석공시	토지(유형자산의 토지, 투자자산의 투자부동산)에 대하여 공시지가를 공시

공정가치평가… 땅부자 기업 가치 상승?

IFRS가 도입되면서 달라지는 것 가운데 하나가 자산과 부채에 대한 공정
가치평가가 가능해진다는 점이다. 종전 국내회계기준(K-GAAP)은 기업
이 자산을 취득하면 취득원가로 계산, 자산가치를 반영하지 못하는 단점이
컸다. 앞으로 IFRS가 도입되면 공정가치로 반영하기 때문에 투자자들이
실제 가치가 얼마나 되는지 손쉽게 알 수 있게 되는 셈이다. 부동산을 포함
한 유형자산(또는 투자자산)을 많이 갖고 있는 기업이 자산재평가를 통해
재무구조가 급격히 개선될 수 있다. 특히 알짜배기 땅이나 주식 등을 많이
갖고 있는 기업이 자산재평가를 할 경우 수혜를 입을 것으로 보인다. 이도
환 동양종금증권 연구원은 "기계장치나 기타 공장자산은 공정가치로 환산
하기 어려워 토지 재평가가 주를 이룰 것"이라며 "토지를 많이 갖고 있으
면서 아직까지 재평가를 안한 기업들 가운데 현대백화점, 농심, 한화케미
칼, 오뚜기 등이 수혜를 입을 것"이라고 설명했다. 그 밖에도 KT, KT&G,
롯데쇼핑, 동아제약, 풍산 등 토지나 건물 등 우량자산을 많이 보유하고 있
는 기업들도 후보에 오르내리고 있다.

〈이데일리〉 2010. 6. 15.

LESSON 06

확 달라진 무형자산 회계

기존 제도와 많이 달라진 무형자산 회계의 특징은 대략 다음과 같다. 상각대상과 비상각대상으로 나뉨, 영업권은 분리하여 표시, 상각기간 및 상각방법은 매 회계연도 말에 재검토, 무형자산에 대한 재평가 가능함 등이다.

International Financial Reporting Standards

"여러분~ 국제회계기준의 도입에 따라 우리나라 굴지의 회사의 영업이익 등이 달라지는 것을 이해하셨죠? 그러니 각 기업들이 나서서 회계교육을 시키는 겁니다. 임직원들의 회계지식이 높으면 그 기업은 발전을 안 할 수가 없습니다. 그런 의미에서 무형자산에 대해서도 공부를 해보겠습니다."

한강사의 눈빛은 여전히 날카롭게 번뜩였다.

"네, 잘 알겠습니다. 그런데 강사님. 무형자산은 형체가 없는 영업자산을 말하는 거죠? 영업권 같은 것이 대표적이고요."

박효주 대리가 아는 체를 했다.

"아, 박대리님, 이미 무형자산의 실체를 알고 계셨군요. 국제회계기준상의 내용을 공부하셨나봐요?"

"아…, 아닙니다. 그냥 전에 공부한 것이 생각나서…."

"하하, 그렇군요. 지금부터는 국제회계기준에 의한 무형자산 공부를 빠

세계 한번 해보겠습니다. 무형자산이 상당히 많이 바뀌었거든요."

한강사는 팀원들의 얼굴을 한 번 주욱 살핀 후 다시 열강 모드로 돌입했다.

무형자산의 정의

무형자산★이란 물리적 형체는 없지만 식별가능하고 기업이 통제하고 있으며 미래에 경제적 효익이 있는 자산을 말한다. 여기서 식별가능하다는 것은 계약이나 기타 법적 권리로 확보 가능함을 의미한다. 예를 들어 영업권을 돈을 주고 사면 영업권이 있다는 것을 알 수 있게 된다. 그리고 미래 경제적 효익은 제품의 매출이나 용역매출 등의 증가로 미래에 현금의 유입 또는 유출이 감소하는 것을 말한다. 예컨대 영업권을 보유하고 있다면 돈을 벌어주므로 이는 미래 경제적 효익을 가져다주는 것을 충족한다.

K-IFRS 무형자산 회계의 특징

우리가 도입한 국제회계기준에서의 무형자산은 종전과 많은 차이가 있다. 그렇다면 구체적으로 어떤 차이가 나는지 정리해보자.

첫째, 무형자산은 상각대상과 비상각대상으로 나뉜다.

기존 국내회계기준에서 무형자산으로 분류되면 무조건 20년 이내에 합리적인 방법으로 상각했다. 하지만 K-IFRS에 의하면 무형자산은 상각자산과 비상각자산으로 구별하고 이 중 비상각자산은 상각 대신 손상평가를

하도록 한다. K-IFRS의 내용을 요약하면 다음과 같다.

- 상각대상 : 내용연수가 있는 무형자산 → 상각
- 비상각대상 : 내용연수가 비한정인 무형자산(예 : 상표권) → 상각 대신 손상평가

상표권이나 영업권처럼 내용연수가 비한정인 무형자산은 상각이 중지됨에 따라 세부담 증가 가능성이 있다. 상각을 통해 비용처리하는 것이 금지되었기 때문이다.

둘째, 무형자산 중 영업권은 분리하여 표시해야 한다.

K-IFRS에서는 사업결합(합병 등)에서 취득한 영업권에 대해서는 감가상각제도를 적용하지 않고 매년 또는 손상 징후가 있을 때마다 손상검사를 한다. 하지만 기타의 무형자산 중 내용연수가 있는 무형자산은 상각한다. 따라서 이 둘을 구별하지 않고 회계처리를 수행하면 재무제표에서 왜곡이 발생할 수 있으니 주의하자.

셋째, 상각기간이나 상각방법에 대해서는 매 회계연도 말에 재검토해야 한다.

K-IFRS에서는 내용연수가 유한한 무형자산의 상각기간과 상각방법도 유형자산과 동일하게 매 회계연도 말에 검토하도록 규정한다. 이때 검토 시 상각기간 등이 변동되는 경우 이에 대해서는 회계추정의 변경으로 보아 회계처리를 전진적으로 하도록 하고 있다. 참고로 국내회계기준에서는 상각방법을 변경하면 회계정책의 변경으로 보아 소급적으로 재무제표를 작성토록 했다.

넷째, 무형자산에 대해서도 재평가가 가능하다.

K-IFRS에서는 무형자산을 최초 인식한 후에 원가모형 또는 재평가모형을 선택하여 평가할 수 있도록 규정한다. 다만, 재평가모형은 재평가하고자 하는 무형자산에 대해 활성화된 시장을 기초로 이루어져야 하나, 이에 대한 시장을 찾기가 힘들어 무형자산에 대한 재평가는 현실적으로 어려울 수 있다.

실무자 관점에서 무형자산에 대한 회계는 자주 볼 수 있는 것은 아니다. 하지만 회사의 규모가 크거나 합병 등이 발생한 경우에는 이에 대한 회계처리가 발생할 가능성이 높다. 이 경우 위에서 언급된 내용은 첫 번째(상각자산과 비상각자산 분류)와 두 번째(영업권 별도 구분) 내용은 잘 알아두자.

TIPS
생생
회계

무형자산에 대한 국제회계기준과 종전 국내회계기준 차이 비교

구분	K-IFRS	K-GAAP
무형자산의 평가	선택(원가모형, 재평가모형)	원가모형
무형자산의 내용연수	· 내용연수가 유한한 무형자산 · 내용연수가 비한정인 무형자산	법률 또는 계약으로 정해진 경우를 제외하고는 20년을 초과하지 못함.
내용연수, 상각방법에 대한 검토	적어도 매 회계연도 말에 재검토하고 변경이 발생하면 회계추정의 변경으로 처리	재검토 의무 없음 상각방법의 변경은 회계정책의 변경으로, 내용연수의 변경은 회계추정의 변경으로 처리

연구개발비는 자산인가, 비용인가?

연구개발비, 자산일까 비용일까? 종전 국내회계기준에서는 비용으로 처리되었던 개발비가 한국채택-국제 회계기준에서는 자산요건에 부합하는 일이 많아짐에 따라 재무제표에 미치는 영향이 많이 달라질 전망이 다.

International Financial Reporting Standards

 "이제 앞에서 본 무형자산의 인식 및 측정방법에 대해 알아보도록 하겠습니다."

한강사가 교육을 계속 진행하고 있었다. 식을 줄 모르는 열강 분위기에 팀원들은 동화되어 있었다.

"강사님, 그 전에 무형자산은 형체가 없는 자산인데 이를 자산으로 취급하려면 어떤 기준이 필요할 것 같은데요."

이번에도 박대리가 한마디 거든다.

"당연하죠. 일단 기본적으로 기업이 무형자산을 자산으로 올리려면 자산에서 발생하는 미래 경제적 효익이 유입될 가능성이 높고, 자산의 취득원가를 신뢰성 있게 측정할 수 있어야 합니다."

"강사님, 잘 모르겠는데요. 더욱 자세한 설명을 부탁드려용~."

김회계 대리가 끼어들며 어울리지 않는 콧소리를 낸다.

"당연하죠. 김대리님! 지금처럼 긴장의 끈을 놓으시면 안 됩니다. 하하하!"

한강사는 개별적으로 취득하는 무형자산과 내부적으로 창출하는 무형자산으로 나누어 설명하기 시작했다.

개별적으로 취득하는 무형자산

돈을 직접 주고 개별적으로 취득하는 무형자산의 원가는 쉽게 무형자산으로 인식할 수 있다. 국제회계기준은 다음과 같은 원가를 무형자산의 원가로 본다. 그러나 이 외에 새로운 제품에 대한 홍보비나 일반관리비 등은 모두 당기의 비용으로 처리한다. 실무적으로 이러한 원가를 어떻게 구분하느냐는 상당히 어려울 수 있다. 따라서 전문가의 조언을 구하는 것도 도움이 된다.

- 구입할 때 지출한 금액
- 자산을 의도한 목적에 사용할 수 있도록 준비하는 데까지 발생한 직접원가(예 : 인건비, 전문가 수수료 등)

이에는 대표적으로 영업권이 있다.

내부적으로 창출한 무형자산

내부적으로 창출한 무형자산은, 무형자산의 창출과정을 다음처럼 연구단

계와 개발단계로 구분하여 인식한다. 참고로 무형자산을 창출하기 위한 내부 프로젝트를 연구단계와 개발단계로 구분할 수 없다면 그 프로젝트에서 발생한 모든 지출은 연구단계에서 발생한 것으로 본다.

① 연구단계

프로젝트의 연구단계에서는 미래 경제적 효익을 창출할 무형자산이 존재한다는 것을 입증할 수 없다. 따라서 이 단계에서 발생한 지출은 무형자산으로 인식할 수 없고 발생한 기간의 비용으로 인식한다.

② 개발단계

개발단계에서 발생한 지출은 다음 조건을 모두 충족해야만 무형자산으로 인식한다. 그 밖에는 발생한 기간의 비용으로 인식한다.

- 무형자산을 사용 또는 판매하기 위해 그 자산을 완성할 수 있는 기술적 실현가능성을 제시할 수 있다.
- 무형자산을 완성해 그것을 사용하거나 판매하려는 기업의 의도가 있다.
- 완성된 무형자산을 사용하거나 판매할 수 있는 기업의 능력을 제시할 수 있다.
- 무형자산이 어떻게 미래 경제적 효익을 창출할 것인가를 보여줄 수 있다. 예를 들면 무형자산의 산출물, 그 무형자산에 대한 시장의 존재 또는 무형자산이 내부적으로 사용될 것이라면 그 유용성을 제시해야 한다.
- 무형자산의 개발을 완료하고 그것을 판매 또는 사용하는 데 필요한 기술적, 금전적 자원을 충분히 확보하고 있다는 사실을 제시할 수 있다.
- 개발단계에서 발생한 무형자산 관련 지출을 신뢰성 있게 구분하여 측정할 수 있다.

IFRS 도입으로 인한 재무적 영향

종전 국내회계기준에 의해 비용처리 되었던 개발비의 경우, K-IFRS에서는 자산요건에 부합하는 일이 많아짐에 따라 재무제표에 미치는 영향이 많이 달라질 전망이다. 가령 비용으로 처리되던 것이 자산으로 처리되면 재무제표의 내용이 양호한 것으로 보일 수 있다. 따라서 각 기업들이 지출한 개발비를 자산으로 처리될 가능성도 높다. 실무적으로 비용 성격인 지출을 자산으로 계상하면 분식회계의 위험성이 있어 여러 가지 문제가 발생할 가능성이 높다. 회계처리에 대한 충분한 검토가 있어야 하는 것은 당연하다.

TIPS
생생
회계

K-IFRS 내부적으로 창출한 무형자산

내부적으로 창출한 무형자산은 연구단계와 개발단계로 나누어 인식한다.

구분	회계처리
연구단계	당기비용으로 처리함
개발단계	① 다음의 지출은 무형자산(개발비)로 처리함 · 미래 경제적 효익이 기업에 유입될 가능성이 높음 · 취득원가를 신뢰성 있게 측정할 수 있음 ② 그 밖의 지출은 발생한 기간에 비용(경상개발비)으로 인식

다시 공부해야 할 무형자산의 상각방법

국제회계기준에 내용연수가 유한하면 이에 대해서는 감가상각을 하는 것이 당연하지만, 비한정인 경우에는 감가상각을 할 수 없고 손상평가만 한다. 확 달라진 무형자산에 대한 상각방법을 차근차근 알아보자.

International Financial Reporting Standards

 "결국 무형자산은 밖에서 돈을 주고 사오거나 개발비 성격이 강해야 비로소 자산취급을 받는 거네요."

박대리에게 은근한 경쟁심이 있는 석민혜가 목소리를 높인다.

"강사님, 앞으로 대기업들은 연구비가 아닌 개발비로 처리하려고 하는 일도 많아질 것 같네요. 개발비로 처리하는 것이 너그러워진 것 같아서요."

이번에는 박효주 대리가 석민혜의 말이 끝내자마자 소감을 밝혔다.

"그렇습니다. 두 분 모두 내용을 정확히 알고 있는 것 같네요. 지금까지 우리나라는 연구비는 대부분 당기의 비용으로 처리했습니다. 물론 개발비도 대부분 당기비용처리되는 경향이 높았습니다. 하지만 국제회계기준에서는 개발비를 계상하는 조건이 종전 국내회계기준보다 완화되었기 때문에 그런 현상이 발생할 가능성이 높아요. 그건 그렇고 지금부터는 국제회계기준에 의한 무형자산의 상각방법을 알아보겠습니다."

국제회계기준에 의한 무형자산 감가상각은 내용연수가 유한한지 비한정인지에 따라 그 내용이 달라진다. 내용연수가 유한하면 이에 대해서는 감가상각을 하는 것이 당연하나, 비한정인 경우에는 감가상각을 할 수 없고 손상평가만을 하기 때문이다.

내용연수가 비한정인 무형자산

여기서 '비한정'이라는 용어는 무한정을 의미하는 것이 아니라 분석을 하여도 도대체 언제까지 효과가 있는지 이를 가늠할 수 없는 것을 말한다.

IFRS에서는 내용연수가 비한정인 무형자산은 기간산정을 하기가 불가능할 정도로 언제까지 효익이 있는지 알 수 없는 자산을 의미한다. 이러한 자산의 대표적인 유형으로 영업권, 상표권, 회원권 같은 것들이 있다. K–IFRS에서는 이 같은 무형자산에 대해서는 감가상각제도를 적용하지 않는다. 따라서 매년 이에 대한 비용처리를 할 수 없다. 그 대신 해당 무형자산에 대해 손상평가(손상은 가치 하락 등을 의미)를 하도록 하고 있다. 손상이 발생하면 손상금액은 비용으로 처리된다. 따라서 손상금액은 당기순이익을 축소시키게 되므로 이에 대해서는 객관적인 근거를 갖추고 있어야한다. 실무자 입장에서 보면 곤혹스런 업무가 될 가능성이 매우 높다.

내용연수가 있는 무형자산

내용연수가 유한한 무형자산은 내용연수를 측정할 수 있기 때문에 당연히

감가상각제도를 적용한다. 이때 상각액은 무형자산상각비로 처리하여 당기손익으로 처리한다. 자세히 내용을 살펴보자.

① 내용연수

무형자산의 내용연수는 경제적 요인과 법적 요인의 영향을 받는다. 여기서 경제적 요인은 돈을 벌어들이는 기간, 법적 요인은 법적으로 사용할 수 있는 기간을 의미한다. 내용연수는 이러한 요인에 의해 결정된 기간 중 짧은 것으로 한다. 예를 들어 법적으로 10년을 사용할 수 있으나 실제는 5년밖에 사용할 수 없다면 5년을 내용연수로 한다는 것이다.

② 잔존가치

내용연수가 유한한 무형자산의 잔존가치는 다음 중 하나에 해당하는 경우를 제외하고는 없는 것(0)으로 본다.

- 내용연수 중 종료 시점에 제3자가 자산을 구입하기로 한 약정이 있다.
- 무형자산의 활성시장이 있고 다음을 모두 충족한다.
  무형자산의 활성시장이 있고 다음을 모두 충족한다.
  −잔존가치를 그 활성시장에 기초하여 결정할 수 있다.
  −그러한 활성시장이 내용연수 종료 시점에 존재할 가능성이 높다.

③ 상각방법

무형자산의 상각방법에는 정액법, 체감잔액법 등이 있다. 만일 경제적 효익이 소비되는 형태를 신뢰성 있게 결정할 수 없는 경우에는 정액법을 사용한다. 그리고 미래 경제적 효익의 예상되는 소비형태가 변동하지 않는다면 매 보고기간에 일관성 있게 적용해야 한다(실무적으로 정액법을 사용한다).

참고로 내용연수가 유한한 무형자산의 상각기간과 상각방법은 적어도 매 회계연도 말에 검토한다. 자산의 예상 내용연수가 과거의 추정치와 다르면 내용연수를 수정해야 한다. 그리고 무형자산에 대한 소비형태가 변동되면 상각방법도 변경할 수 있다. 이때의 회계처리는 회계추정의 변경으로 보아 전진적으로 처리한다. 이는 유형자산과 같은 입장을 취하고 있다.

영업권상각이 세금에 미치는 영향

국제회계기준에서는 영업권에 대한 감가상각을 허용하지 않는다. 그 결과 재무제표 모습이 종전보다 좋아진다. 영업권 미상각으로 인해 종전 국내회계기준에 비해 자산도 늘어나고 이익도 증가되기 때문이다. 따라서 어쩌면 합법적인 분식회계의 효과를 누릴 수 있는 이점이 있다. 다만, 영업권 미상각에 의한 당기순이익의 증가로 세금이 늘어날 가능성도 있다. 하지만 세법은 2013년 말까지 취득한 자산은 기존 방법대로, 2014년 이후에는 세법상 기준내용연수(영업권은 5년, 전신전화가입권 20년 등)를 기준으로 감가상각을 한 후 이를 신고조정을 하도록 하여 세금부담을 지우지 않을 방침이다. 참고로 신고조정이라는 것은 법인세 신고과정에서 결산에 반영되지 않은 사항을 세법이 추가로 조정하는 것을 말한다. 이에 반해 결산조정이라는 것은 회사의 비용이나 수익으로 계상하지 않는 경우 세법이 이를 인정하지 않는다는 것을 의미한다(부록 참조).

합병 때 발생하는 영업권 회계처리

영업권(goodwill)이란 우수한 임직원, 활성화된 판매조직, 원만한 노사관계, 좋은 기업 이미지 등으로 인해 다른 기업에 비해 우월적으로 가지는 무형자산을 말한다. 이제 무형자산 중 꽃이라고 할 수 있는 영업권에 대한 회계처리 문제를 살펴보자.

International Financial Reporting Standards

 영업권은 개별적으로 판매될 수 없고 기업 전체와 관련지어서만 확인이 가능하다는 특징이 있다. 예를 들어 기업을 합병하면서 공정가치는 100억 원이지만, 120억 원을 주는 경우 20억 원이 바로 영업권이라고 할 수 있다. 영업권에 대한 회계내용을 살펴보자.

영업권의 유형

영업권에는 합병 같은 사업결합에 의해 취득한 영업권과 내부적으로 창출한 영업권으로 나눌 수 있다.

① 사업결합으로 취득한 영업권

합병 등 사업결합으로 취득하는 무형자산은 '자산으로부터 발생하는 미래 참고로 IFRS에서는 모든 사업결합에 대하여 취득법 (acqusition method)을 적용하도록 하고 있어, 현행 인수합병준칙에서 허용하고 있는 지분통합법은 전면 폐지되었다.

경제적 효익이 유입될 가능성이 높아야 한다' 는 무형자산의 인식기준을 항상 충족하는 것으로 본다. 따라서 여기서 발생된 영업권은 대부분 무형자산으로 취급될 수 있다. 다만, 무형자산 중 영업권이 아닌 자산들은 영업권과 구별되어야 한다. 무형자산 중 일부는 상각대상이나 다른 일부는 비상각대상자산에 해당하기 때문이다. 따라서 이 둘을 혼동하여 회계처리를 하면 재무제표에 왜곡이 발생할 수 있다.

② 내부창출영업권

기업이 스스로 영업권을 계상하는 경우 발생하는 영업권을 말한다. 이러한 내부창출영업권은 취득원가를 신뢰성 있게 측정할 수 없고 기업이 통제하고 있는 식별가능한 자원이 아니기 때문에 K-IFRS에서는 이를 무형자산으로 인정하지 않는다.

영업권의 평가와 상각

영업권의 가치는 일반적으로 기업 전체의 평가액에서 기업을 구성하고 있는 확인 가능한 순자산(자산-부채)의 공정가치를 차감한 금액으로 평가한다. 예를 들어 어떤 기업의 순자산(자산-부채)의 공정가치가 500억 원이고 600억 원의 현금을 지급한 경우의 회계처리는 다음과 같다. 단, 부채는 없다고 가정하자.

- ●(차변) 자산 500억 원
  영업권 100억 원
- ●(대변) 현금 600억 원

이 예의 경우 영업권이 100억 원 발생했다. 그러면 이렇게 계상된 영업권에 대해서는 상각을 해야 하는가? 국내회계기준에 따르면 영업권에 대해서는 20년(세법은 5년) 내의 기간 내에서 정액법 등으로 상각했다. 가령 앞의 영업권에 대해 5년간 감가상각한다면 연간 20억 원을 다음과 같이 회계처리한다.

● (차변) 무형자산상각비 20억 원* ● (대변) 무형자산(영업권) 20억 원
　　*100억 원 / 5년=20억 원

그 결과 무형자산 중 영업권의 가치가 20억 원이 소멸되고, 소멸된 금액은 손익계산서상의 판매관리비로 처리되어 당기순이익을 축소시키는 역할을 했다.

하지만 K-IFRS에서는 영업권을 상각하지 않고, 매년 손상 여부를 평가하거나 손상을 나타내는 징후가 발생하는 경우 이에 대해 손상평가를 하여 그 결과를 재무제표에 반영하도록 하고 있다. 결국 영업권이 계상된 경우 이에 대한 상각비가 재무제표에 반영되지 못하므로 이익이 증가되는 효과가 발생한다(284쪽 신문기사 참조).

한편 손상평가된 영업권에 대해서는 추후 손상이 회복되더라도 환입을 할 수 없다. 유형자산의 경우에는 환입을 할 수 있는 것과 차이가 발생한다. 참고로 부의 영업권(염가매수차액)이 발생하는 경우가 있다. 공정가치보다 더 낮은 금액으로 사업결합을 하는 경우 이런 현상이 발생한다. 이에 대해 K-IFRS에서는 부의 영업권 개념을 삭제하고 이를 당기손익으로 인식하도록 하고 있다. 종전 국내회계기준에서는 내용별로 구분하여 환입처리를 했다(국내기준인 인수합병준칙 참조).

현대차 · 한전 · CJ등 새 국제회계기준 수혜주

현대차 · 한국전력 · CJ · 두산 · 한진중공업 · 효성 · 롯데칠성 등이 국제
회계기준(IFRS) 도입에 따른 수혜주로 제시됐다. 하이투자증권은 11일
"IFRS는 연결재무제표 도입, 자산 · 부채의 공정가치평가, 영업권 상각부
담 해소 등의 기회요소를 갖고 있다"며 "IFRS 도입을 앞두고 수혜가 예상
되는 기업을 선별해볼 필요가 있다"고 밝혔다. 종목별로는 현대차와 현대
모비스의 경우 개발비 및 영업권 상각 규모가 크다는 점이 주목받았다. 최
대식 하이투자증권 연구원은 "두 기업은 외형이 1조 원 이상임에도 단독결
산 시 개발비와 영업권 상각이 반영이 안 돼 소형주로 인식돼왔다. 새 회계
기준이 도입되면 지분법이익이나 로열티 수입 등으로 숨겨져 왔던 수익성
이 부각될 것으로 예상된다"고 설명했다.

또 한국전력은 부채비율 부담이 완화될 것이라는 점이, CJ와 두산은 각각
온미디어 및 밥캣에 대한 자회사에 대한 영업권 상각 부담이 해소될 것이
라는 점이 기회요인으로 꼽혔다. 두산인프라코어와 한진중공업은 보유 부
동산 가치 증가로 수혜주로 꼽혔다. 그 밖에 롯데칠성 · 사조산업 · 티브로
드한빛방송 · 한솔LCD 등도 보유자산 부각 및 계열사 가치증대 등을 이유
로 IFRS 수혜주로 추천됐다.

〈서울경제신문〉 2010. 1. 18.

금융부채

우리는 이미 앞에서 부채에 대해 간단히 살펴본 바 있다. 여기에서는 꼭 알아야 할 것들을 위주로만 살펴본다. 기본적으로 부채는 재무상태표의 오른쪽에 자리한 타인의 자금을 말하는데, 자산과 달리 종류가 그리 많지 않다.

International Financial Reporting Standards

 신고수 팀장과 팀원들, 그리고 한강사가 간식을 나누어 먹으며 담소를 나누는 중이다. 그러다 문득 신팀장이 김대리를 향해 묻는다.

"지금까지 교육받은 소감을 한마디 해보지 그래."

"아, 강사님의 가르침으로 상당한 자신감이 붙었어요. 하나하나씩 관련 내용을 이해하다보니 국제회계기준도 쉽게 정복될 것 같습니다. 강사님, 감사합니다."

"뭘요, 여러분이 잘해서 그렇습니다. 그런데 석민혜 씨의 얼굴은 '이건 아닌데' 라고 씌어 있네요. 하하하"

"아…, 아녜요. 앞으로 더욱 열심히 하겠습니다. 호호호!"

"석민혜씨는 수업태도가 아주 좋다고 느꼈습니다. 매사 그런 식으로 회사생활을 하시면 귀한 인재가 될 겁니다."

신팀장이 말했다.

"자, 좋습니다. 지금까지는 자산항목을 공부했으니까 이제 부채에 대해서 공부하려고 합니다. 물론 부채라는 것에 대해서는 앞에서 미리 살펴봤기 때문에 여기서는 꼭 알아야 할 것들 위주로만 보겠습니다. 먼저 금융부채입니다."

K-IFRS에서 규정한 금융부채란 현금으로 결제되는 채무들을 일컫는다. 부채항목을 금융부채와 비금융부채로 나누어 살펴보자.

구분	부채	
	유동부채	비유동부채
금융상품	매입채무	장기성매입채무
	미지급금, 미지급비용	
	단기차입금	장기차입금, 사채
	예수금	
비금융상품	선수금, 선수수익, 제품보증충당부채 등	선수금, 선수수익 등

표를 보면 대부분의 항목은 금융부채로 분류된다. 부채는 주로 제3자에게 갚아야 할 채무에 해당하기 때문이다. K-IFRS에서는 부채를 금융부채와 기타부채로 나누기도 한다. 아래는 금융부채에 속하는 계정과목들이다.

매입채무

기업이 외상으로 상품 또는 원재료를 구입하는 경우에 매입채무가 발생한다. 이는 외상매입금 또는 지급어음으로 구분된다. 상품 등을 구입하면서 매입할인 등이 일어난 경우에는 순매입액을 계상하는 동시에 매입채무를 감소시킨다.

매입채무 중 지급할 시점이 재무상태 보고일로부터 12개월 이후가 되는 것은 비유동자산으로 분류한다.

미지급금과 미지급비용

상품이나 원재료의 매매거래 또는 그 밖의 정상적인 영업활동과 관련된 거래(즉, 일반적 상거래) 이외의 거래에서 발생하는 채무를 미지급금이라고 한다. 예컨대 비품이나 기계장치 등을 외상으로 구입할 때 발생하는 채무는 미지급계정으로 처리한다. 이에 반해 미지급비용은 회계기간 중에 발생했으나 결산일 현재 이와 관련된 현금지출이 이루어지지 않은 비용을 말한다. 미래에 비용을 지불해야 할 의무로 유동부채에 속한다.

> 계정과목의 구분은 회계기초에 속하므로 이에 대한 개념이 없다면 회계원리 책부터 보기 바란다.

예수금

예수금이란 일반적 상거래 이외에서 일시적으로 발생한 현금수령액을 말한다. 주로 종업원의 소득세, 국민연금, 건강보험료 등을 일시적으로 보관하고 있는 경우 이 계정을 사용한다. 예를 들어 1억 원의 급여를 지급할 때 소득세 등으로 1,000만 원을 미리 공제했다면 아래처럼 회계처리한다.

- (차변) 급여 100,000,000   • (대변) 제예수금 10,000,000
                                 (부채계정)
                                 현금 90,000,000

사채

사채(社債, bonds)★는 장기간 현금을 빌리는 것과 동일하며, 그 대가로 원금과 이자를 상환해야 한다. 사채는 비교적 만기가 1년 이상인 것이 대부분이므로 비유동부채로 분류된다. 사채를 발행한 경우에는 원리금을 상환하게 되는데, 이때 회계처리는 유효이자율법★에 의한 상각표에 따라 진행한다. 예를 들어 3년만기 액면가 1,000,000원인 사채에 대한 유효이자율법에 의한 상각표가 다음과 같다고 하자. 단, 사채는 만기에 일시상환된다.

일자	장부금액	유효이자(15%)	액면이자(10%)	상각액
2011. 1. 1	885,843			
2011. 12. 31	918,719	132,876	100,000	32,876
(이하 생략)				

이를 기준으로 일자별로 회계처리를 해보자. 사채 원금에 대한 상환은 만기에 일시에 되므로 만기 전에는 이자비용에 대한 회계처리만 발생한다.

- **2011년 1월 1일**
  (차변) 현금 885,843   (대변) 사채 1,000,000
       사채할인발행차금 114,157

- **2011년 12월 31일**
  (차변) 이자비용 132,876   (대변) 현금 100,000
                       사채할인발행차금 32,876

사채의 액면가액은 1,000,000원이지만 회사가 수령한 현금은 885,843

원이다. 이처럼 발행가액이 액면가액보다 낮은 것을 할인발행이라 하고, 액면가액과 발행가액의 차액을 사채할인발행차금으로 계상한다. 이렇게 할인발행을 할 수밖에 없는 이유는 시장이자율(사례 15%)이 회사가 제시한 이자(사례 10%)이므로 이 상태에서는 투자자들이 이 사채를 구입하지 않는다. 결국 회사는 그 이자율만큼 할인하여 사채를 발행하는 것이다. 그 반대가 되는 경우에는 오히려 사채할증발행차금이 발생한다.

참고로 앞의 과정에서 발생한 사채할인발행차금은 사채상환기간 동안 (사례 3년)에 사채이자비용으로 대체처리된다. 결국 본 건과 관련하여 지급되는 이자는 액면이자(1,000,000원×10%×3년=300,000원)와 사채할인발행차금 114,157원을 더한 414,157원이 된다.

사채에 대한 회계처리는, 발행자는 부채 등으로 처리되나 구입자는 자산 (만기보유금융자산)으로 처리된다. 따라서 부채에 대한 회계처리가 이해된다면 자산에 대한 회계처리를 쉽게 이해할 수 있다.

충당부채와 우발부채

실무적으로 채무들은 인식이나 측정이 상당히 쉽다. 따라서 이를 재무제표에 반영하는 일이 어렵지 않다. 그러나 충당부채나 우발부채 등은 개념도 낯설고 그 내용도 이해하기가 힘들어 자칫 소홀하게 다루기가 쉽다.

International Financial Reporting Standards

 부채는 제3자에게 갚아야 할 채무다. 보통 은행에서 돈을 빌리거나 외상으로 상품 등을 구입하면서 남겨진 채무 등을 말한다. 이하에서는 일반기업에는 별로 발생하지 않는 부채에 대해 살펴보겠다.

충당부채

충당부채(appropriation liabilities)란 재무상태표일 현재 부채의 존재가 불확실하거나 지출의 시기 또는 금액이 불확실한 부채를 의미한다. 예컨대 자동차를 판매하는 기업이라면 일정 기간 제품보증비가 지출된다. 충당부채는 이러한 상황에서 판매보증비 지출예상액을 미리 부채로 쌓아두었다가 지출될 때 이를 상계하는 제도다. 이렇게 지출예상액을 비용과 부채로 계상해두면 당기손익 왜곡이 방지되고 재무구조를 견실하게 유지할 수 있다.

- **보증비용 발생 시**
  (차변) 제품보증비 ×××　　　　　　　　　　　(대변) 현금 ×××
- **결산 시**
  (차변) 제품보증비 ×××　　　　　　　　　　　(대변) 충당부채 ×××

K-IFRS 적용 시 충당부채를 재무상태표에 부채로 인식하기 위해서는 다음과 같은 요건을 모두 충족해야 한다.

- 과거사건의 결과로 현재의무가 존재해야 한다.
- 당해 의무를 이행하기 위하여 경제적 효익이 내재된 자원의 유출될 가능성이 높아야 한다(일반적으로 발생확률이 50%를 초과하는 경우를 의미함).
- 당해 의무의 이행에 소요되는 금액을 신뢰성 있게 추정할 수 있다.

기존 국내회계기준에서는 충당부채를 인식하기 위한 조건으로 자원유출 가능성이 매우 높아야 함을 요구했다(약 80% 이상). 하지만 K-IFRS에서는 자원유출 가능성이 50%를 초과하는 경우에 충당부채로 인식하므로 부채인식의 폭이 확대되었다. 그 결과 부채비율이 증가할 소지를 안게 되었다. 참고로 앞의 내용을 요약하면 아래와 같다.

발생 가능성	0%		50%	80%	100%
K-GAAP	미인식		우발채무공시		충당부채인식
K-IFRS	미인식	우발부채공시		충당부채인식	

※ 자료 : 한국회계기준원(2008. 11. 1, K-GAAP와 K-IFRS의 주요 차이와 영향 분석)

우발부채

우발(偶發)부채란 현재시점에서는 부채라고 보기 힘들지만 장래 일정한 조건이 발생했을 때 채무가 되는 것을 말한다. 어음배서의무·보증채무 등이 우발부채에 속한다. 통상적으로 우발채무는 정식 채무가 아니므로 재무상태표상에 부채로 계상되지 않는다. 자원의 유출을 초래할 의무가 현재에 있는지도 불투명하고 그에 따른 금액을 신뢰성 있게 측정하기 힘들기 때문이다. 그래서 일반적으로 이러한 우발부채에 대해서는 주석으로 공시하지만, 자원의 유출가능성이 거의 없다면 주석공시도 불필요하다. 다만, 우발부채인 상태에서 자원의 유출가능성이 높아진 경우(50%) 앞의 충당부채로 처리한다. 이렇게 본다면 우발부채 발생가능성이 50%가 된다면 충당부채로 인식되어 재무제표에 계상된다. 따라서 둘은 밀접한 관계가 있다고 볼 수 있다.

IFRS를 알아야 회계가 보인다!

참고로 소송에서 승소하여 수익의 실현 가능성이 어느 정도 있는 우발자산도 재무제표 본문에 올릴 수 없다. 불확실한 수익을 재무제표에 올리면 자칫 분식의 위험이 있기 때문이다. 만약 수익의 실현이 확실하다면 이는 더 이상 우발자산이 아니며 수익이 확정되는 것이다.

TIPS
생생
회계

충당부채와 우발부채의 비교

금액 추정 및 자원유출가능성	신뢰성 있게 추정이 가능한 경우	추정이 어려운 경우
가능성이 높음(확률 50%초과)	충당부채로 인식함	우발부채로 주석공시
가능성이 높지 않음	주석공시(우발부채)	
가능성이 거의 없음	공시 불필요	공시 불필요

자본조정과 기타포괄손익누계액

우리나라가 채택한 국제회계기준에서는 자본을 크게 납입자본, 이익잉여금, 기타자본구성요소로 구분한다. 여기에서는 자본의 주요 계정항목들에 대한 설명이 이어지고 있다.

International Financial Reporting Standards

"지금까지 부채에 대해 살펴보았습니다. 이제 자본에 대해 알아보겠습니다. 잘 아시겠지만 자본은 소유자들이 기업에 투자한 돈입니다. 그런데 이 자본항목이 국제회계기준 아래에서는 몇 가지 요소로 축소되었습니다. 그 내용은 다들 아시죠?"

"네, 그렇습니다. 자본항목은 다른 항목보다 공부할 내용은 많지 않을 것 같아 기분 좋습니다. 호호호!"

석민혜였다.

"그럴 수도 있습니다. 하지만 기타포괄손익누계액 같은 항목은 이번 시간을 통해 다시 한번 점검하시기 바랍니다."

한강사는 긴장을 늦추지 않은 채 또다시 열강을 이어나갔다.

자본항목은 다른 항목보다 아주 간단하다. K-IFRS에서는 자본을 크게 납입자본과 이익잉여금, 그리고 기타자본구성요소로 구분한다. 이를 정리하면 다음과 같다.

> **K-IFRS에서의 자본항목 구분**
> - 납입자본 : 자본금(보통주, 우선주 자본금)
>   자본잉여금(주식발행초과금, 감자차익, 자기주식처분이익, 자산수증익)
>   자본조정*(주식할인발행차금, 감자차손, 자기주식처분손실, 자기주식 등)
> - 이익잉여금 : 미처분잉여금
> - 기타자본구성요소 : 기타포괄손익누계액(재평가잉여금, 매도가능금융자산평가손익, 해외사업환산손익, 파생상품평가손익 등)
>   일반적립금 : 법정적립금, 임의적립금 등
>
> * 자본조정 : 납입자본 중 자본금과 자본잉여금을 제외한 임시적인 자본항목으로, 자본에서 차감 또는 가산되어야 하는 항목이다.

위의 내용 중 주요 계정과목을 살펴보면 다음과 같다.

① 자본금

자본금은 발행주식의 액면금액의 합계로, 1주당 액면금액에 발행주식수를 곱하여 산출한다. 이는 상법에서 액면가액을 기재하도록 요구함에 따라 자본금을 별도 표시한다. 자본금은 아래처럼 계산된다.

$$자본금 = 1주당\ 액면금액 \times 발행주식수$$

참고로 우선주 가운데 상환우선주가 K-IFRS에서는 부채로 분류될 수

있음에 유의하자.

② 자기주식

자기주식은 유통 중에 있는 자기 회사 주식을 소각 등을 위해 매입하여 보유하게 된 주식이다. 자기주식을 취득할 때에는 취득원가를 자기주식계정에 반영한다.

● (차변) 자기주식 ×××　　　● (대변) 현금 ×××

이때 자기주식은 납입자본의 차감형태로 하여 재무제표에 반영한다.

● 납입자본　　자본금　×××
　　　　　　　(자기주식) (×××) ×××

③ 자기주식 처분손익

자기주식 처분 시 취득원가보다 높게 매각하면 처분이익이 발생하고, 그 반대가 되면 처분손실이 발생한다. 여기서 처분이익은 자본잉여금으로 처리되며, 처분손실은 자본조정으로 처리된다. 참고로 처분손실은 이익잉여금 처분으로 상각되며, 결손금이 있는 경우에는 이월하여 처리된다. 자기주식을 소각하는 경우에는 소각금액이 더 크면 감자차익(자본잉여금), 그 반대가 되면 감자차손(자본조정)으로 처리된다(K–IFRS에서는 이에 대해 명시적인 규정이 없다. 따라서 K–GAAP처럼 처리하더라도 문제가 없을 것으로 보인다).

④ 주식할인발행차금

이는 증자 시 주식의 발행금액이 액면금액에 미달할 경우 그 미달금액을 말한다. 즉 액면금액보다 싸게 주식을 발행했기 때문에 자본의 증가인 주식발행초과금이 발생한다. 가령 어떤 기업이 주식을 1주 발행했다고 하자. 액면가액은 5,000원이나 3,000원에 발행했다면 다음과 같이 회계처리한다.

> ● (차변) 현금 3,000　　　　　　　● (대변) 자본금 5,000
> 　　　　주식할인발행차금 2,000

주식할인발행차금은 주식발행연도부터 3년 이내의 기간에 매기 균등액을 상각하고, 동 상각액은 이익잉여금에서 처분하여야 한다(K-IFRS에서는 이에 대한 규정을 마련하고 있지 않다). 상법에 따르면 정관에 회사가 발행할 주식의 총수, 1주당 액면금액, 회사설립 시 발행하는 주식의 총수를 기재하도록 되어 있다. 그리고 설립 시 발행하는 주식의 총수는 회사가 발행할 주식 총수의 1/4 이상이어야 한다. 그리고 주식회사의 1주당 액면금액은 100원 이상으로 균일해야 한다고 규정한다.

주식을 발행할 때에는 액면금액과 동일 또는 할증 또는 할인하여 발행할 수 있다. 예를 들어 액면금액이 5,000원일 때와 이와 동일하게 발행한 경우, 1만 원에 발행한 경우, 3,000원에 발행한 경우 회계처리는 다음과 같다.

액면발행	할증발행	할인발행
현금 5,000	현금 10,000	현금 3,000
자본금 5,000	자본금 5,000	자본금 5,000
	주식발행초과금 5,000	주식할인발행차금(2,000)

⑤ 이익잉여금

이익잉여금은 손익거래에서 발생한 잉여금으로 당기순이익이 원천이 된다. 이익잉여금 중에서 일부는 배당금으로 외부로 유출되고, 나머지는 기업의 성장을 도모하기 위해 기업 내부에 남겨진다. 이를 유보이익이라고 하는데 이 이익은 적립금으로 전환되고 사용처가 결정되지 않은 이익잉여금은 다음 해로 이월된다.

⑥ 기타포괄손익누계액

소유주와의 자본거래가 아님에도 불구하고 발생한 기업의 순자산 변동액을 말한다. 대표적으로 재평가잉여금이나 매도가능금융자산평가손익 등이 있다. 기타포괄손익은 포괄손익계산서상에 당기순이익에 밑에 표시가 되며, 기타포괄손익은 재무상태표의 자본항목에 누적적으로 관리된다.

⑦ 일반적립금

기업이 법적 또는 임의적으로 적립한 이익잉여금이다. 여기서 법정적립금은 상법에서 요구한 이익준비금이 대표적으로 있다. 상법에서는 기업이 금전배당을 하는 경우 배당액의 10%를 자본금의 1/2에 달할 때까지 이를 적립하도록 하고 있다. 임의적립금에는 사업확장적립금 등이 있다.

기타포괄손익누계액은 언제 없어지는가?

국내회계기준에서는 기타포괄손익을 보통 해당 자산의 제거 시 동시에 이를 제거했다. 가령 재평가잉여금이 있는 상태에서는 다음처럼 회계처리했다.

(차변)	현금 ×××	(대변)	자산 ×××
	재평가잉여금 ×××		처분이익 ×××

하지만 국제회계기준은 재평가잉여금을 처분이익에 가감하지 않는다. 따라서 다음과 같은 회계처리가 된다.

(차변)	현금 ×××	(대변)	자산 ×××
			처분이익 ×××

그리고 재평가잉여금은 다음과 같이 이익잉여금을 대체할 수 있다.

(차변)	재평가잉여금 ×××	(대변)	이익잉여금 ×××

이렇게 회계처리를 추진하는 이유는 처분 시 당기순이익의 왜곡을 방지하기 위함이다. 그런데 매도가능금융자산의 평가손익은 처분 시 가감하고 있다(세1039호). 다만, 이에 대해서는 앞의 유형자산처럼 평가손익을 이익잉여금으로 대체하는 안(제1109호)이 나와 있으므로 자세한 것은 권위 있는 기관(한국회계기준원, 금융감독원 등)에 문의하여 확정 여부를 점검하기 바란다.

변화무쌍한 자본항목

자산은 부채와 자본으로 구성된다. 여기서 부채와 자본은 사업자금의 조달원 그리고 자산은 이들의 운영 상태를 표시한 것으로 볼 수 있다. 재무상태표는 이러한 상황을 보여주는 표다. 여기서 자본은 이자가 지급되지 않으므로 자본이 튼튼하면 기업이 안정성이 있다. 그런데 자본은 여러 가지 요인에 따라 수시로 변한다. 문제는 이 자본이 당초보다 축소될 때다. 자본이 어떻게 달라지는지 자세히 살펴보겠다.

첫째, 자산에서 손상이 발생하거나 가치가 증가되는 경우가 있다.
보유 중인 채권이 부도가 나 더 이상 회수가 불가능하다고 하자. 그러면 다음과 같이 회계처리하게 된다.

● (차변) 손실 ××× 　　　자본↓	● (대변) 채권 ××× 　　　자산↓

손실은 궁극적으로 자본을 줄이며 그에 해당하는 금액만큼 자산이 줄어든다. 그런데 거꾸로 어떤 기업에서 보유하고 있는 토지의 가격이 상승했다고 하자. 그러면 다음과 같이 회계처리할 수 있다.

● (차변) 토지 ××× 　　　자산↑	● (대변) 평가이익 ××× 　　　자본↑

둘째, 경영성과에 따라 자본이 출렁거린다.

경영성과가 좋으면 이익이 발생하고 좋지 않으면 적자가 발생한다. 그렇다면 이러한 결과가 자본에 어떻게 연결될까? 이는 앞에서 본 회계등식을 확장해 보면 쉽게 이해할 수 있다.

> · 자산 = 부채 + 자본
> · 자산 = 부채 + (자본금 + 이익잉여금 – 배당금)

자본이란 크게 주주들이 낸 자본금과 이익잉여금으로 구성된다. 그런데 이익잉여금 중 배당금은 주주들에게 유출된 것이므로 현존하는 자본은 위와 같이 표시된다. 따라서 기업의 성과가 좋은 경우에는 이익잉여금의 일부가 자본을 형성하므로 자본이 늘어난다. 그런데 경영성과가 좋지 않으면 오히려 자본이 줄어든다.

> · 자산 = 부채 + (자본금 – 결손금)

만일 적자폭이 큰 경우에는 주주들이 낸 자본금이 완전히 잠식당하는 경우도 발생할 수 있다.

셋째, 자본은 증자와 감자에 의해서도 변동한다.

증자는 주주로부터 돈을 추가로 받는 것을 말한다. 따라서 기업 입장에서는 가용자원이 많아져 사업역량이 제고되는 장점이 있다.

> ● (차변) 현금 ×××   ● (대변) 자본금 ×××
>   자산↑   자본↑

그런데 이와 반대로 주주의 지분을 감소시키는 경우가 있다. 이월된 결손금이 많아 이를 해소하고자 자본을 감소시키는 경우다.

• (차변) 자본금 ××× 자본↓	• (대변) 이월결손금 ××× 자산↓

TIPS
생생
회계

유 · 무상 증자 vs 유 · 무상 감자

자본을 늘리는 증자와 자본을 줄이는 감자를 비교하면 다음과 같다.
· 유상증자 : 주주에게 주식을 교부하고 그 대가로 금전 등을 받는 것
· 무상증자 : 주주에게 주식을 교부하나 금전 등을 받지 않는 대신 자본잉여금이나 이익잉여금을 자본금으로 대체하는 것
· 유상감자 : 회사규모를 줄이기 위해 주주에게 금전 등으로 자본금을 반환하는 것(감자 : 자본금을 줄이는 것)
· 무상감자 : 회사가 결손금이 있을 때 그 결손금을 자본금으로 충당하는 것

달라진
포괄손익계산서
항목 독파하기

수익의 인식방법

회계에서는 수익을 인식할 때 실현기준을 적용하고 있다. 그리고 수익인식은 재화의 경우 인도시점에서 용역은 보통 진행기준을 사용한다. 그러나 아파트 분양매출은 인도기준을 사용한다.

International Financial Reporting Standards

 신고수 팀장과 팀원들은 지금까지 한강사와 호흡을 잘 맞춰왔다. 그래서 인지 막연히 어렵다고만 느끼던 국제회계기준에 대해 자신감이 상당히 커졌음을 알 수 있었다. 물론 짧은 시간으로 많은 것을 얻기에는 분명 한계가 있었다.

"지금까지 공부하신 내용만 가지고도 국제회계기준을 상당 부분 이해할 수 있었을 겁니다. 국제회계기준의 핵심이라고 볼 수 있는 공정가치제도, 지분법이나 연결 등을 공부했으니까요. 하지만 여러분의 실력을 더욱 끌어올리려면 포괄손익계산서항목과 법인세 등도 공부해야 합니다. 아셨죠?"

한강사는 팀원들을 독려하기 위해 애를 쓰자, 신팀장이 격려의 말을 한마디 더 덧붙였다.

"여러분, 드디어 고지가 보입니다. 조금만 더 힘내면 국제회계기준을 정복할 수 있습니다. 다들 힘냅시다."

그러자 또다시 한강사가 목소리를 높여가며 수업을 진행해나갔다.

"모든 분들 힘내시고, 이제부터 포괄손익계산서항목 중 가장 중요한 수익의 인식방법부터 따져봅시다."

수익인식 기준 : 실현요건 및 가득요건의 충족

수익(income, revenues)을 재무제표에 반영하려면 당연히 어떤 기준이 필요하다. 그래서 회계는 원칙적으로 현금기준이 아니라 발생기준을 사용한다. 발생기준이란 당해 거래 또는 사건이 발생한 기간에 인식하며 해당 기간의 장부에 기록하고 재무제표에 표시하는 것을 말한다. 현금 등의 수취와는 별개로 발생시점을 기준으로 인식한다. 그런데 기업의 경영활동 전 과정을 통해 발생하는 수익을 이 기준에 따라 인식하려면 수익획득 과정별로 증가된 가치를 구분하고 이를 측정해야 한다. 하지만 이를 실무적으로 측정하는 일은 매우 어렵다. 그래서 회계에서는 수익을 인식할 때 발생기준을 후퇴시키고 실현기준을 사용하고 있다. 즉 수익은 실현조건을 충족한 시점에서 인식한다는 것이다. 실무적으로 다음 두 가지 조건을 동시에 충족한 시점에서 수익을 인식한다.

> ★수익
> '수익'이란 영업활동 과정에서 재화나 용역을 외부에 판매하고 그에 대한 대가를 받는 것이다. 수익은 주요 영업과정에서 발생하며 '매출'이라고도 불린다. 이와는 별개로 영업외 활동에서 발생하는 수익을 기타수익으로 부른다. 기타수익은 종전의 영업외수익을 말한다.

① 실현요건(측정조건)

수익은 실현되었거나 실현가능한 시점에 인식한다. 실현되었다는 건 제품이나 상품 등이 현금 또는 현금청구권과 교환되었다는 의미다. 실현가능하다는 건 수익의 발생과정에서 수취한 자산이 현금이나 현금청구권으로 즉시 전환될 수 있음을 의미한다. 결국 실현이라는 상품이나 서비스 제공에 따른 대금이 회수되었거나, 대금청구권이 발생했다고 결론내릴 수 있다.

② 가득요건(발생조건)

수익은 가득과정이 완료되어야 한다. 즉, 수익획득과정과 관련된 경제적 의무를 완수하여 수익을 얻을 만한 자격이 있어야 한다. 여기에서 수익획득과정은 제조업의 경우 원재료를 구입하여 제품을 생산하여 판매하고 판매대금을 회수하는 과정을 말한다. 수익은 이 같은 수익획득과정에서 앞의 실현요건과 가득요건을 충족시키는 시점에서 인식하게 된다. 예를 들어 제품을 판매하는 경우에는 이를 판매하는 때 수익을 인식하고 용역의 경우에는 용역제공 정도에 따라 수익을 인식하는 것이 원칙이다.

수익인식 시점

이제 수익을 인식하는 시점에 대해 살펴보자. 일반적으로 상품 등의 판매는 이를 판매하는 시점에서 수익으로 인식한다. 판매시점에 재화가 인도되고 대금을 회수하거나 대금청구권(매출채권)이 발생하기 때문이다. 따라서 이런 유형에서는 수익을 인식하는 시점을 잡는 일이 별로 어렵지 않다. 하지만 용역을 지속적으로 공급하는 경우에는 이러한 기준을 사용할 수 없고 별도의 방법으로 이를 확인해야 한다. 예를 들어 3년짜리 도급공사를 하는 건설사라면 연간 단위로 수익을 배분해야 하는데 이때에는 공사

진행률(공사비 투입비율)만큼 연간 수익을 인식한다. 가령 도급공사금액이 100억 원이고 첫해 공사진행률이 20%라면 공사 첫해의 수익은 20억 원(100억 원×20%)이 된다. 실무적으로 기업의 사업형태에 따라 수익을 인식하는 방법이 다양할 수 있다. 이에 대해서는 생생회계 Tip 내용을 참조하기 바란다.

참고로 K-IFRS에서는 다음의 조건이 모두 충족될 때 수익을 인식하도록 하고 있다.

- 재화의 소유에 따른 유의적인 위험과 보상이 구매자에게 이전된다.
- 판매자는 판매된 재화의 소유권과 결부된 통상적 수준의 지속적인 관리상 관여를 하지 않을 뿐만 아니라 효과적인 통제를 하지도 않는다.
- 수익금액을 신뢰성 있게 측정할 수 있다.
- 거래와 관련된 경제적 효익의 유입가능성이 높다.
- 거래와 관련하여 발생했거나 발생할 원가를 신뢰성 있게 측정할 수 있다.

우리나라가 국제회계기준을 도입하면서 이곳저곳에서 앓는 소리가 들려오고 있다. 회계제도의 변경이 기업의 얼굴 표정을 바꾸고 있기 때문이다. 대표적으로 건설업계가 그렇다. 지금까지 아파트를 분양하는 회사들은 진행기준을 사용해 완공되기 전이라도 수익을 인식해왔다. 하지만 국제회계기준에서는 소비자에게 아파트를 인도하는 시점에 수익을 인식하라고 한다. 이렇게 되면 공사가 진행되는 동안에는 수익이 인식되지 않고 부채가 증가(∵분양선수금 부채로 처리)하는 등 종전과 다른 모습으로 기업이 평가될 수 있다.

재화와 용역에 대한 거래형태별 수익인식방법

아래의 거래형태별 수익인식 방법은 기존 국내회계기준서 제4호에서 제시한 것이다. 국제회계기준은 이와 같이 세부적으로 열거하고 있지 않으나 수익에 대해서는 국제회계기준과 종전 국내회계기준이 큰 차이가 없어 아래 기준을 실무에 참조하더라도 문제가 없을 것으로 보인다(단, 아파트 분양매출은 진행기준이 아닌 인도기준으로 바뀜).

구분		수익인식방법
재화의 판매		판매시점
위탁판매		수탁자가 제3자에게 판매한 시점
상품권		상품권을 회수한 시점, 상품권 판매 시 선수금 처리
부동산 판매		법적 소유권 이전시점과 위험과 효익이 이전되고 판매자의 중요한 추가의무 완료 시점 중 빠른 날
반품조건 부 판매		구매자가 인수를 수락한 시점 또는 반품기간의 종료시점
재구매약정이 있는 경우 (콜옵션, 풋옵션)		판매자가 소유에 따른 위험과 효익을 보유한 경우 금융거래로 봄
정기 간행물 구독	구독품목의 가액이 동일	구독기간에 걸쳐 정액법으로 수익인식
	구독품목의 가액이 다름	발송품목의 가액이 구독신청을 받은 예상 총판매가액에서 차지하는 비율에 따라 수익인식
임대업, 수출대행업, 전자쇼핑몰 등		임대료 또는 수수료만을 수익으로 인식
방송사의 광고수익		광고를 대중에게 전달하는 시점
건설용역		진행기준
광고제작 용역수익		진행기준
공연입장료 수익		행사가 개최되는 시점
수강료		강의가 진행되는 발생기준 적용
입회비 및 연회비	회원자격유지	회수가 확실하게 되는 시점
	재화 등의 저가구매 권리가 부여	가입기간 동안 제공되는 효익을 반영하는 합리적인 기준에 따라 수익인식
프랜차이즈 수익	설비제공	당해 자산을 인도하거나 소유권을 이전하는 시점
	창업지원 용역	용역의 대부분을 수행한 시점(단, 회수가능성이 불확실한 경우에는 현금수취 시점)

수익의 측정방법

이하 본문에서는 수익의 측정방법에 대하여 자세히 살펴보도록 한다. 그리고 수익에 대해 화폐가치를 부여하는 일, 수익에 포함되지 않는 일들도 함께 알아보는 시간이다.

International Financial Reporting Standards

 "이론적으로 수익을 인식하는 기준이 만만치 않을 것 같네요."

교육 내내 진재했던 김대리였다.

"그렇습니다. 예를 들어 건설공사를 살펴보죠. 이 경우 장기적으로 공사가 진행되는데 어떤 식으로 수익을 인식하느냐에 따라 당기 경영성과가 달라지고 그 결과 재무제표의 모양새도 달라지니까요."

한강사가 김대리의 말에 맞장구를 쳤다.

"강사님, 우리가 물건을 살 때 할인받기도 하는데 이러한 것들은 어떻게 처리되나요?"

석민혜가 궁금하다는 표정을 지으며 질문을 했다.

"네, 좋습니다. 지금부터는 민혜씨가 질문한 내용을 포함하여 수익에 대해 화폐가치를 부여하는 일, 수익에 포함되지 않는 일들도 알아보도록 하겠습니다."

수익의 측정은 어떻게 할까?

원래 수익은 재화의 판매나 용역의 제공 등에 대해 받았거나 받을 대가의 공정가치로 측정해야 한다. 예를 들어 물건을 부가가치세 포함하여 11만 원에 판매했다면 다음처럼 회계처리한다.

- (차변) 현금 110,000
- (대변) 매출 100,000
  부가가치세 10,000

이처럼 단기적으로 판매하는 것들은 판매하는 시점의 공정가치를 바로 파악할 수 있으므로 수익을 측정하는 데 문제가 없다. 그런데 장기할부판매는 수익을 측정하기가 쉽지 않다. 장기적으로 돈이 유입되면 이자요소가 개입하기 때문이다. 따라서 장기매출채권은 미래에 받을 금액을 현재의 가치로 측정하여 거래 내용에 따라 회계처리한다. 예를 들어 자동차를 현금으로 사면 2,000만 원(부가가치세 별도)이지만, 24개월 할부로 구매할 때에는 모두 2,500만 원이라고 하자. 이 경우 회계처리는 어떻게 될까? 단, 첫 결산 시 현재가치할인차금(명목가액과 미래 현금유입액의 현재가치와의 차액을 말함) 중 20만 원이 이자수익으로 대체된다고 하자.

① 매출 시

- (차변)
  장기성매출채권 25,000,000
- (대변)
  상품매출 20,000,000
  부가가치세 2,000,000
  현재가치할인차금 3,000,000

② 결산 시

- (차변) 현재가치할인차금 200,000
- (대변) 이자수익 200,000

매출에서 차감되는 것들

매출에서 차감되는 항목에는 대표적으로 매출에누리와 매출할인이 있다. 실무적으로 이 둘은 모두 수익에서 차감되므로 재무제표에서 미치는 영향은 같다.

① 매출에누리(판매장려금 포함)

매출에누리란 고객에게 제품을 판매한 후에 판매한 제품의 수량부족이나 품질불량 등이 발견된 경우 고객에게 가격을 할인해 주는 것이다. 또한 일정 기간의 거래수량이나 거래금액에 따라 매출액을 감액하는 것(판매장려금)도 매출에누리에 포함하여 매출액을 감액한다. 다만, 매출실적에 관계없이 또는 매출처가 아닌 곳에 지급하는 판매장려금은 기타비용으로 처리한다.

② 매출할인

매출할인이란 일정한 현금할인기간 내에 매출대금을 지급한 경우 당초 판매가격에서 일정률을 할인해 주는 것인데 매출액에서 차감한다. 예컨대 당초 공급은 10만 원에 했으나 대금결제를 빨리하여 1만 원 할인해 주는 경우에는 수익을 9만 원으로 처리한다.

③ 매출환입

매출환입이란 상품 등이 품질차이, 파손, 계약의 취소 등의 이유로 매출처로부터 반송되어온 것을 말한다. 이러한 항목들도 수익에서 차감된다.

수익에 포함되지 아니하는 것들과 차감되는 것들

수익을 측정할 때 다음의 항목들에 대해서는 아예 처음부터 수익에서 제외되거나 포함되지 않는다.

① 제3자를 대신하여 받은 금액

본래의 수익과 다음의 항목들에 대한 대금을 동시에 받은 경우 계정과목을 구분하여야 한다. 물론 아래와 같은 항목들은 수익과 관련이 없다.

- 부가가치세
- 주류제조업의 주세 및 교육세
- 유류 관련 개별소비세 등

가령 매출이 발생할 때 공급가액 외에 부가가치세 10%를 더 받는데, 부가가치세는 국가에 납부해야 하는 세금이다. 따라서 아래처럼 매출에서 제외하고 부채항목으로 처리한다.

●(차변) 현금 ×××	● (대변) 매출 ××× 예수부가세 ×××

② 대리관계에서 위임자를 대신하여 받은 금액

대리관계에서 위임자가 대신 받은 금액 등을 수익으로 보지 않는다. 이에는 다음과 같은 것들이 있다. 예를 들어 종합상사가 수출업무를 대행할 때에는 판매수수료만 수익으로 계상해야 한다. 이렇게 함으로써 재무제표상의 매출 등이 과대 계상되지 않는다.

- 수출업무를 대행하는 종합상사의 수출
- 백화점의 매장 매출
- 광고대행사의 매출
- 영화배급 대행회사의 매출
- 인터넷복권 발행업무 대행회사의 매출 등

수익에 대한 K-IFRS와 K-GAAP 차이 비교

구분	K-IFRS	K-GAAP
수익인식 요건 중 경제적 효익	유입가능성이 높아야 함	유입가능성이 매우 높아야 함
고객충성제도	추정금액을 충당부채로 인식, 보상의무제공 시 수익으로 대체	미래 지출금액을 추정하여 충당부채 계상
아파트 분양매출	인도기준	진행기준

마일리지제도와 수익인식

요즘에는 마일리지 마케팅을 활발하게 전개하는 기업들이 많다. 국제회계기준의 도입으로 이런 기업들이 알아둬야 할 내용들도 함께 다루어본다. 대표적으로 고객충성제도를 보자. 이 제도는 종전부터 기업들이 사용하고 있는 제도에 해당한다.

International Financial Reporting Standards

 "이번 국제회계기준에 따르면 마일리지를 마케팅 포인트로 삼는 기업에 일정 부분 영향을 미치는 것 같습니다."

"강사님, 마일리지는 포인트와 같은 거죠. 일단 적립한 후 나중에 사용할 수 있는…."

"맞습니다."

박효주 대리의 질문에 한강사가 친절하게 답을 해준다.

"그런데 이런 것도 우리가 알아야 하는지 좀 답답하다는 생각이 듭니다. 이런 문제는 해당 기업들의 담당자만 알고 있어도 문제가 없을 것 같은데요."

이번에는 석민혜가 살짝 끼어들었다.

"사실 저도 이 부분을 강의 목록에 넣을지 말지 고민 많았습니다만, 결국 제도가 바뀌게 되므로 대략적인 내용을 알아두면 좋을 듯싶어 강의항

목에 넣었습니다. 그렇게 이해해주시기 바랍니다."

그리고 한강사는 우리나라에 도입된 국제회계기준의 고객충성제도에 대해 설명하기 시작했다.

기업의 마케팅의 한 방법으로 고객이 재화나 용역을 구매하면 기업은 보상점수(흔히 '포인트'라고 한다)를 부여하고, 고객은 보상점수를 사용해 재화나 용역을 무상 또는 할인 구매하는 방법으로 보상받는다(K-IFRS에서는 이러한 제도를 고객충성제도라고 부른다). 여기서 보상점수는 보통 포인트나 마일리지 같은 명칭으로 부여된다. 점수가 높으면 더 많은 혜택을 누릴 수 있는 것은 당연하다. 대표적으로 다음과 같은 것들이 있다.

- 항공사에서 일정 마일리지가 누적되었을 때 제공하는 무료항공권
- 신용카드회사에서 카드사용 금액에 따라 적립해주는 포인트제도

그렇다면 마일리지가 부여되었을 때 회계처리를 어떻게 해야 좋을까? 이를 K-IFRS와 종전 국내회계기준을 서로 비교하면 다음과 같다.

구분	K-IFRS	K-GAAP
고객충성제도에 의한 포인트·마일리지의 부여	미래지출금액을 추정하여 수익에서 차감하여 보상의무 제공 시 수익대체	미래지출금액을 추정하여 당기의 비용과 추정부채로 계상

종전의 국내기준은 미래지출금액을 추정하여 다음과 같이 비용과 부채를 계상한다. 예컨대 구입한 금액 100만 원의 1%를 마일리지로 부여한다고 하자.

- **매출 인식**
  (차변) 현금 1,000,000　　　　　　　(대변) 매출 1,000,000
- **마일리지 비용 및 부채계상**
  (차변) 판매촉진비 10,000　　　　　(대변) 충당부채 10,000
- **포인트 사용**
  (차변) 충당부채 10,000　　　　　　(대변) 현금 10,000

　그런데 국제회계기준에서는 회계처리방식이 종전 국내기준과 다르다. 보상점수를 부여하는 시점에서 다음과 같이 수취한 대가 중 일부를 보상점수에 배분하고, 부채(선수수익)로 인식한다. 적립된 각 포인트의 공정가치가 1원이라면 다음과 같이 회계처리할 수 있다.

- (차변) 현금 1,000,000　　　　　- (대변) 매출 960,000
　　　　　　　　　　　　　　　　　　선수수익 10,000
　　　　　　　　　　　　　　　　　　(부채)

　소비자가 포인트를 사용할 때 포인트에 배분된 대가를 이연하여 수익으로 인식한다. 단, 사례의 경우 포인트를 모두 사용하였다고 가정하자.

- (차변) 선수수익 10,000　　　　　- (대변) 수익 10,000

　참고로 포인트 부여 시 부채(선수수익)는 포인트의 공정가치를 기준으로 설정한다. 따라서 포인트의 공정가치가 원가보다 크다면 부채비율이 일시적으로 상승할 가능성도 있다. 그러나 우리나라 기업의 대부분은 적립률이 크지 않아 매출감소 효과가 조금 발생하여 부채비율이 큰 문제가 되지 않을 가능성이 높다. 하지만 예를 들어 적립률이 10% 같이 종전보다 크게

인상된다면 매출감소와 부채증가를 겪게 될 가능성이 높다(∵적립비율이 큰 기업에 영향을 줄 수 있음). 다만, 실제 마일리지 사용 시에는 부채가 차감되면서 수익이 발생하므로 부채비율은 점차 감소한다.

IFRS를 알아야 회계가 보인다!

K-IFRS 마일리지 회계처리 사례
한 식료품 소매상에서는 고객이 특정한 금액을 식료품 구입에 사용하면 회원에게 포인트를 부여한다. 회원은 포인트를 사용하여 식료품을 더 구입할 수 있다. 포인트의 유효기한은 없다. 어느 한 기간에 기업이 100포인트를 부여했다. 경영진은 이 가운데 80포인트가 회수될 것이라고 기대한다. 경영진은 각 포인트의 공정가치를 1원으로 추정하고 100원의 수익을 이연했다.

① 1차 연도
최초에 보상점수 부여 시에는 다음처럼 매출과 부채(선수금)를 인식한다.

(차변) 현금 10,000   (대변) 매출 9,900
                                  선수수익 100

그런 후 1차 연도 말에 회수될 것으로 기대되는 포인트의 절반인 40포인트가 회수되어 식료품으로 교환되었다고 하자. 이때 기업이 인식하는 수익은 (40포인트/80[1]포인트)×100원=50원이다.

(차변) 선수수익 50   (대변) 수익 50

포인트 사용액에 따라 이연된 수익 100원 중 50원이 수익처리되고 있다.

② 2차 연도
2차 연도에 경영진은 기대치를 수정했다. 이제 경영진은 총 90포인트가 회수될 것으로 기대한다. 2차 연도 중에 41포인트가 회수되어 총 회수포인트 수는 40[2]+41=81포인트가 되었다. 기업이 인식하는 누적수익은 (81포인트/90[3]포인트)×100원= 90원이다. 1차 연도에 50원을 수익으로 인식하였으므로 2차 연도

에는 40원을 수익으로 인식한다.

(차변) 선수수익 40　　　　　　　　(대변) 수익 40

③ 3차 연도

3차 연도에 9포인트가 추가로 회수되어 총 회수포인트 수는 81+9=90이다. 경영 진은 여전히 90포인트만 회수될 것으로 예상한다. 즉, 3차 연도 이후에는 더 이 상 포인트가 회수되지 않을 것으로 예상한다. 따라서 당일까지의 누적수익은 (90 포인트/90[4]포인트)×100원=100원이다. 기업은 이미 90을 수익으로 인식했다 (1차 연도 50원, 2차 연도 40원). 그러므로 3차 연도에는 나머지 10원을 수익으 로 인식한다. 이렇게 해서 초기에 이연한 수익을 모두 인식하게 된다.

(차변) 선수수익 10　　　　　　　　(대변) 수익 10

참고로 제3자가 보상을 제공하는 일도 있다. 가령 전자제품을 판매하는 회사가 다른 항공사가 운영하는 고객충성제도에 참여하는 경우다. 이런 상황에서는 부상 점수배분대가와 제3자에게 기업이 보상한 대가로 지급할 금액 간 차액을 수익으 로 인식한다.

1) 회수될 것으로 기대되는 총 포인트 수
2) 1차 연도에 회수된 포인트 수
3) 회수될 것으로 기대되는 총 포인트의 수정된 추정치
4) 회수될 것으로 여전히 기대되는 총 포인트 수

달라진 아파트 등 분양매출과 수익인식

국제회계기준 도입에 따라 건설업계에서도 수익인식에 대한 변화에 잘 대처해야 한다. 시행사와 시공사에 따라 수익인식의 내용이 달라졌다. 본문을 통해 그 내용들을 확인해보기 바란다.

International Financial Reporting Standards

 "마일리지제도라는 것이 무척 낯설지만 그래도 강사님의 알찬 설명을 들으니 다소나마 이해되는 것 같네요."

오랜 만에 박효주 대리가 소감을 밝혔다.

"아, 듣던 중 반가운 소리입니다. 전 이 부분을 이해하는 데 꽤 많은 시간을 보냈습니다. 그나저나 이런 제도는 항공사나 카드사 등에서 근무하는 분들이라면 당연히 알아야 하고 그와 관련이 없는 분들도 이번 기회를 통해 알아두면 도움이 될 겁니다."

한강사가 잠시 숨을 고른 후 말을 했다.

"이제부터는 요즘 건설업계가 잔뜩 긴장하고 있는 수익인식에 대해 살펴보겠습니다. 사실 제도가 바뀌면 어떤 경우든 영향을 받게 마련입니다. 어떤 것을 걱정하는지 파악해보시기 바랍니다."

일반적으로 수년간 걸리는 건설공사는 공사진행률에 따라 수익을 인식한다. 올해의 공사진행률이 20%라면 전체 공사금액 중 20%만 수익으로 계상한다는 것이다. 이러한 수익인식은 아파트분양 시에도 동일하게 적용되었다. 그런데 K-IFRS에서는 이 수익인식 방법이 달라졌다. 이하에서 이와 관련된 내용들을 살펴보자.

시행사와 시공사의 구분

건설업계에 종사하는 기업은 크게 시행사와 시공사로 분류된다. 시행사(施行社)는 부지 매입을 시작으로 각종 인허가를 득하고 시공사를 선정하여 자금을 조달하며, 최종 분양까지 책임지는 회사다. 이에 반해 시공사(施工社)는 주로 시행사가 발주한 공사를 책임지는 회사를 말한다. 공사에만 참여하므로 토지의 취득이나 분양에 대해서는 신경 쓸 필요가 없다. 오직 공사만을 목적으로 하며 이들의 수입은 공사로 받은 금액이 된다.

시행사의 수익인식 기준

시행사와 시공사 중 시행사의 아파트 분양과 관련하여 수익인식 기준이 바뀐다. 원래 국내기준에 의하면 아파트 시행사도 시공사의 공사진행률에 맞춰 분양수익을 인식한다. 그러나 새로이 채택한 국제회계기준에 따르면 이는 재화의 판매로 보아 원칙적으로 인도기준으로 수익을 인식한다. 이는 현재 우리나라의 상황을 보면 어느 정도 이해할 수 있을 것이다. 지금처럼 미분양아파트가 많다면 공사가 완공되었다고 해도 이를 분양수익으

로 인식하기에는 왠지 앞뒤가 맞지 않기 때문이다.

이렇게 수익인식 기준이 인도기준으로 바뀌게 되면 시행사의 재무제표에 많은 영향을 준다. 분양완료 전까지 받은 분양선수금은 수익과 대체되지 않으므로 여전히 부채로 남는다. 그 결과 부채비율이 증가하는 것은 두말할 필요가 없다. 그리고 매출액의 변동성도 커지고 법인세 처리에도 상당한 문제점을 안게 되는 등 다양한 재무적 영향이 발생한다(∴이와 관련된 제도의 변화에 관심을 갖도록 하자).

시공사의 수익인식 기준

시공사의 수익인식은 바뀐 게 없다. 시공사는 오직 공사수익만을 획득하기 때문이다. 따라서 시공사는 다음과 같은 공사진행률을 사용하여 수익을 인식해야 한다. 여기서 공사진행률이란 실제공사비 발생액을 토지의 취득원가 등 일정한 금액을 제외한 총공사예정원가로 나눈 비율이다. 일종의 공사진척도(기성이라는 표현을 쓰기도 한다)를 말한다. 다음을 참조하자.

$$\text{공사진행률} = \frac{\text{공사비 발생액}}{\text{총 공사예정원가(토지취득원가 및 금융비용 등 제외)}}$$

※ 총 공사비가 변동하는 경우에도 이를 소급하여 처리하지 않음.

참고로 우리나라의 경우 시공사가 시행사의 자금대출에 대해 지급보증(PF)하는 일이 매우 많다. 이러한 지급보증에 대해 종전 국내기준은 시공사의 부채로 보지 않아 시공사는 부외부채 효과를 톡톡히 누려왔다. 하지만 IFRS 도입으로 그동안 우발부채로 주석에 기재되거나 아예 이에도 생략되었던 채무가 부채로 인식될 가능성이 높다. K-IFRS에서는 발생가능

일반도급공사와 자체분양공사의 수익인식 기준 비교

일반도급공사와 자체분양공사에 대한 수익인식 기준을 비교해보자. 차이가 난 부분은 자체분양공사가 재화의 판매로 분류되는 경우다.

구분	K-IFRS	K-GAAP
일반도급공사	진행기준	
	건설계약으로 분류	
자체분양공사	완성기준*	진행기준
	재화의 판매로 분류	건설계약으로 분류
	(K-IFRS 제1018호에 해당되는 경우)	(K-IFRS 제1011호에 해당되는 경우)

* 우리나라의 선분양 아파트 대부분은 완성기준을 적용해야 할 것으로 보인다(단, 상장기업에 한함).

성이 50%만 되도 충당부채로 보아 재무제표 본문에 표시하도록 하기 때문이다.

●　●　●

국제회계기준 도입 후 뜰 기업과 질 기업은?

IFRS 도입이 가장 불안한 업종은 건설이다. IFRS는 분양공사를 건설계약이 아닌 일반제품의 판매로 본다. 이렇게 되면 부동산이 구매자에게 인도되는 시점을 수익으로 인식한다. 현행 회계제도는 건설공사의 진행 정도에 따라 매출과 이익을 반영한다. IFRS는 아파트가 준공돼야만 매출과 이익을 재무제표에 기재한다. 한 건설사가 5년 후에 분양하는 아파트를 100억 원에 계약했다면, 현행 기업회계기준은 매년 20억 원씩을 매출액으로 계상한다. 반면 IFRS는 5년 뒤 건설이 완공, 인도되는 시점에 100억 원을 한꺼번에 매출액으로 잡는다. 진행률에 따라 인식하던 수익을 공사완료 시까지 분양선수금으로 인식하기 때문에 부채비율이 늘어난다. 일부 건설사는 매출과 이익이 일시적으로 떨어질 수밖에 없다. 또 하나, 특수목적법인(SPC)이 연결대상에 포함된다는 점도 부정적이다. 프로젝트파이낸싱(PF) 자금이 연결기준 부채에 포함돼 장부상 부채비율이 증가하는 효과가 나타난다. 이경자 토러스투자증권 애널리스트는 "건설사 중에서도 대우건설이 PF 등 우발 채무가 많아 부채비율이 높아질 것"이라고 내다봤다. 조선업도 건설업과 비슷한 경우다. 선박매출 인식을 공정진행률대로 하느냐, 최종 인도 시점에서 하느냐에 달렸다. 현재 협의 중이다. 두산인프라코어는 좀 비관적이다. 자회사 밥캣의 차입금, 전환 우선주 연결매출 때 차입금 비율 증가 등이 문제다. 전재천 대신증권 애널리스트는 "한진중공업도 인천북항 배후지 개발 이익 달성 시점이 미뤄지면서 당장의 숫자는 좋지 않을 수 있다"고 말했다.

〈매일경제신문〉 2010. 3. 13.

달라진 종업원 퇴직급여 처리법

DB(Defined Benefit plan)형 퇴직급여제도는 기업의 부담액이 매년 변동되므로 이에 대한 회계처리가 매우 어렵다. 변경된 퇴직급여채무에 대한 회계처리 내용을 알아보자.

International Financial Reporting Standards

 "이제 수익과 비용 중 가장 난해하다고 아우성치는 종업원 급여와 관련된 내용을 살펴보겠습니다."

한강사가 팀원들을 쳐다보며 조금은 심각한 표정을 지어보였다.

"강사님, 종업원 급여라면 급여와 상여를 말하는 거 아닙니까?"

박효주 대리가 묻자 한강사가 이렇게 대답했다.

"그 외에 퇴직급여도 있죠."

"하지만 강사님 퇴직금도 지급할 때 금액이 나오므로 그것을 기준으로 회계처리하면 되지 않을까요?"

"…."

IFRS에서는 종업원 급여를 단기종업원급여, 퇴직급여, 해고급여 및 기타 장기종업원급여 등 네 가지로 구분하여 금액의 측정방법 및 회계처리를 규정한다. 그러나 이러한 구분은 종전의 급여항목을 세분화하는 것에 불과하나 퇴직급여의 경우에는 계산방법이 달라져 상당히 신경 써야 한다. 물론 이 중에서 문제가 되는 것은 퇴직급여제도 중 확정급여제도((DB형 : Defined Benefit plan)이다. DB형으로 불리기도 하는 이 제도는 기업의 부담액이 매년 변동되는 것이 일반적이라 이에 대한 회계처리가 어렵다. K-IFRS에서는 미래의 퇴직급여를 추정할 때에는 미래의 임금상승률, 사외적립자산 등을 고려하고 시장수익률에 기초한 이자율을 적용·할인하여 계산하도록 한다. 이에 반해 확정기여제도(DC형 : Defined Contribution plan)는 기업의 기여금이 사전에 확정되고 이를 지급하면 기업의 의무가 사라지므로 회계처리가 단순할 수밖에 없다. 예를 들어 DC형을 선택한 경우 퇴직급여에 대한 회계처리는 다음과 같이 하면 그뿐이다(기여금을 납부한 후에는 퇴직급여와 관련된 부채와 자산을 표시하지 않아도 된다).

- (차변) 퇴직급여원가 ×××   • (대변) 현금 ×××

확정급여형의 퇴직급여계산방법

IFRS 도입으로 인해 DB형은 상당한 변혁을 맞게 되었다. K-IFRS 제1019호에서는 확정급여형(DB형)제도에 대해 예측급여채무의 개념을 채택하여 보험수리적(보험계리적) 방법으로 퇴직급여원가를 측정하도록 하기 때문이다. 이 방법은 미래의 퇴직급여를 추정할 때 미래의 임금상승률, 사망률 등을 고려하며 시장수익률에 기초한 이자율을 적용하여 할인하는 방식이다. 이는 먼 미래에 발생될 불확실한 변수를 동원하여 현재시점의 화폐가치로 퇴직급여채무를 측정하는 것이다. 따라서 불확실한 변수를 통해 측정하므로 변수에서 오류가 발생하면 재무제표의 신뢰성이 크게 훼손될 수 있다. 또한 의도적으로 이익이나 부채의 조작가능성도 있다. 그래서 현실적으로 이와 관련된 항목들에 대한 검증의 목소리들이 상당히 거셀 가능성이 높다. 이는 결과적으로 기업의 부담을 가중시킨다. 이런 문제점을 예방하기 위해 이에 대한 측정을 전문가 집단인 보험사 등에게 위임하는 경우가 왕왕 있다.

사외적립자산의 처리

DB형의 경우 기업이 퇴직급여를 책임지므로 기업의 이름으로 퇴직금재원을 보험회사 등에 적립하는 것이 일반적이다. 이때 사외에 적립된 자산은 당연히 공정가치로 측정한다. 그리고 재무상태표에 표시할 때에는 확정급여채무의 차감항목으로 다음과 같이 표시한다. 확정급여채무는 미래에 퇴직급여로 나갈 명목금액을 말한다.

● 퇴직급여부채
　확정급여채무　　×××
　(−)사외적립자산　(×××)　×××

예컨대 확정급여채무가 1억 원이고 사외적립자산이 1,000만 원이라면 퇴직급여부채는 다음과 같다.

1억 원−1,000만 원=9,000만 원

국내기준은 청산가치개념을 사용한다

이와는 달리 국내기준은 청산가치 개념을 채택한다. 이는 회계연도 말 현재 전임직원이 일시에 퇴직할 경우를 가정하여 지급해야 할 퇴직금에 상당하는 금액을 퇴직급여로 측정한다. 이렇게 하면 신뢰성은 확보할 수 있지만 국제회계기준처럼 목적적합성이 떨어질 수 있다. 현재는 국제회계기준이 대세이므로 재무제표의 신뢰성보다는 목적적합성 관점에서 이 문제를 바라보는 것도 나쁘지는 않을 것이다.

결론적으로 IFRS 도입으로 근속연수가 높은 기업은 잠재적인 부채가 현실화되어 부채비율이 증가될 가능성이 높다. 또한 이익이 축소될 가능성도 높다. 이외 보험수리적 방법으로 퇴직급여를 산정해야 하므로 이에 대한 유지비용이 들어갈 수 있다. 이런 점을 고려하여 퇴직급여를 어떤 식으로 처리할 것인지 등에 대한 대비책을 마련할 필요가 있다.

TIPS
생생
회계

퇴직급여에 대한 국제회계기준과 종전 국내회계기준 간 비교

퇴직급여와 관련하여 국제회계기준과 종전 국내회계기준이 어떤 차이가 나는지 정리하면 다음과 같다.

구분	K-IFRS 제1019호	K-GAAP
퇴직급여채무의 측정	예측급여채무의 개념을 채택하여 보험수리적 방법으로 측정	전임직원이 일시 퇴직 시 지급할 금액인식(청산가치 개념)
1년 미만 근속자에 대한 급여	퇴직급여채무를 인식	퇴직금 지급규정에 별도로 정하지 않는 한 관련채무를 미인식

수취채권에 대한 대손상각비

K-IFRS는 수취채권 등에 대해 손상발생에 대한 객관적인 증거가 있는지를 매 보고기간 말에 평가하도록
하고 있다. 국제회계기준의 대손상각비 처리는 종전 국내회계기준과 어떤 차이가 날까?

International Financial Reporting Standards

한강사가 종업원 급여에 대한 교육을 마치자마자 대손상각비 얘기를 꺼내
기 시작했다.

"아, 이 부분도 달라집니까?"

김회계 대리였다.

"그렇습니다. 하지만 크게 바뀌는 것이 아니니까 염려 안 하셔도 됩니
다. 하하하!"

한강사도 많이 지쳤는지 핵심만 짚고 넘어갈 태세였다.

기업 입장에서 수취채권이 채무자의 파산 등으로 인해 회수불가능하게
된 경우가 있다. 이러한 과정에서 발생한 회수불능채권을 대손(bad debt)
또는 금융자산의 손상이라고 한다. K-IFRS에서는 이렇게 손상된 부분에
대해서는 이를 측정하여 당기손익에 반영하도록 하고 있다. 다만, 미래사

건의 결과로 예상되는 손상차손은 아무리 발생가능성이 높더라도 인식하지 않는다.

손상발생의 객관적 증거의 수집

K-IFRS는 수취채권 등에 대해 손상발생에 대한 객관적인 증거가 있는지를 매 보고기간 말에 평가하도록 하고 있다. 그리고 아래와 같은 증거가 있고 그에 따라 미래현금흐름에 영향을 미치는 경우에는 손상차손(대손상각비)을 인식하도록 하고 있다. 이렇게 하는 것이 수익·비용 대응의 원칙★에도 부합한다. 이 원칙은 수익에 대응되는 비용을 계상하여 정확한 당기순이익을 계상하는 것을 목표로 한다.

★수익·비용 대응의 원칙
수익이 인식된 시점에서 수익과 관련된 비용을 대응시켜 인식하는 것을 말한다. 기간손익의 적정성과 관계가 있다.

- 채무자에게 유의적인(의미 있는) 재무적 어려움이 발생한 경우(예 : 부도)
- 이자지급 또는 원금상환의 불이행이나 지연과 같은 계약위반이 발생한 경우
- 채무자가 파산한 경우 등

대손에 대한 회계처리는

국제회계기준은 직접상각법과 충당금설정법 모두를 인정한다. 먼저 직접상각법은 손실이 발생할 때 관련 비용을 직접 인식하고 추후 손상이 회복되면 회복된 금액을 수익으로 인식하는 방법을 말한다.

- 손실발생 시
  (차변) 대손상각비(손상차손) ×××   (대변) 수취채권 ×××

- 손상회복 시
  (차변) 수취채권 ×××   (대변) 금융자산손상차손환입 ×××
  (당기이익)

이에 맞서 충당금설정법은 회수가 불확실한 채권에 대해 합리적이고 객관적인 기준에 따라 산출한 대손추산액을 대손충당금으로 설정하는 방법을 말한다. 예를 들어 기말의 채권 잔액이 1억 원이고 대손추정률이 1%라면 100만 원(=1억 원×1%)을 다음과 같이 비용처리 및 부채에 계상한다.

- (차변) 대손상각비(손상차손) 1,000,000   (대변) 대손충당금 1,000,000

K-IFRS은 앞의 두 가지 방법에서 대손상각비(손상차손)를 계산할 때 당해 자산의 장부금액과 이를 유효이자율로 할인한 추정현금흐름과의 차액으로 계산한다. 예를 들어 장부금액이 100만 원인데 유효이자율로 할인한 추정현금이 90만 원이라면 이 금액이 대손상각비(손상차손)가 된다는 것이다. 이 점이 국내기준과 다소 차이가 나는 부분이다.

참고로 대손상각 회계는 일반기업보다는 금융권에 상당한 파괴력이 있다. 예를 들어 은행이 수백억 원을 대출했는데 부득이 이 돈 중 일부를 상환받지 못하는 경우가 간혹 있다. 그래서 은행감독기관에서는 미리 대손충당금을 쌓아 손실에 대비하도록 하고 있는데 이때 얼마만큼의 이를 쌓아야 하는지가 관건이다. 이 비율이 높으면 이익에 직접적인 영향을 주기 때문이다. 오른쪽 신문기사를 참조하자.

발생손실접근법과 기대현금흐름접근법

K-IFRS에서는 당기손익인식금융자산(단기매매금융자산)을 제외한 금융자산에 대해서는 손상회계를 적용한다. 그리고 손상사건이 발생할 때마다 미래 기대현금흐름을 추정하여 감소되는 금액만큼을 대손상각비(손상차손)로 회계처리한다. 이러한 방법을 학문용어로 '발생손실접근법'이라고 한다. 그런데 이 방법은 발생된 손실을 기준으로만 손상차손을 구하기 때문에 손실의 인식시점이 이연되는 문제가 있다. 이렇게 되면 초기에 이익이 과대 계상되는 등 재무제표에서 왜곡이 발생한다. 즉, 제때 손상을 인식하지 못해 재무제표가 낙관적으로 변할 가능성(또는 분식가능성)이 있다. 그래서 국제회계기준을 다루는 곳(IASB, 국제회계기준위원회)에서는 2013년부터 금융자산의 인식시점부터 예상되는 신용손실을 미리 반영하여 손상차손을 계산하는 방법을 도입하고자 노력하고 있다. 이러한 방법을 기대현금흐름접근법이라고 한다. 이에 대한 구체적인 국제회계기준서 제1036호 부록 A)를 참조하기 바란다(한국회계기준원 홈페이지에서 검색).

• ● •

은행들 대손충당금에 울고웃고….

은행업계 2분기 실적 발표에서 외환은행과 우리금융지주만의 실적만을 남겨놓고 있는 가운데, 은행들의 실적 양극화가 두드러진 추세로 부각되고 있다. 시중은행 중 신한은행과 기업은행이 선방한 반면 KB금융지주는 어닝쇼크를 기록했고, 우리금융지주도 적자전환이 예상되는 상황이다. 기업구조조정과 부동산 프로젝트파이낸싱(PF) 부실로 인한 대손충당금이 두 집단의 차이를 갈랐다. 양호한 실적을 올린 은행들은 대손충당금 적립이 적었던 반면, 실망스러운 실적을 기록한 KB금융과 우리금융은 1조 원이 넘는 과다한 대손충당금이 수익을 깎아먹었다. 지난달 30일 KB금융그룹은 2분기 3,350억 원의 당기순손실을 기록했다고 발표했다. 지난 1분기 5,768억 원의 당기순이익을 기록한 것과 비교하면 순이익이 9,000억 원 이상 줄어든 셈이다. 대손충당금 적립으로 인해 국민은행의 당기순이익이 급감한 데 따른 것이다. 국민은행은 지난 2분기 3,468억 원의 당기순손실을 기록했다. 강정원 전 행장이 취임한 지난 2004년 4분기 이후 5년 6개월 만의 적자다. 대기업 구조조정, 부동산 PF 등으로 2분기 은행 내 적립한 대손충당금만 1조 4,400억 원에 달했다. 지난 1분기 국민은행의 대손충당금 적립액이 3,687억 원임을 감안하면 4배가량 늘어난 셈이다. 일각에서는 이번 분기 대손충당금 급증을 신임 회장·행장 취임을 맞아 이전의 부실을 모두 털고 가자는 의미로 해석하기도 하지만, 이를 감안해도 그동안의 부동산·대기업 관련 리스크 관리가 허술했음을 보여주는 대목이다. 이번 주 실적을 발표하는 우리금융그룹도 경남은행 금융사고와 기업 구조조정에 대한 리스크로 1조 원가량의 대손충당금을 적립, 약 500억 원 규모의 적자가 예상되고 있다. 반면 실적이 양호한 은행들은 대손충당금 적립 증가가 크지 않았다. 부동산 PF부실이나 대기업 구조조정에서 비교적 자유로웠다는 뜻이다. 이번 2분기 실적은 각 은행의 리스크 관리가 가른 셈이다. 신한금융그룹은 2분기 당기순이익 5,886억 원을 기록했다. 1분기 당기순이익 7,790억 원 대비 24.5% 줄어들었지만 비교적 선방했다. 신한은행의 대손충당금 전입액이 3,000억 원대에 그쳤기 때문. 신한은행의 2분기 대손충당금은 3,351억 원으로 지난 1분기 2,106억 원 대비 59.1% 늘었다. 기업은행은 2분기 당기순이익 3,069억 원을 기록하며 은행업계 2위권으로 훌쩍 올라섰다. 대손충당금은 1분기 4,018억 원에서 이번 분기 5,808억 원으로 44.6% 늘었다. 중소기업 대출비중이 80%에 육박해 이번 대기업 구조조정 여파에 휩쓸리지 않았기 때문이다. 실제로 이번 대손충당금 중 대기업 구조조정을 대비해 쌓은 충당금은 90억 원에 불과했다. 늘어난 분량은 대부분 미래를 대비한 '자체적립 강화' 목적이었다.

〈아시아경제〉 2010. 8. 2.

환율변동과 외화환산손익 처리

K-IFRS에서 기능통화의 도입으로 인해 자산과 부채에 발생하던 외화환산손익문제는 발생하지 않을 가능성이 있다. 국제회계기준에서는 외화관련 회계처리는 어떻게 하는지 살펴보자.

International Financial Reporting Standards

 "자 이제 오늘의 마지막 주제인 환율변동 문제입니다."

한강사가 다소 들뜬 표정으로 말하자 신팀장과 팀원들도 얼굴색이 밝아졌다. 그리고 잠시 후 신팀장이 말하기 시작했다.

"강사님, 그러시면 오늘 강의는 이쯤에서 끝내고 근처 카페에서 맥주나 한 잔 들이키는 게 어떨까요? 저도 그렇고 팀원들 머릿속도 꽤나 복잡한 듯 보입니다. 공부를 너무 빡세게 해서 그런 것 같기도 하고요."

"아, 팀장님이 저를 시험에 들게 하는군요. 하지만 이거 놓치면 안 되거든요. 정말 중요한 개념이라요."

"하하, 강사님의 열정에 두손 두발 모두 들 수밖에 없군요. 그럼 빨리 시작하시죠."

"아이고 팀장님, 이거 너무 죄송합니다. 여하튼 얼른 끝내고 시원한 맥주를 마시자고요. 하하하! 이제 환율변동에 대한 회계처리 문제에 대하여 살펴보는 시간입니다. 참, 국제회계기준 도입에 따른 법인세 내용은 별도의 과정으로 공부해야 할 것 같습니다. 그렇죠, 김대리님!"

"네, 하여간 저도 강사님 덕분에 많은 것을 배울 수 있어서 너무 좋았습니다. 다음에 또다시 기회가 된다면 강사님과 만나 뵙고 싶어요."

"저도요."박효주 대리와 석민혜도 감사의 표시를 했다.

종전 국내회계기준에 의한 외화거래의 처리

일반적으로 국내의 기업이 외국의 바이어와 거래하여 외상거래를 한 후 일정 시점 이후 달러로 결제받았다고 하자. 그러면 다음과 같이 회계처리된다.

- **매출 시점**
  (차변) 외상매출금 ×××　　　　　　　　　(대변) 매출 ×××

- **대금 결제시점**
  (차변) 현금 ×××　　　　　　　　　　　(대변) 외상매출금 ×××

그런데 매출시점과 대금 결제시점에서 환율 차이가 발생하면 이에 대한 환차손익을 아래처럼 인식해야 한다. 단, 여기에서는 환차익이 발생했다고 하자.

- 대금 결제시점
  - (차변) 현금 ×××   (대변) 외상매출금 ×××
  - 환차익 ×××

　그런데 대금 결제가 다음해에 이루어진 경우에는 연말결산 때 외상매출채권에 대해서는 기말환율에 의해 채권을 평가해야 한다. 이때 환율이 상승하여 채권금액이 늘었다고 하자. 이런 상황에서는 외상매출채금이 늘어난 동시에 외화환산손익(외환차손익과는 구별)이 발생한다.

- (차변) 외상매출금 ×××   (대변) 외화환산손익 ×××

　이러한 회계처리는 국내기준에 의한 것이다.

국제회계기준에 의한 외화거래의 처리

K-IFRS에서는 종전의 국내기준과는 달리 기능통화라는 개념을 도입했다. 이 통화는 영업활동이 이루어지는 곳에서 주로 사용되는 통화를 뜻한다. 예컨대 국내기업 중 종소기업이 해외에서 달러로 거래하면 달러가 기능통화가 되며, 원화로 거래하면 원화가 기능통화가 된다. 이에 맞서 표시통화라는 것이 있다. 이는 재무제표를 표시할 때 사용되는 통화다. 이에 따라 기능통화가 달러가 되더라도 표시통화는 원화로 할 수도 있고 달러로도 할 수 있다. 다만, 우리나라 기업이 국내에서 재무제표를 공시하려면 기능통화가 외화가 되더라도 표시는 원화로 해야 한다. 따라서 이 경우에는 재무제표 환산문제가 발생한다. 참고로 기능통화와 표시통화가 다를 경우에는 다음과 같이 환율을 적용하여 환산한다.

한국채택-국제회계기준에서 기능통화의 도입에 따라 자산과 부채에 발생하던 외화환산손익 문제는 발생하지 않을 가능성이 있다. 가령 달러가 기능통화인 경우 평소에는 달러로 자산과 부채가 계상되고, 기말에 단 한 번만으로 원화로 환산하면 되기 때문이다. 그 결과 환율변동에 의한 당기순이익이 급격히 변동되는 문제를 방지할 수 있다.

TIPS
생생
회계

환율변동에 대한 국제회계기준과 종전 국내회계기준의 비교

구분	K-IFRS	K-GAAP
기능통화와 표시통화의 개념	기능통화와 표시통화의 개념 구분·적용	기능통화 및 표시통화 개념 없음. 원화로 회계거래가 측정·보고
해외사업장에 대한 순투자의 일부인 화폐성항목에서의 외환차이	· 별도재무제표 : 당기손익 · 연결재무제표 : 자본	당기손익
외화환산손익과 외화차손익	모두 외환차이로 인식(이 둘을 구분하지 않음)	개념을 구분하여 사용

조선업계 국제회계기준 도입 비상!!
수주금 반영 여부에 존망 걸려….

2011년부터 국내 상장기업은 국제회계기준인 IFRS에 따라 회계처리를 해야 한다. 그러나 이 기준에 따를 경우 국내 몇몇 산업은 부채비율이 급격히 높아지는 것으로 표기돼 불이익이 예상된다. 그런 가운데 조선업계가 지난해부터 문제의 심각성을 알아차리고 업계 차원에서 대응해 눈길을 끈다. 지난 11일 IFRS의 파도아 스키아파 재단이사장과 데이비드 트위디 ISAB 위원장은 IFRS 재단 이사회 회의 참석을 위해 한국을 찾았다. 이들은 금융위원회와 기업대표들을 잇따라 만나 내년 한국 상장기업의 IFRS 전면 도입에 대한 진행과정을 살폈다. 이 자리에서 진동수 금융위원장과 금감원 관계자들은 조선업계가 요구하는 IFRS 수정안을 반영해 줄 것을 요청한 것으로 알려졌다. 핵심은 IFRS의 회계방식이 수주금액은 자산으로 평가하지 않고, 환 헤징을 위한 파생상품(외화선물 거래)은 손실분으로 계산, 수주금액 대부분을 환헤지에 걸어놓는 국내 조선업계는 부채비율이 급상승해 불이익이 예상된다는 내용이었다.

부채 상승에 따른 문제는 조선사의 수주활동이 매우 어려워진다는 점이다. 업계 관계자는 "IFRS의 표기법이 적용되면 부채비율이 높아져 최악의 경우 장부상 자본잠식이 우려될 정도"라면서 "환 헤지가 본연의 목적인 위험회피가 아니라 오히려 환율 변동시 조선업체의 재무상황이 불안한 것처럼 인식하게 만드는 문제가 있어 수정될 필요가 있다."고 설명했다. 조선업계는 일찍이 이런 문제점을 파악하고 회계학회와 회계법인에 의뢰해 해결방안을 모색해왔다. 그 덕분에 일부 업계의 의견이 반영되기는 했으나 조선업계는 회사의 재무현황을 더욱 정확히 반영할 수 있는 기법을 받아들여줄 것을 계속 요청하고 있는 상태다. 국내 조선업계가 고안한 기법은 LP(Linked Presentation)라는 차감표시기법. 조선업계와 함께 태스크포스를 꾸려온 삼일회계법인의 최세영 이사는 "차감표시 기법을 도입하면 중도금과 잔금의 환율 변동폭 등을 반영해 회사가 부담한 총위험의 크기를 더욱 명확히 알 수 있다."고 밝혔다.

조선업계가 ISAB로부터 일부 수정을 이끌어낸 과정도 험난한 길이었다. 환 헤지로 인한 부채비율 급증은 조선업계 가운데서도 유일하게 국내 업체들만 겪는 어려움이기 때문이다. 미국과 일본은 IFRS를 도입하지 않았고, 중국은 위안-달러 고정환율제여서 환 헤지의 위험에서 비켜서 있다. 업계 관계자는 "일본 등 일부 경쟁국가에서 반대를 하거나 ISAB에 한국인 위원이 없어 한국 조선업계의 특성을 설득하는 데 어려웠다."고 회상했다. 이에 따라 이제는 정부가 적극적으로 나서야 한다는 목소리가 커지고 있다. 정부 차원에서 IFRS 재개정을 체계적으로 추진할 수 있는 공식적인 대응기구가 필요하다는 것이다.

〈서울신문〉 2010. 10. 14.

● 모든 강의가 끝난 회의실….

비록 짧은 시간이었지만 한강사와 함께 국제회계기준에 대하여 공부하게 된 팀원들의 얼굴에는 자신감이 붙어 있는 듯 보였다. 그리고 무언가를 끝냈다는 성취감이 자리에 모인 사람들 마음속에 아로새겨졌다. 이윽고 가장 먼저 신고수 팀장이 존경하는 눈빛으로 한강사를 바라보며 입을 열었다.

"강사님, 정말 수고 많으셨습니다. 막연히 어려울 것으로만 생각하던 내용들이 단박에 정리된 것 같네요. 덕분에 우리 팀원들도 다들 강한 자신감을 가졌을 것으로 봅니다. 안 그런가, 김회계 대리?"

"에고, 지당하신 말씀입니다. 강사님이 아니었다면, 시작조차 못 했을 내용들이었죠. 회계지식이 짧은 저에게 무척 큰 도움이 되었습니다. 이참에 회계정보를 전하는 전도사로 본격적으로 나서볼까 해요. 하하하!"

그러자 이번에는 석민혜가 기다리고 있었다는 듯 농을 던진다.

"김대리님, 이제 겨우 걸음마를 뗀 정도 아닌가요? 어설프게 뛰려하다간 넘어지고 만다고요. 조심하세요. 호호호!"

강의 중간부터 참여한 박대리는 이런 소감을 밝혔다.

"저야말로 강사님과 팀장님 덕분에 좋은 경험을 했답니다. 처음부터 자의로 참여한 수업은 아니었지만, 저희 쪽 부서가 실무진이니까 업무에 많은 보탬이 될 것 같아요. 수업 중간중간에 민혜씨의 견제가 있긴 했지만… 회사에서 자주 마주치니까 앞으로는 잘 지내보자고요."

"어머, 제가 언제 그랬다고 그런 말씀을…."

"아니긴 뭐가 아닙니까. 두 분 사이의 묘한 경쟁심리 때문에 제 강의가 잠시 흔들리기도 했다고요. 하하하! 아무튼 이번 모임을 계기로 여러분이 연대감을 갖게 되었다면 강의 이상의 성취일 겁니다. 그건 그렇고 나름 열심히 설명하려고 노력했는데, 다들 좋게 평가해주시니 그저 고마울 따름입니다. 많은 강의를 다녀봤지만 이곳처럼 열의가 대단한 곳은 없었죠. 모르긴 해도 여기 모인 분들의 수준이라면 국제회계기준이 아니라 회계기준 할아버지가 오더라도 충분히 극복할 수 있을 겁니다. 하하하!"

한강사는 자신의 소감을 이렇게 밝혔다.

"자 자, 밀린 얘기는 자리를 옮겨 나누도록 하시고 이제 마무리합시다. 박대리, 민혜씨 그간 수고 많으셨으니 오늘은 내가 화끈하게 쏩니다. 어디로 갈까요?"

누군가가 한 턱 쏘는 회식은 직장인들, 특히 부하직원들의 로망 중 하나일 것이다. 마치 팀장의 말을 기다리고 있던 것처럼 석민혜가 응수한다.

"앗, 정말요? 팀장님 너무 멋지시다. 그간 정신노동이 심했으니깐 고기도 실컷 먹고, 노래방에도 가서 신나게 불러재껴요. 호호호!"

그러자 뾰루퉁한 표정으로 김회계가 말한다.

"왜 저는 빼놓고 가시려고요? 너무 하십니다. 팀장님…."

"하, 이 사람 남자답지 못하게 삐친 건가? 하여간 못 말리겠군. 김대리도 당연히 참석해야지. 내가 자네를 빼놓고 갈 사람으로 보이는가? 하하하!"

힘든 일을 해내고 말았다는 성취감과 자신감, 그리고 뭔지 모를 해방감이 가득한 국제은행 회의실이다.

말도 많고 헷갈리는 국제회계기준! 그러나 잘만 대비하여 적용하면 기업의 경쟁력을 높이고, 나아가 국가의 이미지도 제고되는 긍정적인 제도다. 기존의 틀을 버리고 새 제도에 적응해야 하는 것이 부담스럽고 낯설어도 어쩌겠는가? 세계적인 흐름인 것을….

마지막으로 모든 사람들이 지레 겁먹고 물러서지 않는다면 결코 정복하지 못할 대상이 아니란 점을 강조하고 싶다.

회계변경과 오류수정

회계변경은 기업이 채택하고 있는 회계정책이나 회계처리를 할 때 추정치를 변경하는 것이고, 오류수정은 당초 회계처리가 실수 등으로 오류가 발생하는 것을 말한다. 회계변경과 오류수정은 재무제표에 미치는 영향이 상당히 크다는 점에 유의하자.

1. 회계정책의 변경
회계정책이란 기업이 재무제표를 작성 및 표시하기 위해 적용하는 구체적인 원칙 등을 일컫는다. 유형자산에 대한 평가방법으로 원가모형을 채택하는 것이 좋은 예다. 그런데 이 경우 한번 채택된 원가모형을 중간에 재평가모형으로 바꾸는 것이 가능할까? 일반적으로 한번 채택된 회계정책을 수시로 바꾸면 재무제표에 큰 혼란이 발생해 정보의 유용성이 떨어진다. 따라서 회계변경은 쉽게 할 수 있는 대상이 아니다. 하지만 정책을 변경함으로써 정보의 유용성이 더욱 증가한다면 변경하는 것이 좋다. 회계정책의 변경과 관련하여 회계처리는 원칙적으로 소급적용하여 재무제표를 다시 작성한다.

2. 회계추정의 변경
회계추정이란 최근의 이용가능하고 신뢰성 있는 정보에 기초하여 미래의 효익과 의무 등을 추정하는 것이다. 대표적으로 손상차손이나 금융자산 등의 공정가치, 감가상각자산의 내용연수, 잔존가치, 감가상각방법 추정 등이 있다. 회계추정의 변경은 추정치를 변경하는 것이며 회계추정이 발생하면 이에 대한 효과는 전진적으로 인식한다. K-IFRS에서는 기업이 스스로 추정의 변경에 대한 근거를 가지면 이를 폭넓게 인정한다.

3. 오류수정

오류수정은 과거 재무제표를 작성할 때 오류가 발생한 것을 수정하는 것을 말한다. 기존 기업회계기준서 제1호에서의 전기의 중대한 오류(fundamental error)에 대해서만 소급법을 적용한다. 여기서 중대한 오류는 일반적인 중요성에 대한 판단기준보다 엄격한 개념으로서 재무제표의 신뢰성을 심각하게 손상하는 오류를 말한다. 반면 K-IFRS 기업회계기준서 제1008호에서는 중요한 오류(material error)에 대하여 소급법을 적용하도록 하였는데 이 경우의 중요성 개념은 재무제표이용자의 의사결정에 영향을 미칠 수 있는지에 따라 판단하도록 한다. 이렇게 중대한 오류의 개념이 폐지됨에 따라 오류가 발생하면 재무제표를 소급재작성하는 일들이 많아질 것으로 예상해볼 수 있다.

Appendix

[부록 1] K-IFRS 도입에 따른 법인세 대책

한국채택-국제회계기준의 내용이 종전 국내회계기준과 상당히 많은 차이가 남에 따라 세금의 내용도 바뀔 가능성이 높다. 예를 들어 감가상각비의 내용연수가 늘면 이익이 늘게 되고 이에 따라 세금이 증가될 수 있다. 이렇게 세금이 증가되면 당연히 기업의 현금유출이 발생하므로 기업으로서는 힘든 상황이 연출될 가능성이 높다. 하지만 국제회계기준 적용이 세계적인 추세이므로 세법이 이를 가로막아서는 안 될 것이다. 물론 세금은 공평과세를 생명으로 하고 있기 때문에 바뀐 국제회계기준의 내용을 모두 수용할 수는 없을 것이다. 이하에서는 K-IFRS의 도입에 따른 법인세의 영향을 알아보기 전에 법인세 과세원리와 대책을 살펴보도록 하자.

1. 법인세의 구조부터 이해하자

법인세는 대략 법인이 벌어들인 소득에 10~22%(2012년 이후 10~20% 예정)의 세율로 과세된다. 법인세의 구조는 다음과 같다.

구분		내용
결산서상 당기순손익		기업회계기준에 의해 도출
소득금액	익금산입	과세소득을 늘리는 세무조정
조정	손금산입	과세소득을 줄이는 세무조정
(=) 차가감소득금액		
(+) 기부금한도초과액		기부금한도초과분은 이월손금산입됨.
(-) 기부금한도초과이월액손금산입		
(=) 각 사업연도 소득금액		과거 5년(2009년 이후 발생분은 10년) 이내에 발생한 세무상의 이
(-) 이월결손금 등		월결손금
(=) 과세표준		2010~11년 : 2억 원 이하 10%, 2억 원 초과 22%
(×) 세율		2012년 : 2억 원 이하 10%, 2억 원 초과 20%
(=) 산출세액		
(-) 공제감면세액		세액공제나 세액감면
(+) 가산세액		신고불성실가산세 등
(=) 총부담세액*		
(-) 기납부세액		중간예납세액 등
(=) 차가감납부할 세액		

* 총부담세액의 10%가 지방소득세로 부과된다.

어떤 기업의 당기순이익이 1억 원이고 세무조정 사항과 이월결손금 등이 없다고 가정하면 당기순이익이 바로 법인세과세표준이 된다. 법인세과세표준 2억 원 이하는 10%의 세율이 적용되므로 법인세는 1,000만 원이라는 것을 쉽게 알 수 있다. 이 이하의 단계는 주로 개별 기업이 조세감면 요건을 갖추면 세액을 공제하거나 감면하며, 세법규정을 위배했으면 가산세 등을 부과한다는 것을 나타내고 있다.

2. 법인세 과세원리

법인세는 포괄손익계산상의 당기순이익에다 세무조정을 한 금액을 반영하여 각사업연도의 소득금액을 산출한다. 여기서 세무조정이란 회계이익을 과세소득으로 바꾸는 작업을 의미한다. 예를 들어 기업회계에 의한 당기순이익이 1억 원이 났다고 하자. 그런데 회계처리의 내용 중에서 세법을 위배한 금액이 있다면 세무조정을 통해 이를 당기순이익에 반영해야 한다.

세법을 위배한 내용

> • 세법상의 접대비의 한도초과분 : 1,000만 원
> • 세법상의 감가상각비 한도초과분 : 1,000만 원

이 비용들은 모두 회계상 반영되어 당기순이익 2,000만 원을 줄였다. 그러나 세법에서는 이러한 한도초과분에 대해 비용으로 인정하지 않는다. 따라서 세법규정을 위배했으므로 불이익을 주는 차원에서 다음과 같이 세무조정을 통해 과세소득을 늘리게 된다.

> 기업회계상의 당기순이익   +   세무조정   =   과세소득(각 사업연도 소득금액)
> 1억 원   2,000만 원↑   1억 2,000만 원↑

세법은 기업회계상의 이익자체를 수정시킬 수 없으나 '세무조정'이라는 제도를 통해 세법의 목적을 달성시키고 있는 것이다. 실무적으로 이러한 세무조정 사항은 기업의 규모가 커질수록 많아지고 복잡해진다. 소규모 기업은 세법규정을 쫓아 회계 처리하는 경우가 많아 세무조정사항이 거의 발생하지 않는다. 그런데 이번에 우리가 도입한 IFRS의 경우 새로운 회계처리 방식이 많이 등장하다보니 세무조정의 항목이 상당히 많이 늘어날 전망이다. 가령 기업이 유형자산에 대해 재평가모형을 채택한다고 하자. 이에 대해 세법은 과세형평성이 무너질 수 있으므로 이를 허용하지 않는다. 재평가모형을 채택하여 이익이 증가되는 회사에게 세금을 많이 거두고 그렇지 않은 회사에게는 세금을 적게 거두면 세법이 추구하는

당기순이익과 과세소득의 차이 원인은 뭘까?

회계상의 당기순이익과 세법상의 과세소득의 범위는 차이가 나는 이유가 다양하다.

① **조세정책적인 목적에 의해 차이** : 세법에서는 조세정책적인 목적으로 조세우대조치나 조세중과조치 제도를 두고 있다. 예를 들면 각종 준비금제도는 해당 기업이나 기업에게 과세를 뒤로 연기하는 효과를 부여하므로 조세우대조치에 해당한다. 이에 반해 접대비를 과도하게 지출하는 경우에는 한도를 초과한 부분에 대해서는 비용으로 인정하지 않는다. 이러한 차이는 재무상태표나 포괄손익계산서 항목 전반에 걸쳐서 발생한다.

② **손익의 인식기준에 의한 차이** : 일반적으로 기업회계는 수익이 실현되는 때를 기준으로 수익을 인식한다. 또한 비용은 그 수익이 발생되는 기간에 대응되도록 인식한다. 하지만 법인세는 원칙적으로 각 사업연도의 익금과 손금은 그 권리와 의무가 확정되는 사업연도에 인식한다. K-IFRS 도입으로 아파트 분양매출 등과 관련된 부분에서는 회계와 세법이 일치를 하지 않아 세무조정을 해야 할 가능성이 높다.

③ **과세소득의 개념에 의한 차이** : 기업회계나 법인세법에서 규정하고 있는 이익개념은 큰 차이가 없다. 다만, 법인세법에서는 순자산증가설을 취해 법인의 자산이 늘어나면 과세하는 것이 원칙이므로 자본거래에 의해 순자산이 증가한 것의 일부에도 법인세를 과세한다.

④ **자산·부채 평가방법상의 차이** : 기업회계와 법인세법과 차이가 많이 발생하는 곳 중 하나가 바로 자산과 부채를 평가할 때이다. 기업회계에서는 가급적 자산과 부채가 매년도말에 적정한 가치로 평가되어 있기를 원하기 때문에 자산 등에서 재평가과정이 있다. 하지만 세법은 자산 등을 재평가하는 과정에서 오류나 악용소지가 있을 수 있기 때문에 원칙적으로 취득원가주의를 고수하고 있다. 물론 현행 회계기준의 일부를 세법이 수용하고는 있으나 대세는 그렇지 않기 때문에 세무조정이 많이 발생한다. 예를 들면 유가증권이나 재고자산, 유형자산 등의 자산항목에서 이런 내용을 많이 볼 수 있다.

⑤ **법률 강제성 여부에 의한 차이** : 기업회계나 기업회계에서의 회계처리방법은 법률로 강제하지 않고 각자의 기업이나 기업의 실정에 맞는 방법을 선택할 수 있도록 하고 있다. 하지만 법인세법은 법률로 회계처리방법 등을 강제함으로써 납세의무자가 임의로 세금을 조절하지 못하도록 하고 있다. 대표적으로 감가상각비 계산 시 내용연수나 상각방법 등이 이에 해당한다. 현실적으로 이 부분에서도 세무조정이 많이 발생한다.

제일목적인 과세형평성이 무너질 수 있기 때문이다. 따라서 기업이 재평가모형을 채택한 경우에는 기업회계와 세무가 일치하지 않기 때문에 당연히 세무조정이라는 카드를 꺼내들 수밖에 없다. 구체적인 것은 바로 뒤의 내용으로 확인하기 바란다.

3. 세무조정의 방법

실무적으로 기업회계상 당기순이익과 세무상 과세소득의 차이를 극복하기 위해서 '세무조정'이란 방법을 사용한다. 결산서의 당기순이익에 세무조정을 하면 과세소득인 각 사업연도소득금액이 산출된다(익금산입 등 용어는 아래 참조). 아래의 표를 보면 결산서의 내용에 세무조정 내용을 반영하면 그 결과 세무상 과세소득이 도출됨을 나타내고 있다.

결산서의 내용	세무조정	법인세법의 내용
수익	(+)익금산입 (−)익금불산입	=익금
(−)		(−)
비용	(+)손금산입 (−)손금불산입	=손금
(=)		(=)
결산서상 당기순이익		각 사업연도의 소득

실무적으로 법인세 계산은 '세무조정'이라는 것을 알아야만 할 수 있다. 일반 대기업의 경우 세무파트에서 3년 정도 있으면 세무조정을 할 수 있게 된다. 그만큼 작업 내용이 상당히 까다로울 수 있다. 아래의 사례들을 통해 세무조정이 뭔지 한번 맛을 보자.

〈사례 1〉

어떤 기업이 접대비 명목으로 5,000만 원을 지출했으나 세법은 3,000만 원만 접대비로 인정하는 경우 세무조정은? 단, 소득처분은 기타사외유출로 한다.

〈손금불산입〉 접대비 한도초과 20,000,000(기타사외유출)

이 기업이 손금(비용)으로 계상한 금액 중 과다하게 계상한 분 2,000만 원은 세법상 비용으로 인정하지 않는다(손금불산입). 따라서 비용으로 인정받지 못하기 때문에 당기순이익이 증가되어 세금이 증가된다. 참고로 위의 소득처분은 세무조정에 의해 발생된 금액의 귀속을 확인하는 세법상의 내용이다. 이는 소득의 귀속을 밝혀 과세를 하려는 목적이 있다. 따라서 이 사례는 사외로 유출되었으므로 소득의 귀속자가 없는 경우다. 만약 기업이 대표이

사에게 몰래 준 돈이 세무조정에 의해 밝혀진다면 해당 금액은 대표이사에 대한 상여로 처분된다.

〈사례 2〉

20△1년도에 10,000,000원에 구입한 자산에 대해 감가상각비를 1,000,000원으로 계상하였으나 세법은 700,000원만 감가상각비로 인정한다(감가상각비 한도초과가 발생함). 이런 경우 세무조정과 소득처분을 하면? 단, 여기서 소득처분은 유보로 하기로 한다. 참고로 유보는 세무조정에 의해 발생된 금액이 외부로 유출되는 것이 아니라 회사 내부에 남아 있는 것을 의미한다. 즉 차이가 난 금액 30만 원은 어디로 도망간 것이 아니라 회사에 그대로 남아 있다(유보)고 해석한다.

〈손금불산입〉감가상각비 한도초과액 300,000(유보)

앞의 세무조정 결과는 우선 회사가 손금(비용)으로 계상한 금액 중 과다하게 계상한 분(100만 원– 70만 원=30만 원)은 손금(비용)으로 인정되지 않음을 나타내고 있다(손금불산입). 그 결과 당기순이익을 구성하는 비용이 30만 원 부인되므로 결과적으로 세법상의 과세소득이 30만 원만큼 늘어난다. 따라서 세법은 과세소득에 대해 세금을 부과하므로 당기순이익에 과세하는 것보다는 이에 과세하는 것이 세금을 더 거둘 수 있게 된다.

한편, 회계상의 자본과 세무상의 자본이 30만 원 차이가 난다. 따라서 이를 어떻게 조정해야 하는지도 알아둬야 한다. K–IFRS 도입으로 이 같은 내용들이 상당수 발생할 가능성이 높다(공정가치모형 등). 이러한 차이는 보통 회사가 세법과 회계를 일치시키는 수정회계처리를 하거나 해당 자산을 매각할 때 소멸한다. 하지만 이러한 행위가 없으면 이 둘의 차이는 늘 존속하게 되는데 이때 관리를 유보(또는 △유보)로 한다. 이에 대한 내용을 이해하는 것이 다소 힘들 수 있는데 우선 아래의 같은 그림을 보자.

• 회사의 분개	• 세법상 분개
감가상각비 1,000,000	감가상각비 700,000
감가상각누계액 1,000,000	감가상각누계액 700,000
• 기업회계상의 B/S	• 세무회계상의 B/S

자산	부채
	자본

자산	부채
	자본

이연법인세

이연법인세는 기업회계와 세무회계의 차이로 인하여 발생한 일시적 차이를 조정하는 항목이다. 이 차이가 만약 미래에 발생하는 세금을 적게 내주는 효과가 있다면 이연 법인세 자산으로 비유동자산에 계상하고, 세금을 더 내는 효과가 있다면 이연 법인세 부채로 비유동부채 항목에 계상하게 된다. 이 제도는 법인세 비용이 회계상의 이익과 일정한 관계로 나타나도록 함으로써 수익비용의 원칙에 충실하고 기업의 수익력 왜곡현상을 방지할 수 있게 한다.

익금산입 · 손금산입 용어해설

- **익금산입** : 결산서에 수익으로 계상되어 있지 않지만 법인세법상 익금(수익과 유사한 개념)에 해당하는 금액을 소득금액에 가산하는 것을 말한다. 기업회계의 수익이 과소계상되었으므로 수익을 추가한다는 뜻을 포함하고 있다. 그 예로 기업이 연말에 수익을 누락시킨 경우 재무제표상 수익이 과소계상되었으므로 다음과 같이 과세소득을 늘린다.

〈익금산입〉매출누락 ×××(유보)

이렇게 되면 법인세법상 수익은 다음과 같이 늘어난다. 기업회계상 수익은 1억 원이고 익금산입된 금액은 1,000만 원이라고 하자.
- 과세소득=1억 원+1,000만 원=1억 1,000만 원
  - 손금산입 : 결산서에 비용으로 계상되어 있지 않지만 법인세법상 손금(비용과 유사한 개념)으로 인정되는 금액을 소득금액에서 차감하는 것을 말한다. 그 예로는 조세특례제한법상 준비금제도 등이 해당한다. 준비금제도는 향후 투자를 하기 위해서 과세를 이연(뒤로 미룸)하는 것으로 기업회계는 인정하지 않지만 세법은 인정한다.
  - 익금불산입 : 기업회계는 수익이나 세법은 익금이 아닌 것으로, 그 예는 조세환급금의 환부이자 등이 있다.
  - 손금불산입 : 기업회계는 비용이나 세법은 손금이 아닌 것으로, 그 예는 감가상각비 한도초과액이나 접대비의 한도초과액 등이 있다. 이렇게 손금불산입이 되면 기업의 당기순이익을 증가시키게 되므로 법인세가 증가된다.

기업이 세법기준을 위배함으로써 손익차이와 자산(자본)차이를 가져왔다. 손익차이는 감가상각비를 30만 원 부인(손금불산입)함으로써 차이가 조정되었다. 하지만 자산(자본)차이는 별도의 조치를 취하지 않았기 때문에 이는 회사 내부적으로 관리되어야 한다. 앞의 예의 경우 기업회계와 세무회계의 자본이 30만 원 차이가 났다. 이러한 차이를 다음과 같이 '유보'가 메워줘 회계상 자본과 세무상 자본이 일치하게 된다.

• 결산서상 자본합계 ± 유보누계액(30만 원) = 세무회계상 자본합계

결국 기업의 세무상 자본의 증가를 나타내는 유보(△유보는 자본의 감소)는 기업회계상의 자본과 세무회계상의 자본을 이어주는 구실을 하는 것이라고 볼 수 있다(다소 어려운 개념이다. 법인세에 대한 지식이 있어야 할 것이다).

4. 결산조정 항목과 신고조정 항목

기업회계와 세무회계 차이는 세무조정에 의해 조정되는데 이는 결산조정과 신고조정으로 크게 나뉜다. 실무자들은 결산조정과 신고조정의 항목이 어떻게 과세소득에 영향을 주는지 정도는 파악해 둘 필요가 있다.

① 결산조정

'결산조정'이라 함은 장부에 비용으로 계상되어 있어야만 손금으로 인정받을 수 있는 항목을 말한다. 예컨대 감가상각비는 대표적인 결산조정항목인데 이 감가상각비가 세법에 의한 금액보다 적게 계상되거나, 계상되지 않은 경우에는 장부마감 후 세무조정을 통해 추가로 계상할 수 없다.

결산조정 대상 항목의 성격은 기업 내부의 거래로서 현금성이 없으며 비용처리는 대부분 기업의 의사에 맡겨져 있다. 따라서 합리적인 판단을 하는 기업이라면 세법에 의한 금액보다 적게 계상하는 일이 현실적으로 드물다고 할 수 있다. 다만, 기업이 감가상각비를 세법에 의한 기준금액보다 높게 계상하여 과세소득을 줄인다면 당연히 과대계상된 금액을 부인하는 세무조정을 해야 한다. 만약 이를 해태한다면 신고불성실가산세 등의 불이익이 뒤따른다.

결산조정항목에 해당하는 예는 다음의 몇 가지로 한정된다.

- 감가상각비(단, K-IFRS에서는 일부 신고조정을 허용할 예정)
- 퇴직급여충당금
- 대손충당금

- 재고자산의 평가차손
- 생산설비의 폐기손실 등

② 신고조정

'신고조정'이란 결산서에 수익이나 비용이 과소 또는 과대 계상된 경우 반드시 세무조정해야 하는 항목이다. 가령 매출누락이 있다면 정확한 과세소득을 산정할 수 없게 되는데 누락된 매출누락을 익금산입 형태로 과세소득에 반드시 합산하여 신고해야 한다. 통상 신고조정에 해당하는 항목은 주로 외부거래로 인해 발생한다. 이러한 신고조정사항은 단순신고조정사항과 잉여금처분에 의한 신고조정사항으로 나뉜다. 전자의 경우 결산상 회계처리 없이 세무조정계산서에 조정하는 것을 말하며, 후자는 조세특례제한법상 준비금에 대하여 그 준비금을 적립금으로 적립한 후 손금으로 세무조정하는 것이다. 이는 주로 경리회계 부문에 종사하는 실무자들이 알아두어야 할 내용이다.

- 무상으로 받은 자산의 가액과 채무의 면제 또는 소멸로 인한 부채의 감소액 중 이월결손금의 보전에 충당한 금액
- 퇴직연금 분담금
- 국고보조금으로 취득한 고정자산가액의 손금산입
- 감가상각비부인액의 손금불산입
- 건설자금이자의 손금불산입 등

5. K-IFRS 법인세 대책

우리나라 도입한 K-IFRS로 인해 세법이 상당부분 바뀔 것으로 전망된다. 하지만 새 회계기준이 도입되더라도 그 이전에 비교해 볼 때 세금 차이가 크게 나서는 곤란할 것이다. 하지만 국제회계기준의 도입은 알게 모르게 법인세의 크기에 직접적인 영향을 줄 가능성이 높기 때문에 각 기업은 이에 철저히 준비할 필요가 있다.
그럼 구체적으로 어떤 대책을 꾸려야 할까?

첫째, 공정가치를 적용하는 자산이 있는 경우를 보자.
국제회계기준은 유·무형자산에 대한 재평가를 허용하는 반면 현행 법인세법은 이러한 자산에 대해서는 취득원가주의를 고수하고 있다. 따라서 국제회계기준에 의해 재평가가 발생하면 앞에서 본 세무조정을 실시하여 차이가 난 부분을 해결해야 한다. 따라서 재평가에 의해서는 종전과 세금차이는 발생하지 않을 가능성이 높기 때문에 큰 문제는 없다. 다만, 평가손실(또는 손상평가)로 인하여 자산의 가액이 감소되면 장부에 계산될 감가상각비도 법

인세법상 한도액보다 적게 될 것이므로, 그만큼 손금에 산입될 수 없게 된다. 따라서 과세당국에서는 이러한 문제점을 해결할 수 있는 대안을 만들 필요가 있다.

둘째, 감가상각제도의 변경은 이렇게 대처한다.
유·무형자산의 감가상각비는 회사의 결산과정에서 이를 비용을 반영하여야만 손금을 인정하는 결산조정제도를 채택하고 있다. 따라서 감가상각비를 세법상의 규정보다 적게 계상한 경우에는 법인세 신고 때 세무조정을 통해 이를 추가로 계상할 수 없었다. 하지만 이번 세제 개편안에서는 K-IFRS의 입장을 고려하여 다음과 같이 신고조정을 허용키로 했다. 따라서 실무자들은 이 안이 확정되면 결산 후에도 세법상의 한도를 기준으로 세무조정을 실시할 수 있음을 기억해야 한다.

> ## ※ 감가상각비 감소에 따른 세부담 증가 완화를 위한 특례
> - ('13년 말까지 취득 분) 기존 감가상각방법 및 내용연수를 한도로 신고조정 허용
> - ('14년 이후 취득 분) 세법상 기준내용연수*를 한도로 신고조정 허용
>   * 현행 회계상 내용연수와 세법상 기준내용연수의 차이가 큰 일부 업종에 대해 기준내용연수를 조정

셋째, 아파트 분양매출의 경우를 한번 보자.
현행 법인세법은 아파트 분양매출에 대해서는 진행기준에 의해 수익을 인식하도록 하고 있다. 그동안은 대부분의 기업들이 이 방법에 의해 회계처리를 하므로 기업회계와 세법이 일치하여 세무조정 내용이 별로 발생치 않았다. 그런데 K-IFRS는 아파트 분양매출 인식은 진행기준이 아닌 완성기준으로 한다고 한다. 이렇게 되면 회계와 세법이 큰 차이가 발생하게 된다. 따라서 세법이 개정되지 않은 한 이러한 매출에 대해서는 세무조정을 통해 차이를 조정해야 한다.
이외에도 국제회계기준에서는 재고자산 평가방법 중 후입선출법을 인정하지 않는다. 따라서 이 방법으로 재고자산 평가를 한 회사는 부득이 선입선출법 등으로 평가방법을 바꾸어야 한다. 그 결과 세금에서 차이가 발생할 수 있으므로 이에 대한 과세당국의 대책이 마련될 필요가 있다. 한편 외국에 사업장이 있는 경우 재무제표 환산 등에 대한 세법의 규정도 이해할 필요가 있다. 그리고 외화자산이나 부채가 있는 경우 외화환산손익이 발생하는데 이에 대한 세법의 내용이 어떤 식으로 바뀌는지도 알아둘 필요가 있다.
참고로 국제회계 기준은 연결재무제표를 주된 재무제표로 규정하고 있지만, 세금은 각각의 법적 실체에 대하여 부과되므로 개별재무제표에 의해 세금이 과세된다. 연결재무제표가 주 재무제표가 되므로 세금도 연결재무제표를 기준으로 계산해야 하겠지만 준비 미흡하여 개

별회사가 세금을 내도록 되어 있다.

● ● ●

대한상공회의소(회장 손경식)는 6일 기획재정부에 제출한 '국제회계기준 도입에 따른 세제개선과제' 건의문을 통해 ▲ 고정자산 감가상각비 신고조정사항으로 변경 ▲ 보험업 비상위험준비금 적립 세무상 비용 인정 ▲ 국제회계기준 도입비용에 대한 세액공제 제도 신설 등 8가지를 요구했다. 대한상의는 우선 "경기가 회복되지 않은 가운데 상장기업과 금융기관들이 국제회계기준 도입을 위해 상당한 비용을 지출하고 있어 부담이 되고 있다"며 "이들 비용의 일정 부분을 법인세액에서 차감해주는 세액공제 제도를 신설해 달라"고 건의했다. 이어 상의는 "국제회계기준 도입을 준비하는 기업들이 고정자산 감가상각과 관련해 세부담이 늘어날 것을 우려하고 있다"며 "고정자산 감가상각비를 신고조정사항으로 변경해 달라"고 건의했다. 현행 고정자산의 감가상각은 법인세법상 한도액 내에서 회계상 비용으로 처리한 경우에만 그 금액을 법인세법상 비용으로 인정받을 수 있는 '결산조정사항'이다. 인건비, 광고선전비 등처럼 회계처리와 상관없이 법인세법상 정해진 금액을 세법상 비용으로 인정하는 '신고조정사항'이 아닌 것이다. 따라서 국제회계기준 도입으로 기계 같은 유형자산이나 영업권 같은 무형자산의 회계상 상각비가 감소하면 법인세법상 상각비도 같이 감소해 기업의 세부담이 증가한다. 특히, 건의문은 국제회계기준을 도입하면서 감가상각방법을 정률법에서 정액법으로 변경하는 기업들의 법인세 부담 충격이 크다고 지적했다. 상의는 보험업의 비상위험준비금도 국제회계기준 도입으로 세부담이 증가하는 대표적인 사례라고 지적했다. 손해보험회사는 큰 화재나 지진 등 대재해가 발생하면 보험금 지급이 불가능할 수 있으므로 이러한 비상위험에 대비해 보험료의 일정 부분을 비상위험준비금으로 적립하고 있다. 이는 보험업감독규정에 따른 강제의무사항이다. 준비금은 현행 세무상 비용으로 인정받고 있지만, 새로운 기준에서는 더 이상 부채로 계상할 수 없고 자본계정으로 처리하도록 할 예정이다. 이에 따라 준비금이 과세대상으로 포함돼 법인세 부담이 증가한다는 것이다. 2009년 3월 말 기준 전체 준비금 규모는 3조 2,000억 원에 이르고 있다. 대한상의 권혁부 금융세제팀장은 "현재 기획재정부에서 기업의 입장을 여러 모로 고려하여 국제회계기준 도입에 따른 세법 개정작업을 진행 중인 것으로 안다"면서 "국제회계기준 도입으로 법인세 부담이 증가하는 일은 없어야 한다"고 강조했다.

상공회의소 2010. 4. 6.

● ● ●

[부록 2] K-IFRS 도입에 따른 세제개편안

다음은 기획재정부가 2010. 8. 24.에 발표한 세제개편안에 해당한다. 실제 적용 여부는 2010년 정기국회에서 확정되어야 2011년부터 시행된다.

1. K-IFRS 도입에 따른 법인세법 개정의 기본방향

K-IFRS 도입에 따른 정부의 법인세법 개정의 기본방향을 알아보면 아래와 같이 크게 세 가지로 나뉜다.

■ 원칙 1 : 동일한 경제행위에 대하여 동일한 세부담 유지
- 회계처리 방식에 따라 K-IFRS 적용기업과 비적용기업 간 세부담 차이가 발생하지 않도록 세법에 규정 보완
  * (예시-상환우선주) 일반기업회계기준은 자본, K-IFRS는 자본 또는 부채로 분류 → 세법에서 자본으로 일괄 분류하여 관련 지출도 모두 배당으로 처리
- 공정가치 평가손익 등 미실현손익은 세무상 인정 시 평가 여부에 따라 기업 간 세부담이 달라지므로 불인정

■ 원칙 2 : 세무조정 부담 최소화
- 회계와 세무의 차이에 따른 세무조정 부담이 과도하고, 회계기준에 따른 세부담 유불리가 가변적인 경우 회계기준을 최대한 수용
  * (예시-리스분류) 세법상 별도의 분류기준을 폐지하고 K-IFRS 및 일반기업회계기준 각각의 분류를 세법상 인정
- 외화환산 차익의 경우 납세자의 선택권을 인정하여 세무조정 부담을 최소화
  * (기능통화, 해외사업장 환산) 원화 · 기능통화 · 표시통화 환산방식중 하나를 선택할 수 있도록 하여 세무조정 부담을 최소화

■ 원칙 3 : 세법목적상 합당한 회계처리는 수용하되 세부담 완화방안 마련
- 감가상각비 등 K-IFRS 도입으로 기존보다 경제적 실질에 부합하게 비용처리를 하게 되는 경우 세부담이 증가하더라도 회계처리 수용함. 다만, 이 경우 K-IFRS 도입 초기 세부담 완화방안 마련

2. 위 3원칙에 대한 해설

(원칙 1) 동일한 경제행위에 대하여 동일한 세부담을 유지 한다는 의미는?

■ K-IFRS 적용 시 기업간* 영구적인 세부담 차이가 발생하거나 기간손익의 차이가 크게 발생하는 경우 세법에 별도 규정을 두어 세부담 차이 방지한다는 것임.
  * K-IFRS 적용 전후 또는 K-IFRS 적용기업과 미적용기업간 세부담 차이가 발생하는 경우

  ● 특히, 평가손익 등 미실현손익을 세무상 인정할 경우 평가방식에 따라 실질이 동일 한 기업의 세부담이 달라질 수 있으므로 현행과 같이 불인정함.

주요 개정내용

(1) 회계기준 변경 전·후 세부담 차이 방지

K-GAAP	K-IFRS	현행 세법	개정방향
〈자산 평가방법〉 ㅇ 역사적 원가 평가 중심	ㅇ 공정가치 평가 확대 * 투자자산, 단기금융자산 등	ㅇ 평가손익을 원칙적으로 불인정	현행 유지
〈자산유동화〉 ㅇ 일괄적으로 매각거래로 분류	ㅇ 실질에 따라 매각 또는 차입거래로 분류	ㅇ 매각거래로 분류	현행 유지
〈비상위험준비금〉 ㅇ 비상위험준비금 적립액을 비용으로 인정	ㅇ 비상위험준비금 적립액 비용계상 금지	ㅇ 결산조정사항 – 회계상 비용으로 계상해야 손금으로 인정	ㅇ 신고조정으로 변경 – 회계상 비용으로 계상하지 않아도 손금 인정

(2) 상장·비상장 기업 간 세부담 차이 방지

K-GAAP	K-IFRS	현행 세법	개정방향
〈상환우선주 분류〉 ○ 일괄적으로 자본으로 분류	○ 실질에 따라 자본 또는 부채로 분류	○ 자본으로 분류	현행 유지
〈예약매출 수익인식〉 ○ 건설진행률에따라 수익인식	○ 인도시점에 수익인식	○ 건설진행률에 따라 수익인식	현행 유지
〈중소기업 단기 건설계약 수익인식〉 ○ 진행기준?인도기준 선택가능	○ 진행기준만 허용	○ 결산상 인식한 방법대로 세법상 수익인식	K-IFRS기업도 세법상 인도기준 선택 허용
〈생물자산 가치증가〉 ○ 수익으로 인식하지 않음	○ 수익으로 인식	○ 수익으로 인식하지 않음	현행 유지
〈충당부채 인식요건〉 ○ 자원의 유출가능성이 "매우 높은" 경우	○ 자원의 유출가능성이 "높은" 경우	○ 충당부채 원칙적으로 불인정	현행 유지
〈채무재조정시 채권의 현재가치 계산〉 ○ 채권발생시 이자율로 할인	○ 채무재조정시 이자율로 할인	○ K-GAAP과 동일	현행 유지
〈퇴직급여〉 ○ 퇴직급여추계액을 일시퇴직기준으로 추계	○ 퇴직급여추계액을 보험수리적 방법으로 추계	○ 퇴직급여충당금손금 인정 – 한도 : 일시퇴직기준 추계액의 30% ○ 퇴직연금 지출액 손금인정 – 한도 : 일시퇴직기준 퇴직급여추계액 – 퇴직급여충당금 손금 산입액	현행 유지 –다만, 한도는 매년 5%p씩 축소 퇴직연금 손금산입한도 개정* – 한도 : Max(현행한도, 보험수리적기준 퇴직급여추계액 – 퇴직급여충당금 손금 산입액)

* 「근로자퇴직급여보장법」상 보험수리기준과 일시퇴직기준 퇴직급여추계액 중 큰 금액을 사외적립하도록 의무화 한 것을 반영

(원칙 2) 세무조정 부담 최소화의 의미는?

◇ 회계와 세무의 차이에 따른 세무조정 부담이 과도하고, 회계기준에 따른 세부담 유불리가 가변적인 경우 회계기준을 최대한 수용한다는 의미임.

(1) 기능통화*

　* 영업활동이 이루어지는 주된 경제환경의 통화로서 기능통화가 도입될 경우 원화 외의 통화로 재무제표를 작성하는 것이 가능

■ 기능통화 도입기업의 세무조정 부담 완화를 위해 기능통화 도입기업의 과세표준 계산방식을 신설하고 기업의 선택권을 최대한 인정

● 현행 세법은 기능통화를 인정하지 않아 원화외의 기능통화를 도입한 경우에도 과세표준 신고 시 원화로 재무제표를 재작성할 필요

개정내용

K-GAAP	K-IFRS	현행 세법	개정방향
○ 원화로 재무제표 작성	○ 기능통화 도입 – 외화로 재무제표 작성 가능	○ 원화 재무제표만 인정	○ 기능통화 도입기업의 과세표준 계산방법 신설*

※ 기능통화 도입기업의 과세표준 계산방법 : 3가지 방법 중 선택 허용(선택한 방법 계속 적용)
● (방법 1) 기능통화 재무제표를 기준으로 과세표준을 계산하여 원화로 환산하는 방법
● (방법 2) 원화로 재무제표를 재작성하고 이를 기준으로 과세표준을 계산하는 방법
● (방법 3) 표시통화(원화) 재무제표*를 기준으로 과세표준을 계산하는 방법

　* 외부공시목적으로 기능통화 재무제표를 일정한 환산방법에 의해 원화로 환산한 재무제표 → 대차대조표 항목은 기말환율, 손익계산서 항목은 거래일환율(감가상각비, 대손충당금 등은 평균환율)로 환산

(2) 해외사업장 재무제표 환산방법

■ 기능통화의 경우와 마찬가지로 3가지 방법 중 선택 허용
  - (방법 1) 해외사업장의 기능통화로 과세표준을 별도로 계산한 후 본점의 과세표준과 합산하는 방법
  - (방법 2) 해외사업장 재무제표를 본점의 기능통화로 재작성하여 본점 재무제표와 합산하는 방법
  - (방법 3) 표시통화 재무제표 환산방법에 따라 환산하는 방법
    * 다만, 손익계산서 항목 원화환산 시 거래일환율·평균환율 중 선택 허용

(3) 외화자산의 환산손익 인식

■ 외화자산환산손익 인식 관련 회계와 세법의 차이에 따른 세무조정 부담 완화를 위해 은행가 기업에 대해서도 화폐성 외화자산에 대한 환산손익 인식 선택 허용
  * 현재는 은행 외 기업의 외화자산 환산 손익을 인정하지 않아 회계상 인식한 환산손익을 부인하는 세무조정 필요

■ 은행업은 회계기준 변경에 맞추어 화폐성 외화자산의 환산손익만 인식하도록 개정

K-GAAP	K-IFRS	현행 세법	개정방향
○ 은행업 : 모든 외화자산 환산손익 인식 ○ 은행가 : 화폐성 외화자산의 환산손익 인식	○ 모든 기업 : 화폐성 외화자산의 환산손익 인식	○ 은행업 : 모든 외화자산 환산손익 인식 ○ 은행가 : 환산손익 불인정	○ 은행업 : 화폐성 외화자산 환산손익 인식 ○ 은행가 : 화폐성 외화자산 환산손익 인식 허용

(4) 기타 세무조정 부담을 고려하여 회계기준을 수용하는 사항

■ 회계기준 차이에 따라 미미한 기간손익의 차이만 발생하는 경우에는 기업의 세무조정 부담 완화를 위해 회계처리 방식을 세법상 인정

K-GAAP	K-IFRS	현행 세법	개정방향
〈리스분류〉 ○ 금융·운용리스 분류 구체기준* 제시 * 실무 지침 • (리스기간) 내용연수 의 75% 이상 • 리스료 현재가치) 자 산의 공정가치의 90% 이상 → 금융리스로 분류	○ 금융·운용리스 분류 원칙만 제시 * 실무지침 폐지	○ K-GAAP 분류기준 과 동일	○ 각 회계기준의 리스 분류를 인정
〈건설자금이자 자본화〉 ○ 자본화 의무 : 선택 사항 ○ 자본화 대상 : 일반차 입금, 특정차입금	○ 자본화 의무 : 강제 사항 ○ 좌 동	○ 자본화 의무 : 강제사 항 ○ 자본화 대상 : 특정차 입금만 인정	○ 특정차입금 : 현행 유 지(강제사항) ○ 일반차입금 : 자본화 허용(선택사항)

* 세법은 금융리스의 경우 리스이용자, 운용리스의 경우 리스제공자의 감가상각만 허용하므로 세법과 회계의 리스분류가 다를 경우 현행 감가상각 결산조정 원칙하에서 감가상각비 인식이 어려운 문제도 있음.

(원칙 3) 세법목적상 합당한 회계처리는 수용하되 세부담 완화방안을 마련한다는데 그 구체적 내용은?

(1) 유·무형자산* 감가상각

   * 유형자산 및 비한정내용연수 무형자산

■ 결산조정 유지하되, 감가상각비 감소에 따른 세부담 증가 완화를 위해 특례 신설

   ※ 감가상각비 감소에 따른 세부담 증가 완화를 위한 특례

    ● ('13년 말까지 취득분) 기존 감가상각방법 및 내용연수를 한도로 신고조정 허용

    ● ('14년 이후 취득분) 세법상 기준내용연수*를 한도로 신고조정 허용

      * 현행 회계상 내용연수와 세법상 기준내용연수의 차이가 큰 일부 업종에 대해 기준 내용연수를 조정

K-GAAP	K-IFRS	현행 세법	개정방향
○ 감가상각방법 및 내용연수를 개별기업이 판단하여 선택 – 기업별로 상각방법 및 내용연수가 다를 수 있음	○ 감가상각방법 및 내용연수를 국제비교 – 동종기업은 동일한 상각방법 및 내용연수 사용 ⇒ 일부기업은 내용연수 증가 또는 상각방법 변경(정률→정액)으로 감가상각비 감소	○ 결산조정 사항 – 회계상 비용으로 계상해야 손금 인정	○ 결산조정 유지하되 감가상각비 감소에 따른 세부담 증가 완화를 위해 특례 신설
○ 비한정내용연수 무형자산 감가상각 : 20년 이내의 기간동안 정액 상각	○ 감가상각 불가능 – 손상차손만 인식		

(2) 대손충당금

■ K-IFRS 및 일반기업회계기준 적용 첫해 대손충당금 일시환입액*을 익금불산입하여 제도 전환과정에서 일시적 세부담 증가 방지

　* K-IFRS 및 일반기업회계기준 적용 시 대손충당금 규모가 축소되므로 기존에 손금산입한 대손충당금 적립액 중 K-IFRS 및 일반기업회계기준에 따른 대손충당금과의 차액이 익금으로 환입

　● 2013년 이후 IFRS가 개정되어 대손충당금 규모가 다시 증가되면 대손충당금 증가액*과 익금불산입된 일시환입액을 상계

　* 2013년 이후 대손충당금 추정방법이 예상손실모형으로 변경될 경우 대손충당금 규모가 확대되어 증가액이 일시에 손금산입될 것으로 예상

K-GAAP	K-IFRS	현행 세법	개정방향
○ 기업의 합리적 대손추정액을 대손충당금으로 적립	○ 손상 발생의 객관적 증거가 있는 경우 인식(발생손실 모형) ○ '13년 이후 예상되는 손실을 추정하여 인식하는 방법으로 개정 논의 진행중(예상손실모형)	○ 결산조정 사항 – 회계상 비용으로 계상해야 손금 인정	○ 결산조정 유지 – 다만, 일시환입액은 2년 유예후 익금산입

생존경쟁에서 살아남는 법!

원고를 집필한 뒤에는 항상 아쉬움이 남는다. 그 이유는 왜일까? '독자들이 알고 싶은 내용만을 간추려서 좀더 쉽게, 그리고 좀더 고급스럽게 담을 수 없을까?' 하는 미련이 남기 때문일 것이다. 이는 전적으로 필자의 능력의 모자람 탓이다. 앞으로 더욱 분발하겠다.

여러분과 지금까지 공부한 국제회계기준은 우리나라의 회계기준과는 달리 자율성이 보장된다는 것이 가장 큰 특징이다. 그런데 문제는 이렇게 자율성이 보장되면 자칫 지금까지 우리나라와 우리나라 기업을 어렵게 해왔던 분식회계 문제가 다시 발생할 가능성이 높다는 점이다. 자율성이 보장되면 각 기업들이 자사들에게 유리한 쪽으로 회계처리를 할 가능성이 높다. 그래서 국제회계기준의 도입에 따라 여러 가지 긍정적인 효과가 발생함에도 불구하고 이에 대한 우려가 있어 온 것도 사실이다. 하지만 '구더기 무서워 장 못 담그랴'는 속담이 있듯이 분식회계가 우려된다고 해서 국제회계기준을 배척할 필요는 없다. 어차피 국제회계기준이 도입된 마당에 이에 맞는 회계나 경영 시스템을 구축하는 발 빠른 준비가 필요하다. 이렇게 본다면 결국 국제회계기준의 성패는 이를 적용하는 기업과 이를 감독하는 기관, 그리고 감사인 등이 될 것이다. 이들의 분발을 촉구해본다.

한편, 국제회계기준의 도입으로 실무에서 몇 가지 검토할 것이 있다. 책에서 소개한 내용들을 요약하는 의미에서 이를 다시 한번 짚어보도록 하자.

첫째, 대차대조표가 재무상태표로 바뀌고 손익계산서가 포괄손익계산서로 명칭뿐만 아니라 내용도 많이 달라졌다. 특히 포괄손익계산서의 경우 기존 국내회계기준과 상당히 차이가 나는 부분이 많다. 왜 포괄손익계산서로 명칭이 바뀌었는지 이를 정리하는 일도 상당히 중요하다. 그리고 비용을 성격별로 나누는 이유와 기능별로 나누는 이유도 명확하게 이해해야 한다. 제도가 바뀌는 데에는 모름지기 다 이유가 있기 때문이다.

둘째, 공정가치제도에 대한 확실한 정리도 필요할 것이다. 국제회계기준은 국제적으로 적용되는 회계기준이다. 따라서 외국의 투자자들이 가장 쉽게 투자할 수 있는 환경을 조성하는 데 초점을 두고 있다. 그러다보니 자산과 부채는 그 실질가치를 나타낼 수 있는 쪽으로 인식, 측정하는 것을 요구한다. 예를 들면 영업권 같은 자산에 대해서는 상각을 불허하는 대신 손상평가를 하거나, 자산과 부채에 대해 광범위하게 공정가치로 평가하는 것 등이 예가 될 수 있다.

셋째, 주재무제표가 개별회사의 재무제표가 아닌 연결재무제표가 되는 것도 국제회계기준의 특징 가운데 하나다. 앞으로 연결재무제표가 주재무제표가 되다 보면 문어발식으로 기업을 확장해온 우리나라의 기업지배구조 관행이 다소 개선될 여지가 있다. 하지만 연결재무제표의 작성 및 공시업무로 인해 각 기업이 지불해야 할 비용이 상당할 수 있고, 이를 통해 기업분석을 실시하는 금융기관 등에서 일어날 수 있는 일시적인 혼란을 예상해볼 수 있다.

이처럼 회계환경이 급속도로 변화를 맞게 되면 개인과 기업, 그리고 국가 등에 막대한 영향을 미친다. 예를 들어 우리나라 건설업계를 살펴보면 IFRS 도입에 상당한 스트레스를 받고 있다고 한다. 이 제도의 도입에 따라 자체 분양공사의 매출액이 진행기준이 아닌 완성기준으로 처리해야 되고, 부채전환 가능성이 50% 이상인 PF사업의 지급보증을 모두 부채로 산정해야 하므로 건설사들의 경영상황이 크게 악화될 수 있다는 것이다. 이에 대해 어떤 개선책이 나오기를 기대해야 하지만 국제회계기준의 제정권한이 국내에 있지 않으므로 해당 기업은 곤란한 입장에 처할 수도 있다. 따라서 기업과 개인들은 이에 만반의 준비를 해둘 필요가 있다. 다만, 지금에 와서는 IFRS가 왜 도입되었고 어떤 영향이 있는지를 일반론적인 관점이 아닌 구체적으로, 즉 나뿐만 아니라 내가 몸담고 있는 회사와 업종에 어떤 영향을 주는지 상세하게 분석하고 대응방법을 찾는 것이 중요하다. 물론 실무자라면 자사에 맞는 회계지침이나 회계정책을 별도로 마련할 필요가 있다.

사회적으로 어떤 제도가 변하면 관련 산업이나 종사자들이 직접적인 영향을 받는다. 그리고 2차적으로 사회구성원들에게도 간접적인 영향을 미친다.

따라서 국제회계기준의 도입에 따라 직·간접적인 영향권에 들어 있는 기업과 개인들은 변화에 능동적으로 대응을 할 필요가 있다. 변화에 능동적으로 대응하지 못하면 생존경쟁에서 밀려날 가능성이 높다. 부디 독자 여러분은 국제회계기준을 뛰어넘어 새로운 세상으로 도약할 수 있었으면 한다.

저자 **신방수**